The Art & Science of Social Research, Vol. 1

社会調査の考え方［上］

Ikuya Sato
佐藤郁哉——著

東京大学出版会

The Art and Science of Social Research, Volume 1
Ikuya Sato
University of Tokyo Press, 2015
ISBN 978-4-13-052026-3

はじめに
──迷宮からの逃走

　本書は，社会調査の「基本の基本」とも言うべきエッセンスの部分について解説した手引き書である．主な読者としては，社会調査をはじめて学ぶ人々を想定している．この本は，もともと講義用テキストとして書かれたものであるが，独習用の教材としても使えるような内容と語り口の解説を心がけた．

　本書の目標は，社会調査の基本的な考え方と主な調査技法の本質的な特徴についてできるだけ丁寧に解説していくことにある．一方，それぞれの調査技法の細かな手順については，一種のブックガイドとして，各分野の専門家によって書かれた解説書を適宜紹介するようにした．その意味では，この本は，「ハウツー物」という意味での技法書（マニュアル）とは，多少性格が異なるものになっている．

　本書では，むしろ通常の調査マニュアルではあまり扱われていない，次の2つの事柄に関する解説に重点を置くことにした──①**社会調査における試行錯誤のプロセス**，②**用語をめぐる混乱**．本書でこの2点に焦点をあてたのは，取りも直さず，社会調査における実際の作業を進めていく中で直面するさまざまな問題と，この2つの事柄とのあいだには密接な関連があるからに他ならない．特に社会調査をはじめて学ぶ人々にとっては，これら2点が深刻な問題になることが多い．時には，出口の見えない迷路に入り込んでしまったような不安にかられることさえある．

試行錯誤のプロセス──紆余曲折と「仕切り直し」に目を向ける

　調査データの収集や分析の手続きについて紹介している解説書を読んでいると，社会調査というものは，標準的な手順さえ理解できていれば，ほとんどの作業が順調に進められるように思えてしまうことがある．しかし，実際に調査をおこなってみると，マニュアルどおりの対応だけでは処理できない問題が多い，という事実に否応なく気づかされるものである．

　たとえば，調査テーマを絞り込んだ上で具体的なリサーチ・クェスチョン

（調査上の問い）を設定していく際の作業についても，その点が指摘できる．実際，思いつき程度のアイディアで調査を始めたとしても，結局は，インターネットのQ&Aサイトを見ただけでも，すぐにその答えが分かってしまうような情報しか得られない場合が多い．人手や時間あるいは経費など，それなりのコストをかけて調査をおこなうからには，調べてみるだけの価値があるテーマを選ばなければならない．そのためには，当然，先行調査などの文献にあたる作業が必要である．時には，予備調査をおこなうことも必要になる．そして，そのような検討を経て，調査テーマ自体が大きく変わっていくことも珍しくない．

試行錯誤の過程は，調査報告書の執筆作業にもつきものである．事実，調査も後半に入って論文や報告書の構想を練っていると，その時までに得られたデータと当初想定していたテーマや仮説とのあいだに大きなギャップがあることに気がつく場合がある．そのような時には，事情の許す限り軌道修正をはからなければならない．また，補足調査をおこなう必要も出てくる．

このように，社会調査には紆余曲折や「仕切り直し」がつきものである．もっとも，これは必ずしも，調査計画に問題がある場合に限らない．むしろ，そのような，実際に調査をおこなってみてから判明するような事柄こそが，「セレンディピティ」などと呼ばれる，思いがけない重要な発見にとっての手がかりになる場合が少なくないのである．

そこで本書では，社会調査のさまざまな局面で出会う想定外の事態の中でも典型的なものを幾つかあげ，その特徴と背景について解説するようにした．また，そのような思いがけない事態に対して対処していく際に参考になると思われる基本的な発想やコツについても紹介するようにつとめた．

用語をめぐる混乱——「バベルの塔」からの脱出を目指す

試行錯誤のプロセスに関する解説が省略されがちであるという点と並んで，社会調査のマニュアルを読んでいて当惑させられるもう1つの問題に，用語の使い方に混乱が見られる例が多い，というものがある．それに加えて，日本語で書かれた教科書や解説書の場合には，意味内容や由来が明らかではない外来語が専門用語として扱われている例が珍しくない．

「アンケート」は，その種の問題を抱えた「舶来」の調査用語の典型である．

第1章で詳しく見ていくように，アンケートというのは，かなり奇妙な性格を持つ一種の**和製仏語**である．また，外国語風の響きのあるアンケートという言葉は，「社会調査＝アンケート＝思いつき程度の発想で誰にでも簡単にできる作業」という通念が日本社会に浸透していく上で大きな役割を果たしてきたと考えられる．この他にも，たとえば「**ヒアリング**」という**和製英語**も，インタビューを中心とする社会調査に関するさまざまな誤解を生み出してきた．

　そして，この「アンケート」と「ヒアリング」という2語を代表とする，外来語起源の調査用語は，「単なる言葉の問題」として片付けられないほど深刻な混乱と重大な問題を日本の社会調査に対してもたらしてきたのである．

　もっとも，用語法に関して何らかの混乱が見られるのは，これら舶来の言葉だけではない．事実，たとえば「**問題意識**」や「**仮説**」あるいは「**尺度**」，「**指標**」などの基本的な用語に関しても，それぞれの言葉に含まれる多様な意味内容について十分な解説がなされてきたとは言い難い面がある．

　そこで本書では，調査に関連する基本用語について整理してみることにした．もっとも，各種の解説書で採用されている用語法には，言うまでもなく，それなりの根拠や歴史的経緯がある．したがって，「これこそが正統の用語法」という規範のようなものが確立できるわけではない．その点を踏まえて本書で採用したのは，さまざまな用例を紹介した上で，実際に調査をおこなう上で最も使いやすいと思われる用語法を提案する，というアプローチである．つまり，より実践的なレベルでの「交通整理」を目指したのである．なお，幾つかの用語については，かなり専門的な解説になってしまう場合もあった．そのような用語については，本文の解説ではなく，コラムや巻末の注で詳しい説明を加えておいた．

　以上の2点，つまり①試行錯誤のプロセスと②用語をめぐる混乱という問題は，はじめて社会調査をおこなう人々にとって**二重の迷宮**になってしまう場合が少なくない．事実，著者はこれまで30年近くにわたって調査法の講義や演習を担当してきたが，受講生が実際に調査をおこなおうとする際につまずきがちなのは，まさにこの2点なのである．もっとも，これは調査法をはじめて学ぶ人々の場合に限らない．たとえば，ある程度の調査経験がある大学院生の場

合であっても，修士論文や博士論文の一環として社会調査をおこなっている最中に同じような問題に直面することが少なくない．実のところ，著者自身もまた，これまでさまざまな調査現場（少年院・刑務所・暴走族活動・演劇界・出版界・学術界等）で，以上の2つの問題に直面し，時には絶望的な思いにかられながら悪戦苦闘を繰り返してきたのである（これについては，『フィールドワークの技法』[新曜社 2002年]という本で「告白ノンフィクション」風に解説したことがある）．

そして同じような点は，本書の執筆作業についても言える．実際，調査関連の用語に見られる混乱を解きほぐしていく作業は，「バベルの塔」の内部に仕掛けられた迷宮の出口を，試行錯誤の繰り返しを通して探りあてていこうとする作業にも思われた．本書の執筆には，最初の予定を越える5年以上の時間がかかってしまったのだが，これにはそのような事情もあった．

いずれにせよ，本書が，1人でも多くの読者にとって，社会調査（およびそのマニュアル）という迷宮から抜け出していくための何らかの手がかりになるようなことがあれば，著者としてこれ以上の幸せはない．

第三の迷宮——「量的調査 対 質的調査」という二分法

本書全体を貫く基本的な主張の1つは，次のようなものである——「アンケート調査はもうやめよう」．また，本書の随所では「アンケート」や「意識調査」と称しておこなわれてきた社会調査に典型的に見られる問題点について指摘している．

しかし，これは決して，著者が量的調査，つまり主として数値データを用いて社会現象の記述や分析をおこなうような種類の社会調査を目の敵（かたき）にしているということを意味しない．それどころか，本書では，良質の量的調査をおこなう上で重要となる幾つかのポイントについて，それぞれ1章ないし複数の節を割いて比較的詳細な解説をおこなっている．また，本書では，すぐれた質問表調査の事例を幾つか模範的なケースとして取り上げているが，それらの調査研究の中には「アンケート」という言葉を使っているものもある．つまり，**本書では「アンケート調査」を，単に，質の低い量的調査一般を指す略称として使っているだけに過ぎないのである**．

なお，著者は，「量的調査 対 質的調査」という二分法自体には，あまり意味

がないと思っている．また，この二分法は，社会調査によって得られる情報の質(クォリティ)を見きわめていく上では有害であるとさえ考えている．実際，アンケート調査のように質の低い量的調査の例は非常に多いが，その一方で「質の低い質的調査」も決して稀ではないのである．

　要するに，「アンケート調査はもうやめよう」というのは，社会調査の質を見きわめていくために必要となる**リサーチ・リテラシー**の獲得を呼びかけるアピールなのである．それと同時に，この主張は，社会調査法をはじめて学ぶ人々に向けた，量的調査と質的調査に関する単純な二分法という「第三の迷宮」に関する警告メッセージでもある．

謝辞

　本書は，著者が一橋大学商学部および商学研究科で担当してきた「ビジネスリサーチ」（学部），「理論構築の方法」（大学院経営学修士［MBA］コース）および「企業調査法特論」（大学院研究者養成コース）という3つの講義で使用してきた講義ノートと授業資料をベースにしている．また，この本の内容には，これらの講義の際に受講生から受けた質問やコメントをもとにしているものが少なくない．本書が少しでも読みやすい教科書になっているとしたら，それは，学生諸君のフィードバックによるところが大きい．

　この本の基本的な構成については，沼上幹・一橋大学教授が上記の「理論構築の方法」という講義を担当されていた時の授業シラバスが下敷きになっている．また，沼上先生には，同講義で使用された膨大な資料を提供していただいた．その資料に盛り込まれていたさまざまなアイディアは，本書における解説の随所に生かされている．

　本書は社会調査の方法論に関わる，かなり広い領域をカバーしており，その中には著者の専門外の分野も含まれている．そこで，本書の執筆に際しては，各分野の専門家の方々にお願いしてアドバイスやコメントを頂戴することにした．特に以下の方々には，草稿段階の原稿に目を通していただき，専門的な見地からの貴重なコメントを頂戴した――蜂谷豊彦・一橋大学教授（第8章），堀毛一也・東洋大学教授（第9章），村田光二・一橋大学教授（第10章）．また，苅谷剛彦・オックスフォード大学教授，木村邦博・東北大学教授，杉野勇・お茶の水女子大学教授，盛山和夫・関西学院大学教授，山田一成・東洋大学教授

には，折に触れて，社会調査の方法をめぐるさまざまな問題に関して懇切丁寧なアドバイスをいただいた．それらのご助言やアドバイスは，各章の記述に反映されている．

このように，本書はさまざまな方々からのご示唆を受けて出来上がったものであるが，基本的な誤りや思い違いも含めて本書の内容に関する最終的な責任が著者にあることは言うまでもない．

本書のコンセプトは「入門的な内容について，その原理にまでさかのぼって，できるだけ丁寧に解説する」というものである．そのため，通常の入門書にくらべて全体的な分量がかなり多くなっている．編集を担当していただいた東京大学出版会の後藤健介さんと同会の方々には，この基本的なコンセプトをご理解いただき，また大部のものになった本書の出版を快く引き受けていただいた．特に後藤さんには，本書の執筆の途中で著者の英国における長期の現地調査が入ったこともあって，大変なお手数をおかけすることになってしまった．この場を借りて改めて感謝の念を捧げたい．

最後に私事にわたって恐縮であるが，米国での大学院留学を含めて長期にわたる学生生活を物心両面で支えてくれた父の亨と母のはま子，また，国内外における調査で留守がちの家庭を守り，健哉，悠大，茉央という3人の子どもたちの面倒を見てくれている妻の妙美に心から感謝していることをここに記しておきたい．

本書を執筆している間には，父の亨が震災の翌年の2012年1月に天へと旅立つことになった．父は，いつも私の本の出版を楽しみにしてくれ，また自らも，退職後に始めた古文書研究の成果を本としてまとめることに意欲を燃やしていた．その父の生前に本書を届けられなかったことが悔やまれてならない．父の冥福を祈るとともに，本書をその墓前に捧げたい．

2015年3月11日

佐藤郁哉

社会調査の考え方 上——目 次

はじめに——迷宮からの逃走　i

第Ⅰ部 ふたつのトライアングル …………………………………… 1

第1章　不思議の国の社会調査
リサーチ・リテラシーを目指して ………………………… 5

1　アンケートは社会調査の代名詞？　　5
2　鏡の国の「アンケート」　　7
3　「ここは，一つアンケートでも……」——数値信仰と統計的調査に関する誤解　　10
4　リサーチ・リテラシーの獲得を目指して——社会調査の「読み書き能力」　　14
5　本書のねらいと構成　　19

第2章　リサーチ・トライアングル
「筋の良い」社会調査の3要件 ……………………………… 23

1　「筋の良い社会調査」の条件　　23
2　リサーチ・トライアングル　　27
3　6つのタイプの欠陥調査　　31
　［Column］渡り労働者のフィールドワーク——荒削りの実態調査の事例　　33
　［Column］KJ法の意義とデータ偏重型調査のワナ　　38

第3章　リサーチャー・トライアングル
社会調査における分業と協働 ……………………………… 41

1　社会調査におけるアート＆サイエンス　　41
2　サイエンス（論理性）　　44
3　アート（創造性・感性）　　46
4　クラフト（熟練・経験知）　　50

5　社会調査における分業と協働　55
　　　［Column］2つの「アート」と2つの「クラフト」　45
　　　［Column］瑣末な形式主義と「退屈な仮説」　47
　　　［Column］ノーベル賞級の研究を生み出すリサーチャー・トライアングル　57

第Ⅱ部　リサーチ・デザイン　61

第4章　漸次構造化アプローチ
リサーチ・トライアングルの時間軸　65

　1　リサーチ・トライアングルの時間軸　65
　2　漸次構造化アプローチ　69
　3　物　語としての科学論文　72
　　　　フィクション
　　　［Column］現場調査における試行錯誤と漸次構造化のプロセス　73
　　　［Column］科学研究と発明の「メイキング」　78
　　　［Column］社会調査のメイキング　81

第5章　問いを育てる
筋の良いリサーチ・クェスチョンの条件　83

　1　正しい答えと適切な問い　83
　2　筋の良いリサーチ・クェスチョンの条件　88
　3　問いのかたち　98
　4　問いの主体――著者（調査者）のための問い・読者のための問い　104
　　　［Column］『孤独なボウリング』に見られる各種の問いの組み合わせ　94
　　　［Column］問いを疑問文形式で書き出してみる　97
　　　［Column］「ゆとり教育」――間違った問題を解いてしまったケース　102
　　　［Column］大文字のWHAT・WHYと小文字のwhat・why　105
　　　［Column］「なぜを5回」　107
　　　［Column］「問い」の多様性――問題意識，問題関心，テーマ，リサーチ・クェスチョン　110

第6章　仮説をきたえる
　　　　筋の良い「仮の答え」の条件 …………………………………………………… 113

1　「仮説」をめぐる両価感情〔アンビバレンス〕　113
2　仮説に関する2通りの定義　118
3　仮説のかたち──仮説をめぐる5つの誤解　120
4　仮説のきたえ方　136
　［Keywords］定量的調査（量的調査）と定性的調査（質的調査）
　　117
　［Column］「作業仮説」をめぐる混乱と混同　127
　［Column］定量系の調査研究で命題型仮説が自己目的化してしまう理
　　由　129
　［Column］官僚制的組織の事例研究における仮説検証と仮説生成
　　137
　［Column］つまみ食い型事後解釈の強靭な生命力　143
　［Column］箇条書きスタイルの効用と限界　151

第7章　リサーチ・デザイン
　　　　社会調査における計画と創発 ………………………………………………… 153

1　リサーチ・デザイン　153
2　理論　158
3　概念　162
4　変数　168
5　事例－変数マトリクス──集計表や一覧表のイメージで考えてみる
　174
　［Column］目隠し〔ブラインダー〕としての概念──ペットコンセプト，キーワード，ジ
　　ャーゴン　166
　［Column］造語癖とバズワードの誘惑　169
　［Column］事例と「分析単位」──生態学的誤謬と還元主義的誤謬
　　185

第8章　サンプリング
　　　　標本調査のサイエンス&アート ……………………………………………… 189

1　一を聞いて十を知る．百人に聞いて，何を知る？　189

    2　統計的サンプリングの基本的な発想　　198
    3　母集団についての明確な定義――ターゲットとなる「全体」についてのイメージを明確にしておく　　204
    4　確率的サンプリング――特定の部分に偏ることなく万遍なく集める　　210
    5　適正なサンプルサイズ――必要十分な数の事例を集める　　215
    6　高い回収率――可能な限り取りこぼしのないように集める　　223
    7　標本調査のアート＆サイエンス　　224
    8　母集団の代表性　　234
    9　事例研究としての統計的研究――大統領選に関するもう1つの標本調査　　239
    10　理論的サンプリングの発想　　250
    ［Keywords］「サンプル」―「標本」,「サンプリング」―「標本抽出」　　200
    ［Column］人間の「標本」を「抽出」する？　　200
    ［Column］「縮図」というアナロジーの効用と問題点　　204
    ［Column］確率的抽出法の種類　　216
    ［Column］インターネット調査は，なぜダメなのか　　225
    ［Column］結局，（100人ではなく）何人に聞けば良かったのか　　237
    ［Column］「事例」の多様な意味　　245
    ［Column］定量的事例研究としての『学力の社会学』　　251

注　　259
引用文献　　277
索引（人名・筆者名／事項／書名・文献名）　　285

［下巻の主要目次］
第Ⅱ部　リサーチ・デザイン（承前）
　第9章　測定――数字で語る技法と作法
第Ⅲ部　個別技法
　第10章　実験法――因果推論をきわめる
　第11章　サーベイ――研ぎ澄まされた言葉で社会的現実を切り取る
　第12章　フィールドワーク――五感を駆使して現場の情報を収集する
　第13章　既存資料――記録の真贋と質を見きわめる
第Ⅳ部　調査報告書
　第14章　報告書をまとめる――知ることから知らせる（報せる）ことへ
　終章　チェシャ猫が消えてしまう理由

第Ⅰ部 ふたつのトライアングル

「**エビデンス・ベースト**（evidence-based: 科学的根拠にもとづく）」という考え方がある．医療分野を起源とする発想であり，その骨子は，医療実践に関わる意思決定の根拠として，病理学的知識や臨床経験だけでなく，疫学的な研究や臨床実験などの科学的研究による最新情報を活用した総合的な判断を重視していく，というところにある．

　この発想は，米国を中心にして，1990年前後から医療・医学の分野における主流の考え方の1つになっていった．また，その発想に含まれる基本的なアイディアは，医療の世界を越えて，公共政策や企業経営など，さまざまな分野における重要な指針として採用されるようになっていった．つまり，科学的根拠にもとづいて施策（治療方針，国家政策，経営・営業・販売戦略等）を立案し，またその施策の成果について検証・評価していこうという考え方である．日本でも，医療の分野における「**エビデンス・ベースト・メディスン（EBM）**」と基本的には同じような考え方にもとづく，「**エビデンス・ベースト・マネジメント**」（企業経営），「**エビデンス・ベースト・ポリシー**」（公共政策）などが提唱されるようになってきた．

　このような発想それ自体は理にかなったものであり，また実践上の指針としてもきわめて重要である．しかし，エビデンス・ベーストと称して策定・公表される施策には，この言葉が単なる気の利いたキーワード程度の意味しか持っていないものが珍しくない．また中には，「エビデンス」なるものが，既に決定済みの政策や方針を正当化するための，一種のアリバイとして使用されている例さえある．実際，PBEM（Policy-Based Evidence Making: 既定の政策に都合良く合わせて根拠薄弱な「エビデンス」を作成すること）と呼ばれる事例は，公共政策の領域などではそれほど珍しいものではないという指摘もある．

　言うまでもなく，政策や経営戦略の策定のためのエビデンスは，患者の治療の

ために用いられる医療的エビデンスの場合と同じように，質が高くまた実質的な情報価値を持つものでなければならない．本書の第Ⅰ部では，社会調査が，そのような良質のエビデンスを提供することができる「筋の良い」ものになるために満たすべき条件について解説していく．

第1章では，日本で社会調査の代名詞のように扱われてきた「アンケート」という和製仏語が，統計的手法による調査の「科学性」や「客観性」に関する誤解を生み出す上で大きな役割を果たしてきた，という点について指摘する．また，エビデンスとしての社会調査の質を的確に見きわめることができる「リサーチ・リテラシー」の重要性を強調する．

第2章では，社会調査が筋の良いものになるために満たすべき条件として，理論（理論的根拠）・データ（実証的根拠）・方法（方法的洗練）という3つの要素をあげる．社会調査は，この3つの要素のどれが欠けても深刻な欠陥を抱えたものになってしまう可能性がある．第2章では，これら3要件間のバランスを目指していくことの重要性について，「リサーチ・トライアングル」という観点から論じる．

第3章では，前2章とは少し視点を変えて，調査それ自体の質というよりは，調査をおこなう者にとって必要となる資質について，創造性（アート）・論理性（サイエンス）・職人的熟練（クラフト）の3つの側面から見ていく．社会調査をおこなう者にとっては，これら3つの資質を全て兼ね備えていることが1つの理想となる．第3章では，この点について，「リサーチャー・トライアングル」という図式を使って解説する．またこの章では，異なる適性を持つ複数の人々が調査チームを組み，そのチーム内における協働作業を通して結果として筋の良い調査が実現されていくことの重要性について指摘する．

第1章 不思議の国の社会調査
　リサーチ・リテラシーを目指して

アリスはしばらく考えこんでいましたが，ついに素晴らしいアイディアがひらめきました．「そっかぁ，これって，当然，鏡の国の本なのよね！　だから鏡に映してみたら，今度はきっと言葉がちゃんと見えるはず」．
　　　　　　　　　　　　　ルイス・キャロル1)

　日本には，いわゆるアンケート調査を社会調査の代名詞のように見なしてしまう根強い固定観念がある．しかしながら，実際には「アンケート」ほど，社会調査が本来満たすべき条件について理解する上で重大な阻害因となってきた言葉は無い．事実，アンケートは，日本という国で独特の意味を持つようになってしまった，一種の和製仏語なのである．また，アンケートと称しておこなわれてきた調査の中には，社会調査一般の価値を損ないかねないほどの深刻な欠陥を抱えているものが少なくない．

1　アンケートは社会調査の代名詞？

　「調査」という言葉を耳にした時に，どのようなイメージが浮かぶだろうか．たいていの場合は，いわゆるアンケート調査が連想されるのではないだろうか．つまり，多数の人々を対象にしてアンケート用紙などと呼ばれる質問紙を使っておこなう調査のことである．
　実際，日常生活でも，この種の質問紙調査に接する機会は非常に多い．たとえば，新聞や雑誌，テレビなどのマス媒体あるいはウェブ上のニュースには，毎日のようにアンケート調査やその結果に関する記事が掲載されている．レス

トランや喫茶店などで，テーブルの上に「お客様アンケート」の用紙の束が置かれているのを目にすることも多い．また，今日では，電話やインターネットを介して質問に対する回答を求める調査もかなり多くなっている．そのような調査は，よく「電話アンケート」や「Webアンケート」ないし「インターネットアンケート」などと呼ばれる．

アンケート調査については，これまでおびただしい数の解説書や教科書が刊行されてきた．たとえば，2015年3月現在，アマゾンジャパンの書籍販売サイトから入手できる日本語の書籍のうち，「アンケート」をタイトルに含むものは700点近くに及んでいる．また，国立国会図書館の蔵書を検索してみると，アンケートという言葉がタイトルに含まれている書籍や冊子類の数は3万点近くにのぼることが分かる．

これらの書籍ないし冊子の大多数は，一般読者向けのものである．より専門的な文献の場合には，アンケートというよりは，むしろ「サーベイ」あるいは「質問表（票）調査」ないし「質問紙調査」などの用語が使われている場合が多い．

もっとも，専門的な文献や調査の専門家の文章の中にも，アンケートという言葉は比較的頻繁に登場してくる．たとえば，国会図書館の蔵書で「アンケート」がその題名や副題に含まれているものについて検討してみると，専門的な調査会社や大学あるいはそれらの組織・団体の関係者（社員・教員等）が発行主体ないし執筆者になっているものが相当部分を占めていることが分かる．また，アンケートという言葉は，調査会社のホームページや報告書の中でも頻繁に使われている．

このように，日本では，アンケート調査が社会調査の代名詞のようになっていると言える．これは恐らく，アンケート調査では，調査結果が数値データやグラフあるいは集計表として示されることもあって，いかにも客観的で「科学的」な調査法であるように見えるからであろう．さらに，「アンケート」という言葉には外国語風の響きがある．これもまた，いかにも近代的で科学的な調査法という印象を醸し出す上で効果的であったように思われる．

しかしながら実際には，アンケートというのは，フランス語起源ではあるものの，日本において独特の意味を持つようになった一種の和製仏語なのである．

2　鏡の国の「アンケート」

　国語辞典で「アンケート」の項目を引いてみると，たいてい次のような解説がなされている．つまり，アンケート調査は「人々の意見についての回答を求めるためにおこなわれる調査」だということになっているのである．

> アンケート【enquête フランス】（調査の意）調査のため多くの人に一定の様式で行う問合せ．意見調査．また，その調査に対する回答．「――をとる」（『広辞苑』第6版（岩波書店 2008））

> アンケート（フランス　enquête「調査，問い合わせ」の意）人々の意見を調査するために，同じ質問を多数の人々に出して，回答を求めること．また，その質問．また，そのような調査方法．（『精選版日本国語大辞典』（小学館 2006））

　辞典に見られるこのような解説は，わたしたちがアンケートという言葉から通常連想するイメージにきわめて近いものだと言える．もっとも，少し考えてみれば分かるように，これらの定義は，明らかに不完全なものである．というのも，一般にアンケートという場合には，何らかの物事に関する人々の意見について尋ねるだけではなく，事実関係についての情報を求めることが少なくないからである．たとえば，銀行系や保険会社系のシンクタンク（コンサルティング会社）が時折おこなうボーナスの額や結婚披露などの平均的費用に関するアンケート調査などは，その典型である．これらの調査では明らかに，主観的な「意見」でなく事実についての回答を求めている．

　国語辞典における定義には，たしかにこのように多少不完全なところもあるのだが，わたしたちがアンケートという言葉を耳にした際に思い浮かべる意味内容のある一面を的確にとらえたものだと言える．そして，これらの定義に含まれる「多くの人」ないし「多数の人々」という解説は，「アンケート」から連想される一般的なイメージ，つまり，〈広範な対象者から得られたデータを統計的に処理することによって客観的で科学的な分析をおこなう〉というイメージの内容とも一致する．

　もっとも，社会科学系の専門辞典や調査法に関する解説書などを見ると，

「アンケート」には，そのような一般的な用法とはかなり異なる定義や解説が与えられている場合が少なくないことが分かる[2]．これらの文献に見られるのは，アンケート（法）を，「その方面に詳しい専門家」ないし「有名な人・関係者」を調査対象者として選んで意見を求める調査法，とする解説である（つまり，一般の語感からすれば，アンケートというよりは，「インタビュー」に近い性格づけがなされている）．また，調査結果の信頼性に関してはかなり否定的な評価が与えられている場合が多い．

たとえば，以下のような定義は，そのような否定的な見解の典型である．

アンケート法（enquête method）[3] 調査対象者を当該の問題に詳しい**専門家に限定**して，調査票による調査を行う方法．元来，**統計的調査の補助的役割を果たすもの**として用いられてきたが，現在では新聞・雑誌などが**少人数を対象に意見を聞く場合**に多く用いられている．簡便ではあるが，社会調査としてはあくまでも補助的なものであって，**正確なデータを収集する方法としては不適当**である．（『社会学小辞典』（有斐閣 1977））（強調は引用者）[4]

上の引用では，国語辞典などにおける定義とは明確に異なる部分をゴシック文字で区別しておいた．また表 1.1 には，2 通りの定義のあいだに見られる違いがより明確に見て取れるように，それぞれの特徴を並置する形でまとめてみた．

こうしてみると，国語辞典と専門辞典とでは，アンケートに関してほとんど正反対の定義が与えられていることが分かる[5]．つまり，これら 2 種類の定義のあいだには，実物とその鏡像のあいだにあるのと同じような反転関係が見られるのである．

アンケート = enquête? さらに少し厄介なことではあるが，以上の専門辞典における定義を含めた場合でも，日本における「アンケート」の意味内容と「本家」のフランスにおける enquête という言葉の意味とのあいだには明らかなギャップが見られるのである．フランスでは，enquête は，政府や行政機関あるいは民間団体がおこなう調査や研究の他に，検察当局や警察による捜査活

表 1.1　鏡の国の「アンケート」

	国語辞典（および一般的なイメージ）	専門辞典・事典
調査対象	多数の一般人	少数の専門家
調査の位置づけ	本格的な統計的調査	統計調査の補助的役割
調査の信頼性	信頼のおける科学的調査	不正確な調査

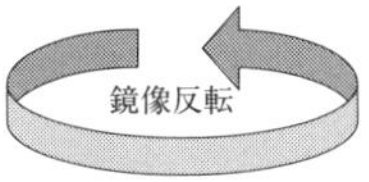

（表中央：鏡像反転）

動などを意味する言葉としても使われている．社会調査との関連で enquête という言葉を使う例に限定した場合でも，日本で「アンケート用紙」と呼ばれているような種類の質問表を用いる調査だけを指すことはむしろ稀であり，調査一般を指すことが多い[6]．実際，フランス語の enquête には，たとえば面談による調査やフィールドワークのような現場調査などが含まれることも多い．

　この，「調査（一般）」ないし「捜査」という enquête 本来の意味内容をそのまま当てはめてしまうと，日本における用語法は，かなり奇妙なものになる．たとえば，「アンケート法」は，ほとんど「調査法」と等しい意味を持つことになる．同じように，アンケート用紙は「調査用紙」あるいは「捜査用紙」となる．さらにアンケート調査にいたっては「捜査調査」ないし「調査・調査」ということになり，ほとんど意味をなさない[7]．

　こうしてみると，アンケートというのは，フランス語の enquête を語源にしてはいるものの，日本という国において独特の意味と用法を持つようになってしまった，一種の和製仏語であることが分かる．その点からすれば，アンケートについては，enquête というアルファベットの表記よりは，むしろ ankêto というローマ字表記のほうがふさわしいのである．

　他の多くの近代的な学問や技術の場合と同じように，日本では，本格的な社会調査は，いわば「舶来物」，つまり海外からの移入ないし翻訳から始まった．また，社会調査に関するさまざまな用語や技法の中には，この国の土壌に移し替えられていくなかで特異な進展を示していった例が少なくない．アンケート調査は，まさに，日本においてそのような独特の展開を遂げてきた調査法の典型だと言える．そして，「アンケート」という和製仏語の意味内容をめぐる混乱に映し出されているのは，日本においてある種の社会調査が引き起こしてきた幾つかの重大な誤解である．

第 1 章　不思議の国の社会調査

3 「ここは，一つアンケートでも……」
―― 数値信仰と統計的調査に関する誤解

　アンケート調査が日本で引き起こしてきたさまざまな誤解の中でも，きわめて深刻なものとして2つのものがあげられる．1つは，統計的な手法による社会調査に関する基本的な誤解である．もう1つは，調査法に関する慎重な配慮の欠如である．つまり，アンケートが社会調査の代名詞のように扱われ，また，その種の調査が頻繁におこなわれることによって，一方では，統計的調査の結果を無批判に信じ込んでしまう傾向が生じ，他方では，そのような調査が誰にでもおこなえる簡便な方法であるかのような印象が形成されてきたのである．

(1) 数値信仰と「数字の暴虐」

　先に述べたように，アンケート調査の成果は，数値データやその統計的な解析結果として示されることが多い．もっとも，実際には統計解析とは言っても，アンケート調査の場合，その多くは，頻度や百分率（パーセント）の算出あるいはきわめて単純なクロス集計程度の分析に過ぎない．また，本書の第11章で詳しく見ていくように，アンケート調査と呼ばれているものの中には，調査上の問いや仮説の設定からデータの集計・解析などにいたるまでのさまざまな局面で深刻な問題を抱えているものが少なくない．それにもかかわらず，数値やグラフが表示されたりすると，わたしたちは，「科学的」な調査がおこなわれたかのような錯覚にとらわれてしまうものである．

　このような錯覚の背景には，「数値信仰」と呼べる傾向がある．つまり，わたしたちは，ともすれば〈小数点以下を含む数値データやそのデータを元にして作成された図ないしグラフというものが，複雑な現実世界を的確かつ効率的に要約して示してくれる魔法のような力を持っている〉という幻想を抱いてしまいがちなのである[8]．

　その種の数値信仰は，時として「数字の暴虐」[9] とでも言うべき重大で深刻な事態を引き起こすことがある．その代表的な例のひとつに，各種のランキングがある．マスメディア等で公表されるランキングの中には，製品の売上高や

書籍の発行部数など，その真偽がある程度は確認できる数値データにもとづくものも多い．しかしその一方で，たとえばある種の「満足度」や大学の威信などに関するランキングには，信頼性や妥当性という点で疑わしいデータにもとづくものが少なくない．中には，明らかに主観的で恣意的な基準で順位付けをおこなっているものもある．しかしながら，実際に順位や序列を示すリストが新聞や雑誌等で公表されたり，「ベストテン・ワーストテン」のような形で示されたりすると，その順位の数字が客観的な「事実」として一人歩きしてしまうことが多い．また，下位にランクづけされたり，順位がそれまでとくらべて極端に下がったりした場合には，何らかの対応を余儀なくされることになる．時には，「とりあえず見かけの順位を上げる」という，本末転倒の目的のためだけに巨額の費用が費やされることもある[10]．

現代社会に深く根ざしている数値信仰を如実に示しているもう1つの例が，「とりあえずここは実態を調べてみるために，一つアンケートでもやってみましょうか」という程度の認識でおこなわれる統計的調査である．2000年代に刊行された『「社会調査」のウソ』と『これでいいのか市民意識調査』には，その程度の安易な発想でおこなわれたと思われる欠陥調査の例が数多く取り上げられている[11]．この2冊の本で扱われている調査の実施主体は，政府機関・報道機関・自治体・民間団体・大学関係者など多岐にわたるが，それらの調査が抱えているさまざまな問題に共通しているのは，〈正確な実態は数値で示されなければ明らかにできない〉という，一種の固定観念である．そして，その固定観念的な発想は，〈数値で示しさえすれば，それだけで客観的で正確な実態が分かる〉という，きわめて安易な認識に転化してしまう場合が少なくない．

(2) 方法論的自覚の欠如

上に述べた，数値信仰にもとづく誤解と並ぶもう一つの深刻で重大な誤解に，アンケートというものを「誰にでも簡単にできる」簡便な方法と見なしてしまう傾向がある．

たしかに少し考えただけでは，アンケートを実施する際にはそれほど高度な知識や技術は必要ではないようにも思える．実際，既存のアンケート用紙を参考にして適当な質問項目を幾つか並べてみさえすれば，それだけで質問表らし

きものはできてしまう．何人かにその質問表に回答を記入してもらって単純な集計をおこなえば，もっともらしい結果を出すこともできる．小学校から高校までの「調べ学習」などでも，アンケートと称する調査が盛んにおこなわれてきた．夏休み明けの自由研究の発表会や学園祭などでも，アンケートにもとづく調査結果の展示がおこなわれることが多い．また，分析の内容やレベルという点から見れば，そのような調べ学習や自由研究としておこなわれるアンケートと大学当局によって実施される「授業評価アンケート」などとのあいだには，それほど顕著な差が無いようにも思える．

しかし第11章で見るように，質問表調査をおこなう際には，本来，最低限心得ておかなければならない，定石ないし常道とも言うべきルールのようなものが存在する．また，調査項目の設定，質問表の設計，予備調査，調査の実施，質問表の回収，データの集計・解析など，ほとんどあらゆる局面について周到な配慮と入念な準備があってこそ，はじめて，知りたい事柄に関する有益な情報を入手することができる．つまり，調べ学習における質問表調査のように，教育上の観点から一種の予行演習としておこなわれる調査の場合はさておき，何らかの実践的な目的にとって真の意味で有効な調査データを得ようとするのならば，それなりの準備や本格的なトレーニングが必要になってくるのである．

「生兵法は大怪我のもと」ということわざがある．実際，体調がかなり悪い時には自分自身の判断で済ませようとしたり，素人に診断や治療をゆだねたりすることは，深刻な事態を引き起こしかねない．まったく同様の点が，社会調査についても指摘できる．つまり，症状が重い時にはまず医師の診断をあおぐべきであるのと同じように，社会調査をおこなう際には，「素人判断」だけで済ませずに，調査の専門家による助言やサポートが必要となる場合が少なくないのである．

(3) 屑入れ屑出し（GIGO）とは？

もっとも，「調査の専門家」とは言っても，医師や弁護士などの場合とは違って，社会調査に関しては，国家資格や公的な免許制度があるわけではない（社団法人社会調査協会が認定する資格としては，社会調査士と専門社会調査士という2つのものがある）．したがって，調査に関しては，専門家とアマチュアとのあい

だで明確な区別をつけることは，それほど容易ではない．実際，たとえば適当な質問項目を並べたアンケート用紙を作り，その回答パターンについて単純な集計をした報告書をまとめさえすれば，誰でも「調査者」ないしアンケート調査の実施者としての名乗りをあげることができる．また，そのように名乗っただけでは，特に資格や身分を詐称したことにもならない．

このような事情もあって，日本でアンケートと呼ばれてきた調査には，実にさまざまなクォリティのものが含まれている．一方の極には，一定の正式なトレーニングを経て実績を積んだ調査の専門家が周到な準備のもとにおこなった，きわめて質の高い社会調査が存在する．しかし，それは，全体から見れば少数派である．むしろ大勢を占めているのは，もう一方の極に位置づけられる社会調査，すなわち，官庁や自治体，各種シンクタンクやマスメディア等の企業あるいは大学等が調査主体であるものの，実際には小中高における調べ学習と同レベル（あるいはそれ以下のクォリティ）の調査なのである．

このような状況について理解する上で手がかりの一つとなる言葉に，**ガーベージ・イン・ガーベージ・アウト**（garbage in, garbage out）というものがある．英語のフレーズの頭文字をとって，**GIGO**と言うこともある．和訳としては，「屑入れ屑出し」があてられるだろう．元来は情報処理に関する一種の警句であり，その基本的なメッセージは次のようなものである——〈どのように優れたコンピュータ・プログラムではあっても，インプットされる情報が意味の無いものであれば，アウトプットとして出てくる結果も「屑（ガーベージ）」のような，無意味で無価値なものでしかない〉．転じて，この警句は，社会調査の関係者のあいだでも使われている．つまり，調査データの質が低ければ，どのような高度な解析手法を使ったとしても調査結果は無価値なものにしかならない，というわけである．

本書で「**アンケート調査**」という際には，基本的にこのようなGIGO的な特徴を持つ社会調査を指している．つまり，本書は「アンケート調査」を，人々のあいだで共有されている数値信仰に安住し，また，方法論に無自覚であることによって，「ガーベージ」的なデータと調査結果を生み出してきた社会調査を指す言葉として用いていくのである[12]．

> **Keywords** アンケート・サーベイ・質問表調査
>
> 本書では，「アンケート」ないし「アンケート調査」を本質的な欠陥を抱えた，質問表による社会調査を指す言葉として用いる．一方，第11章では，それと対比させる形で，筋の良い質問表調査を「サーベイ」と呼んでいる．なお，質問リストを用いておこなわれる調査を示す用語として代表的なものには，質問表調査の他に質問紙調査や質問票調査がある．もっとも，現在では，「紙」に印刷された質問リストを用いた社会調査だけでなく，インターネットを介した調査が頻繁におこなわれている．したがって，本書では，これ以降原則として，この種の社会調査の総称として，「質問表調査」を用いることにする．

4 リサーチ・リテラシーの獲得を目指して
―― 社会調査の「読み書き能力」

(1) 欠陥調査を超えて

言うまでもなく，「屑入れ屑出し」は，アンケート調査のような統計的調査についてだけ指摘できるわけではない．実際には，ケーススタディ，つまり，統計的調査と対照的な調査法として扱われることの多い事例研究などの場合にも重大な欠陥を抱えたものが少なくない．それを象徴するのが，「アンケート」の場合と同じように，日本において独特の展開を遂げ，またある意味できわめて不幸な経緯をたどってきた「**ヒアリング**」という一種の和製英語である．

事例研究（ケーススタディ）の場合には，特定の人物や組織あるいは出来事などについて調べた内容を，数値データ中心のレポートではなく，文章による解説が中心の物語形式で書かれた論文や報告書として公表する例が多い．そして，その「事例の物語」を作成していく上では，組織や出来事の当事者から直接聞き取った内容から得られた情報がしばしば重要な意味を持つことになる．日本では，この聞き取り（インタビュー）のことを「ヒアリング」と呼ぶ場合が少なくない．

第12章で改めて解説するように，このヒアリングという言葉からは，調査

対象者を見下した「上から目線」的な発想が透けて見えることがある．実際，この日本独特の用語を使用する人々——調査の専門家を含む——は，往々にしてその点に関する配慮が不足しがちである．言葉を換えて言えば，問題のある統計的調査の場合に「ここは，一つアンケートでも……」という発想があるのだとしたら，欠陥を抱えている事例研究の場合には，「ここは，一つヒアリングでも……」というような認識があるのだと言えよう．そして，そのような安易な発想でおこなわれたインタビューにもとづく事例研究の情報価値は，ともすれば非常に低いものになりがちである．

　ヒアリングを中心とする事例研究あるいはアンケート用紙にもとづく統計調査のような欠陥調査が一般に通用してきた背景の一つには，調査をおこなう側における基本的な素養や技術の欠如という問題がある．つまり，社会調査にもとづく報告書や情報を一種の製品と考えれば，その生産者（メーカー）が，技術力や品質管理能力という点で深刻な問題を抱えているのである．

　もっとも，比較的よく知られているように，調査をおこなう人々の技能にはそれほど問題が無い場合があっても，何らかの他の理由によって，それらの人々がいわば「確信犯」的に欠陥調査を生み出していくケースも珍しくない．たとえば，それは，調査費用をできるだけ節約しようという目論見であったりする．官庁や自治体あるいは独立行政法人などの場合には，特定の政策や事業を推進する上で都合の良い結果をいわば「アリバイ」として使うために，大学や調査機関などに委嘱して調査をおこなうこともある．

(2) 消費者・スポンサーとしての権利と義務

　欠陥商品をめぐる問題は，生産者の側だけでなく消費者の側の問題でもある．つまり，消費者の側に製品やサービスの質について的確な評価をおこなうだけの知識や素養が欠けていることによって，結果として，欠陥商品が市場から淘汰されずに生き延びてしまうという例が少なくないのである．

　同様の点が社会調査についても指摘できる．つまり，欠陥調査は，これまで消費者による厳しい選別を受けることが稀であったからこそ生き残り，また現在もさまざまな形で生産されつづけているのである．

　そして，この場合の「消費者」には，当然，日々の報道や書籍・雑誌などの

媒体を通じてアンケート調査の結果を見聞きする視聴者・読者が含まれる．また，その「最終消費者」に向けて報道や執筆をおこなっているマスメディア関係者や書籍の筆者もまた，他の機関や組織がおこなった調査の結果を引用しているという点で，社会調査の消費者だと言える．さらに，調査会社やコンサルティング企業，あるいはシンクタンクなどに対して調査を委嘱ないし「丸投げ」している人々，つまり政府・官庁や自治体の関係者，企業の調査部門の担当者も，広い意味では，社会調査の消費者である．

もっとも，政府・官庁・自治体がおこなう調査は，ほとんどの場合，税金でまかなわれている．同じように，企業やマスメディアがおこなう調査の費用は，製品やサービスの販売収入を原資としている場合が多い．つまり，**調査情報の究極の消費者ないし「スポンサー」は，納税者でありまた企業が提供する製品やサービスの購入者でもある，わたしたち自身なのである**．

そして，社会調査にもとづく情報は，実際にわたしたちの日々の生活や人生のあり方そのものに対して重大な影響を与えることが少なくない．たとえば，「住民意識調査」や世論調査をはじめとするアンケート調査の結果は，自治体あるいは国家レベルの意思決定の際に重要な根拠とされることが多い．また，アンケート調査の結果は，政策の内容を決定したり，それを後付け的に合理化したりするために使われることもある．同じように，消費者調査や企業の社会的責任に関する調査は，企業の行動を左右することによって，わたしたち自身の生活に対して大きな影響を与えている．

その点からすれば，わたしたちは，社会調査にもとづく情報の質やその信頼性に対して，医師の診断や治療あるいは弁護士の法律的助言の質に対するのと同じくらいに慎重に向き合う必要があるのだと言える．実際，医師の誤診が健康や生命に深刻な影響を及ぼすことがあるように，質の低いアンケートの結果にもとづいておこなわれる企業や自治体あるいは政府・官庁の意思決定は，わたしたちの人生にとって死活問題となる場合が少なくない．

(3) 基本的な素養としての「リサーチ・リテラシー」

筋の良い調査をおこなう上で必要となる知識や技術には，長期にわたる本格的な訓練や高度な知識を必要とするものだけでなく，その基礎となる，より一

般的で基本的なルールないし「心得」のようなものが含まれている．それらの基本的で一般的なルールは，本来，一定の学習を経てさえいれば誰にでもある程度理解できるものである．そして実は，アンケート調査は，その種の，「基本の基本」とでも言うべき初歩的なルールや注意事項が遵守されていないからこそ欠陥調査になってしまっている場合が多い．

　実際，これから本書の幾つかの章で実例をあげながら見ていくように，アンケート調査の中には，どのような初歩的な調査法の解説書や教科書でも，明らかな「禁じ手」として解説されているはずの手続きが採用されているものが珍しくない．しかも，その中には主要大学や大手企業あるいは大手の広告代理店が調査主体になっている例が少なくない．つまり，少なくとも社会調査に限っていえば，それらの大学や企業の「ブランド名」は，あまり参考にならないのである．逆に言えば，きちんとした手続きを踏んだ質問表調査であれば，市民や民間団体が独自におこなった調査によって，それらの「官製」ないし企業が主体となったアンケート調査に対して十分に対抗することができるのである[13]．

　先に指摘したように，日本でアンケート調査と呼ばれているものの中には，一方には，非常に良質で有益な情報をもたらしてくれるものがある．しかし，他方には，「調べ学習」とほとんど変わらないものも少なくない．

　現代社会では，好むと好まざるとに拘わらず，さまざまな局面で社会調査によって生みだされる情報を参考にしながら意思決定をおこなっていかざるを得ない．この点からすれば，わたしたちは，そのような，玉石混淆といった観があるさまざまな調査情報の中から，一方では「ガーベージ」的なレベルのものを見抜いて排除し，他方では，真に有効な情報が含まれているものを精選した上で生活や仕事に生かしていく必要があるのだと言える．

　本書では，そのような，調査に関連する情報の取捨選択やより有効な活用の仕方にとって最低限必要とされる能力を「**リサーチ・リテラシー**」と呼ぶことにする．

(4) 情報リテラシーとリサーチ・リテラシー[14]——読む力と書く力

　リサーチ・リテラシーは，「**情報リテラシー**」と呼ばれているものの重要な一部をなすものだと言える．

通常，情報リテラシーという場合は，コンピュータをはじめとする情報機器を使いこなして情報（化）社会を生き抜いていくための能力を指すことが多い．また，既存の情報を有効に活用することに重点が置かれる場合が少なくない．一方で，広い意味での情報リテラシーには，自ら有用な情報を作り出し，それを有効に伝えていくために必要となる能力が含まれる．実際，「リテラシー（読み書き能力）」という言葉自体，本来，その意味内容には「読み」の能力だけでなく「書き」の能力を含んでいる．

　本書で言うリサーチ・リテラシーの場合も，「読む力」だけでなく「書く力」を含んでいる．つまり，リサーチ・リテラシーには，社会調査に関するさまざまな報告に盛り込まれている情報を的確に読み取り，その質について正しく見抜いていくための力だけでなく，自ら適切な調査を実践し，またその結果を的確に伝えていく上で要求される能力とセンスが含まれるのである．

　リサーチ・リテラシーが現代社会で生活していく上で非常に重要な意味を持つものであることを考えれば，「調べ学習」の一環として初歩的な質問紙調査をおこなってみることは十分に意義のあることだと言える．同様に，大学等における教養教育の一環として，基礎的な調査演習や講義をおこなうことは，社会調査に関わるリテラシーを育てていく上できわめて効果的だろう．

　もっとも，その一方で，それらの講義や実習をおこなう際にどうしても注意しておきたい点が，2つある．

　1つは，それらの実習はあくまでも試行ないし練習であり，本格的な調査をおこなうためには，それなりの専門的な訓練やある程度の知識の習得が必要になる，という点を明確にしておくべきだ，という点である．

　もう1つは，調査実習においては，単に調査の正統的なやり方を教授するだけでなく，先に挙げたルール違反や「禁じ手」などについても，一定の時間を割いて教えるべきだという点である．つまり，「（調査は）どのようにおこなえばよいか」だけでなく，「どのような事をしてはいけないのか」という点について明らかにしておく必要があるのである．実際，実習や講義の中に禁じ手や基本的な注意事項に関する解説を盛り込むことは，「読む力」，すなわち，既存の調査情報を批判的に検討できるだけの知識や能力を養成していく上できわめて効果的であろう．また，そのようなトレーニングは，「書く力」，つまりみず

から有効な調査情報を生み出していく能力をきたえていく上でも不可欠の前提になるに違いない．

5 本書のねらいと構成

(1) べし・べからず集（Do's and Don'ts）

　以上で述べてきたような点を念頭において，本書では，個々の調査技法について詳しく解説していくというよりは，むしろ，社会調査というものについて，その「基本の基本」と呼べるエッセンスを大づかみに紹介していくことに力点を置いた．言葉を換えて言えば，本書では，社会調査に関する「読む力」と「書く力」を身につけていく上で必要となる，基本的な発想や約束事について解説していくことに主眼を置いたのである．

　そして，具体的な手続きに関する解説をおこなう際には，通常の調査法に関するマニュアルと同様に，「お手本」，つまり模範例となるような調査の事例を紹介することによって，正攻法的な手順の概要について紹介するようにした．その一方で，本書では，「反面教師」とも言える，深刻な問題を抱えた欠陥調査の例をとりあげることを通して，禁じ手的な調査法について注意を喚起するようにつとめた．

　その意味で，本章の基本的な構成には，いわゆる行動指針集ないし「べし・べからず集」，英語で言えば Do's and Don'ts という発想が含まれている．つまり，本書では，社会調査のさまざまな方法や技法について，基本的なルールや手順（Do's =「べし」）についてだけでなく，同時にミスを犯しやすい点や誤解されやすいポイント（Don'ts =「べからず」）についても解説するようにつとめたのである．

(2) 本書の構成

　以下，本書は4部構成で全15章からなる．

　本章を含む**第I部**では，筋の良い社会調査，すなわち社会現象に関して質の高い情報をもたらすことができる調査が満たすべき条件について解説する．第2章では，社会調査が満たすべき要件として理論的根拠・実証的根拠・方法的

洗練の3つをあげ，それら3要件の重要性について「リサーチ・トライアングル」のバランスという観点から論じる．続く第3章では，調査をおこなう者に要求される資質や素養を創造性（アート）・論理性（サイエンス）・職人的熟練（クラフト）の3つの側面を中心にして見ていく．

　第Ⅱ部では，社会調査が筋の良いものになるための条件について，調査の基本的な設計と実際のデータ収集のプロセスという両面から見ていく．

　前半の第4章から第6章にかけては，まず，社会調査の本質を，「何らかの問いを設定し，それに対する答えを求めていく作業」としてとらえる．その上で，リサーチ・クェスチョン（問い）と仮説（仮の答え）のそれぞれが，調査を通して次第に形成されていく過程を，問いを育て（第5章），仮説をきたえる（第6章）営みとして見ていく．また，そのようにしてリサーチ・トライアングルが次第にバランスの取れたものになっていくプロセスを前提にした調査の進め方を「漸次構造化アプローチ」と名づけて，その基本的な特徴について論じる（第4章）．

　第Ⅱ部の後半では，まず第7章で，社会調査の「設計図」とも言えるリサーチ・デザインを構成する幾つかの要素について紹介した上で，特に，それらの構成要素のうちで「理論」と「概念」というものが調査において果たす役割について解説する．続く2つの章では，調査の基本的な設計の要となる，事例の選定方法およびそれらの事例の特徴を数値で表現するための方法について，それぞれ，サンプリング（第8章）と測定（第9章）という観点から解説していく．

　第Ⅲ部では，社会調査で用いられてきた，データ収集のための技法を，実験法・サーベイ（質問表調査）・フィールドワーク・既存資料の利用の4つに分類し，それぞれの技法の強みと注意すべきポイントについて見ていく．

　第10章では，研究法としての実験法が「因果推論」，すなわち，原因と結果の関係を明らかにする上で持つ強みと限界について見ていく．第11章における解説では，筋の良い質問表調査を「サーベイ」という名称でくくることによって，「アンケート調査」と対比させる．その上で，サーベイが回答者の言葉と調査者の言葉をつなぐ有効な手段となるために必要となる条件について探っていく．第12章では，調査法としてのフィールドワークの強みと魅力を，社会生活の現場で五感を駆使して情報を収集するところに見る．また，同章では，

特に現場観察とインタビューという2つの技法の本質的な性格と注意点について解説する．第13章では，文書記録や統計データなど，既に他の誰かによって収集され，また一次的な集計や分析がなされている資料やデータを社会調査で活用していく際に注意すべき幾つかのポイントについて明らかにしていく（本書では，データの分析法に関する解説は割愛した）．

　本書の**第Ⅳ部**は，やや短めの第14章とかなり短い終章の2章からなる．第14章では，社会調査の最終的なゴールとも言える報告書の作成プロセスについて解説する．特に重点を置くのは，筋の通った文章をまとめあげていく作業というものが本来持っている，調査の知見を体系づけ，また分析をより深みのあるものにしていく上での計り知れない可能性，というポイントである．したがって，第14章では，筆記の作業を第4章で解説した漸次構造化アプローチの中に位置づけていくことになる．終章では，次から次へと現れては消えてゆく調査関連用語の例を手がかりにして，社会調査が果たすべき役割について「社会調査の公共性」という観点から考えていく．

第2章 ● リサーチ・トライアングル

「筋の良い」社会調査の3要件

> ケーキのつくり方や水素と酸素を混ぜて水をつくる方法については，一連の手順をルールとして書き出すことが出来る．しかし，それと同じようにして，社会学的な探求を「調査方法論」としてマニュアル化することなど出来るはずはない．というのも，社会学において理論と方法と実証的根拠［データ］の三者を組み合わせていくやり方というのは一種の技（クラフト）なのであり，現実に調査をおこなっていく中で身につけていくしか他に方法はないからである．
> ロバート・アルフォード[1)]

　社会調査は，本来，有効な情報をもたらすことができる「筋の良い」ものでなければならない．そのためには，理論的根拠（理論）・実証的根拠（データ）・方法的洗練（方法）という3つの要件をクリアする必要がある．欠陥調査には，これらの要件のいずれかに問題があるケースが多い．その欠陥調査には，少なくとも次にあげる6つのタイプのものがある――荒削りの実態調査型，書斎派・方法論こだわり型，分離エラー型，書斎派・机上の空論型，データ偏重型，方法論偏重型．

1　「筋の良い社会調査」の条件

(1) 各種の辞典の定義から

　前章では，現代社会においては，リサーチ・リテラシーを基本的な素養として身につけ，また欠陥調査と筋の良い調査とを見分けていくことが重要になる場合が多い，という点について指摘した．
　それでは，欠陥調査にはどのような特徴があり，また逆に，「筋の良い」調

査は，どのようなものなのだろうか．このような疑問に対する答えの手がかりを求める上で，国語辞典はそれほど参考にならない．というのも，国語辞典では，「調査」という言葉に関しては次のようなごく一般的な定義があげられているだけだからである——「ある事項を明確にするために調べること．とりしらべ．『人物を－する』『国勢－』」（『広辞苑第6版』）．

　国語辞典にくらべれば，専門辞典における定義は，さすがに役に立つ面が少なくない．たとえば，以下のような定義からは，社会調査の基本的な目的や特徴的な方法について，ある程度明確なイメージをつかむことが出来る．

　社会調査（social research）　一定の社会または社会集団における社会現象に関して，科学的に，現地調査により直接的に，データを収集し，記述（かつ分析）する過程，およびその方法をいう（以下略）（『社会学小辞典』（有斐閣1977））

　もっとも，このような専門辞典における定義は，調査についての一般的な定義としては有効ではあっても，欠陥調査と筋の良い調査とを見分けようとする際に，その手がかりを得る上では，あまり参考にならない．

　この点に関しては，日本語の辞書よりは，むしろ海外の辞典のほうが示唆に富む．特に，英語辞典における「リサーチ（research）」という言葉に関する定義は，筋の良い調査について理解する上できわめて有効な手がかりを提供している．

　たとえば，以下に挙げるのは，ウェブ版のオックスフォード英語辞典（OED）で，「リサーチ」の意味として最初にあげられているものである（強調は引用者）．

　【research】 the <u>systematic</u> investigation into and study of materials and sources in order to establish facts and reach <u>**new**</u> conclusions ［事実について明確にし，**新しい**結論に達するためにおこなわれる，資料や情報源についての**システマティック**な探求と研究］[2]

　上の定義に含まれるいくつかのポイントのうち，社会調査との関連において

特に重要なのは，次の2つのポイントである．

① 調査（リサーチ）の目的は，**新しい知識や情報**を得ることにある
② その目的を達成するための手段は，**システマティックな探求**でなければならない

(2) 新しい知識と情報の獲得——問いに対する答えの探求

　オックスフォード英語辞典の「リサーチ」に関する定義で明確に示されているように，調査というのは，多くの場合，まだ誰にもよく分かっていない事柄があるからこそ，その事柄に関するさまざまな事実を新しい情報として獲得するためにおこなわれるものである[3]．言葉を換えて言えば，社会調査の究極の目的は，何らかの意味での「ニュース」，すなわち新しい知見を提供することにある．さらに限定して言えば，社会調査というのは，本来，未知の事柄の中でも特に社会的ないし理論的な意味で重要な側面に絞り込んだ上で，それを一定の時間や費用をかけて調査をおこなうに値する問いとして設定して，それに対する答えを求めるために実施されるべきものなのである．

　しかしながら，実際におこなわれている社会調査の中には，わざわざ人手や費用，あるいは時間をかけて調べてみなくても既に分かりきっているはずの事柄について報告している例が少なくない．また，典型的なアンケート調査の中には，社会的にも理論的にも意義がほとんど認められない事柄について調査をおこなっている場合も多い．

　第5章では，社会調査における問いの立て方には，それなりのルールのようなものがある，という点について詳しく検討していくことにする．そこで改めて解説するポイントの1つではあるが，筋の良い調査をおこなうためには，単に日常生活で感じているような「素朴な疑問」に対する答えを求めるだけでは十分ではない．社会調査をおこなう際には，そのような日常的な疑問を含むさまざまな問いに関して，少なくとも次の2点について確認した上で作業を進めていかなければならないのである——①現時点でどこまでが既によく知られている事実なのか，②どこからが未知の，したがって，それについての答えを得ることによって，理論的ないし社会的に意義のある，新しい知識や情報が得られる問題なのか．

これが，社会調査に関する教科書やマニュアルでは，通常，「問題意識の明確化」や「問題の定式化」などと呼ばれているプロセスである．そして，そのようなプロセスを経て，最初は素朴な疑問に過ぎなかったものを含めて，さまざまなレベルの問いが，社会調査にとって意味のある問い，すなわち**リサーチ・クェスチョン**にまで練り上げられていくことになる．

こうしてみると，筋の良い社会調査というのは，まず第一に，**筋の良い問いに対する筋の良い答えを提示するもの**でなければならないことが明らかになる．

(3) システマティックな探求

上で述べた，「新しい知識や情報の獲得」というポイントは，社会調査をおこなう際に目指すべき目的に関わるものである．オックスフォード英語辞典の「リサーチ」についての定義には，その目的を達成するための手段ないし方法が満たすべき条件についても明記されている．すなわち，同辞典の定義からは，リサーチは，本来，未知の事柄に関する探求を**システマティック**におこなうものである，という点が読み取れるのである．社会調査に関して言えば，システマティックな探求というのは，通常，社会科学の領域において広く認められている定番的な手順や方法をふまえて調査をおこなう，ということを意味する．

以上述べてきた内容を改めてまとめてみれば，筋の良い社会調査というのは，**システマティックな探求を通して，筋の良い問いに対する筋の良い答えを，新しい知識や情報として提示する作業**ということになる．したがって，当然のことながら，ここで言う社会調査には，娯楽番組の題材（「ネタ」）を提供するためにおこなわれるアンケート調査のようなものは含まれないことになる．そのような調査は，一見目新しい情報を提供したり意外な発見事実を明らかにしたりしているようにも見える．しかし，そのような調査の場合，娯楽としての価値はあっても，新しい情報としての価値はほとんどゼロに等しい．

同様の点は，マスメディアやウェブ上などに公表されているアンケート調査のかなりの部分についても指摘できる．それらのアンケート調査の多くは，せいぜい話題提供ないし一種のエンタテイメントとしての価値しかない．なかには，社会的現実を歪めた形で伝えているために，無価値であることを通り越して，むしろある種の害悪をもたらしているものさえある．これは，多くの場合，

それらの社会調査が調査法に関する基本的なルールすら踏まえていないことによる．そして，前章でも述べたように，それらのルールというのは，実は，どのような初歩的な教科書や解説書にでも記載されているはずのものなのである．

2 リサーチ・トライアングル

(1) 理論・データ・方法

社会調査に関する教科書や解説書では，上で述べた「システマティックな探求」の要件となるさまざまなルールや定石的な手順が挙げられている．それらの要件は，以下の3つのカテゴリーに分類できる[4]．

> **理論**——明確な**理論的根拠**にもとづいて，リサーチ・クェスチョンが導かれ，またその答えが求められている
> **データ**——良質のデータが確実な**実証的根拠**として示されている
> **方法**——**的確な調査技法**を用いてデータの収集がおこなわれ，**適切な推論技法**によってそれらのデータと理論やリサーチ・クェスチョンと仮説との対応関係が明らかにされている

筋の良い社会調査の場合には，これら3つの要件のあいだに，下にあげる三角形のようなバランスのとれた関係が成立していると考えることが出来る．逆に言えば，欠陥調査の場合は，何らかの事情によって，これら要件のいずれか（あるいは全て）に致命的な問題があるために要件間のバランスが崩れてしまっているのだと言える．

本書では，この図式に示した，理論・データ・方法という三者間の関係を**リサーチ・トライアングル**（この言葉自体は，一種の和製英語である）と呼ぶことにする．このリサーチ・トライアングルを構成するそれぞれの要件については本章に続く各章でも詳しく見ていく．ここで，それぞれの要件の概略についてまとめて述べて

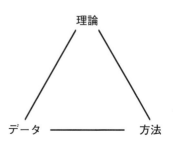

おくと以下のようになる．

(2) 理論

リサーチ・トライアングルの構成要件としての「理論」というのは，**社会現象を分析し理解する際に用いられる一定の視点**のことである．第7章で改めて解説するように，理論や概念は，社会調査において，現実の特定の部分に対して一定の角度から光をあてることによって鮮明に見せてくれるスポットライトのような役割を果たすことが多い（第7章では，社会科学において理論という言葉が持つさまざまな意味について解説する）．

理論的視点を定めておくことは，調査のプロセス全体を論理的に首尾一貫したものにしていく上で必要不可欠となる条件である．実際，基本的な理論的枠組みが明確なものになっていないと，〈手当たり次第にとりあえず資料やデータを収集してしまう〉ということにもなりかねない．そうした場合，いざ分析をおこなうという段階になって途方に暮れることになってしまう．それとは対照的に，特定の視点に立った上で，調査における中心的な問いを明確にし，またその問いにとって特に関連の深いデータを収集していった場合には，リサーチ・クェスチョンと調査における最終的な結論（答え）とのあいだの関係は，より密接なものになるはずである．

ある時には，既にその研究分野で確立されている「定説」ないし「通説」に近い理論体系が，リサーチ・クェスチョンを設定し，またそれに対する答えを導き出していく上での基本的なガイドラインになる．また別の場合には，既成の理論を，リサーチ・クェスチョンや手元にあるデータに合わせて適宜修正して，調査における基本的な枠組みとして用いることもある．あるいはまた，ある時点までに入手した資料やデータを元にして，調査者自身が新たな理論的枠組みを立ち上げていく場合もある．

いずれの場合にせよ，社会調査をおこなう上で何らかの理論的枠組みを用いる場合には，「先行研究」や「先行調査」などと呼ばれる，同じようなテーマや調査対象についておこなわれてきた調査の知見を踏まえて調査をおこなうことが，非常に重要なポイントの1つになる．

「**巨人の肩の上に乗る**（standing on the shoulders of giants）」というフレーズが，

この，先行研究の積み重ねを踏まえて研究を進めていく基本的なアプローチとの関連でしばしば引用される．これは，著名な自然哲学者・数学者であったアイザック・ニュートンが引用したことを1つの契機として広く知られるようになった言い回しである．その基本的なメッセージは，次のようなものだとされている——〈学問上の発見や新しいアイディアというものは多くの偉大な先人たち（「巨人」）の成し遂げた研究の蓄積の上に成立するものだ〉[5]．

同様の点が，社会調査についても指摘できる．実際，先行調査の検討を通して，〈既にある程度明らかになっているのはどのような点なのか〉というポイントについて把握しておかなければ，どのような点が，これから調査をおこなうことによって明らかにすべき問題であるかを明確にすることはできない．また，何が調査の結果として得られる新しい事実，すなわち「ニュース」と呼ぶに値する情報であるかを知ることもできないだろう[6]．

(3) データ

何らかの理論的枠組みや先行研究をふまえて社会調査を進めていくことが重要だとは言っても，リサーチ・クェスチョンに対する答えは，調査をおこなう者の頭の中だけで生みだされるものではない．前節であげたオックスフォード英語辞典の定義では，「資料や情報源」を参照することがリサーチの重要な要件の1つとして挙げられている．それと同様に，**社会調査の本質は，リサーチ・クェスチョンに対する答えを，現実の世界から収集した確実な証拠にもとづいて求めていくところにある**．つまり，リサーチ・トライアングルにおける理論は，決して「空理空論」という意味の理論などではない．ここで言う「理論」というのは，あくまでも，**実証データによって現実の社会現象に関わる問いに対する答えを求めていく際に，そのより所となる基本的な枠組み**を意味するのである．

もっとも当然のことながら，何らかのデータがありさえすれば，それだけで調査として成立するわけではない．どれだけ緻密な理論にもとづいて問題が設定され，またどのように高度なツールを用いて分析がなされていたとしても，肝心のデータが証拠や根拠として到底使い物にならないものであれば，まさに，前章で述べた「ガーベージ・イン・ガーベージ・アウト（GIGO）」に終わって

しまう．つまり，最終的に得られる調査結果はまさに「ゴミ」という形容が当てはまるような，無価値なものにしかならないのである．料理で言えば，食材（ネタ）の鮮度や質に深刻な問題があるようなものである．そのような場合は，どのように素晴らしい構想やレシピがあり，また，調理人の腕がどのように優れていたとしても，最終的に出来上がってくる料理の味は惨憺たるものになってしまうに違いない．

(4) 方法

リサーチ・トライアングルを構成する3つ目の要件は，三角形でいえば右の軸足の頂点に位置する「方法」である．この場合の「方法」には，大きく分けて①**データを獲得・収集するための技法**と②**得られたデータや理論的前提をもとにして，問いに対する答えを導き出すための推論技法**，という2つのものが含まれる．

本書の第Ⅱ部では，社会調査をおこなう際に，特定の事例を調査対象として選び出したり，それぞれの事例が持つ特性について測定をおこなったりする際の基本的発想について解説していく．この2点，つまり，サンプリングと測定は，どのような調査技法を用いる場合でも最低限押さえておくべきポイントである．一方，第Ⅲ部の各章では，サーベイ・実験法・観察・インタビューなど個別の調査技法のエッセンスについて解説を加えていく．それらの各章で解説していくのは，**筋の良いデータを獲得するために心得ておかなければならない基本的なポイント**である．実際，それらのポイントを軽視したり無視したりして調査をおこなってしまった場合には，どれだけ多くのデータが集められたとしても，それは大量のガーベージの堆積のようなものにしかならない．

もっとも，いかに良質のデータが得られたとしても，その**データを分析して，当初想定していた仮説や理論的枠組みとの対応関係を明らかにするため推論技法**が確立されていなければ，まさに「宝の持ち腐れ」になってしまう．料理にたとえて言えば，データの分析法というのは，いわば調理法(レシピ)に相当する．つまり，入手した食材を下ごしらえしたり，焼いたり煮たりして加工していくための基本的な作法である．実際，頭の中にどんなに素晴らしい料理の構想があり，また，質や鮮度という点でもすぐれている食材が揃っていたとしても，調理を

する者がその食材を加工する上で最も適した調理法を身につけており，また切れ味のよい包丁などのすぐれた調理道具が揃っていなければ，美味しい料理を仕上げることなど出来ないだろう．

3　6つのタイプの欠陥調査

(1) 類型論の概要

ここまで解説してきた，筋の良い社会調査のための3要件を1文にまとめれば，次のようになるだろう．

理論的枠組みや先行研究をふまえて適切な問いを立て，確実な調査技法を用いて良質のデータを獲得し，的確な方法で分析をおこなうことによって，問いに対する答えを導き出す．

この文章を見るだけでは，社会調査をおこなう者が当然心得ておくべき，きわめて常識的な要件を述べているだけに過ぎないように思えるかも知れない．しかしながら現実には，これら3要件の全てを満たすのは，それほど容易なことではない．

実際，これまでおこなわれてきた社会調査の中には，明らかな欠陥調査とまでは言えないまでも，3つの要件のどれかについて何らかの問題があるものが少なくない．複数の問題を抱えている調査も珍しくない．

かなり図式的になってしまうが，この点に関しては，以下に示すように，それぞれの要件について「〇（特に問題が無い）か×（問題を抱えている）か」という単純な二分法を適用してその組み合わせについて考えてみると，問題の所在が明らかになる場合が少なくない．また，それによって，改善の方向性もある程度見えてくる．

　　理論〇・データ〇・方法〇──理想的な社会調査
　　①理論×・データ〇・方法〇──荒削りの実態調査型
　　②理論〇・データ×・方法〇──書斎派・方法論こだわり型

③理論〇・データ〇・方法×――分離エラー型
　④理論〇・データ×・方法×――書斎派・机上の空論型
　⑤理論×・データ〇・方法×――データ偏重型
　⑥理論×・データ×・方法〇――方法論偏重型
　　理論×・データ×・方法×――救いようのない欠陥調査（典型的な「アンケート調査」）

　最初と最後のタイプ，つまり，3要件全てをクリアした理想的な社会調査と，全てにおいて致命的な問題を抱えた救いようのない欠陥調査については，改めて解説するまでもないだろう．一方，①から⑥までの6つの類型については，簡単な解説を加えておくことにしたい（以下の各項目の冒頭には，それぞれの類型の特徴をバランスの崩れた三角形の形で表現した．また，それぞれの図における文字の太さやサイズは各要件を充足している程度を模式的に示しており，線の太さは要件同士の関連の強さを表している）．

(2) 荒削りの実態調査型――タイプ①

理論×・データ〇・方法〇

　最初のタイプは，**荒削りの実態調査**である．これは，文字通りの欠陥調査であるというよりは，むしろ「磨けば玉になる」原石のような豊かな可能性を秘めた調査であることが多い．つまり，このタイプの調査の場合には，データそれ自体には非常に重要な知見や示唆が含まれているのである．したがって，より本格的な理論的検討を加え，また資料やデータの分析法を洗練させていけば，結果としてさらに有益な社会調査になっていく可能性を持っている．

　このタイプの調査は，幾つかの点で，ジャーナリストによる第一級のルポルタージュによく似ている．一流のジャーナリストによるルポルタージュやドキュメンタリーは，大学等に籍を置く研究者や大学院生などには及びもつかないほど現場の状況に肉薄した，きわめて質の高い一次情報を提供しているものが少なくない．また，その一次的な情報に対して「職人技」ないし「名人芸」とも言える独特のすぐれたセンスによって解釈を加えている例も多い．しかしな

がら，ルポルタージュでは，調査（取材）全体を貫く視点や理論的枠組みが必ずしも明確になっていないケースが多い．また，しばしば先行研究との関係が不明であったり，類似のテーマを扱った他のルポルタージュや社会調査との比較が困難になったりもすることもある[7]．

もっとも，同様の点は，ルポルタージュだけではなく，研究者や調査会社がおこなう，インタビュー主体の調査あるいはフィールドワークにもとづいて書かれた報告書や論文についても指摘できる場合が少なくない．それらの調査報告においては，調査現場に状況を的確に把握したディテールに富む情報や資料が提供されているのだが，理論的な「詰め」が甘くなっている例がしばしば見られるのである．

> **Column** 渡り労働者のフィールドワーク──荒削りの実態調査の事例
>
> 米国出身であり後にカナダの大学で教鞭をとることになった社会学者のネルス・アンダーソンは，『ホーボー（渡り労働者）』(1923) の著者として知られている．ホーボー (hobo) というのは，季節労働をしながら各地を渡り歩く人々のことである．『ホーボー』には，それらの人々に特有の生活パターンや彼らが住む地域社会の特徴がさまざまな角度から描き出されている．
>
> 著者のアンダーソン自身にも，渡り労働者としての経験があった．彼は，苦学しながら高校と大学を卒業した後で，シカゴ大学の大学院に入学して本格的に社会学を学ぶことになったのである．『ホーボー』は，そのアンダーソンが大学院の課題レポートとして提出した2本の論文が原型となっている．また，彼は調査資金を得てシカゴ市内のホーボーの居住地区に住みながら1年近くにわたって現地調査をおこなっており，『ホーボー』にはその密着取材的な現場調査によって得られた情報が縦横に生かされている．
>
> もっとも，決して裕福ではない家庭の出身であり，また働きながら大学院に通っていたこともあって，その当時アンダーソンの学問的知識は必ずしも十分なものではなかった[8]．実際，修士号の審査条件である口頭試問を受けた時点でアンダーソンには既に『ホーボー』という著書があったのだが，彼は，学術的な内容に関する教員たちの質問に対してまともに答えることが出来なかったのである．アンダーソンは，結果的には無事に修士号を取得することが出来たのだが，試問の後で主任教授からは次のように言われている．

君は大学の外での君自身の流儀の社会学については僕らよりもよく知っているみたいだ．でも，ここの［文献にあるような］社会学に関しては余りよく知らないようだね．そういうわけで，少しばかり賭けみたいになってしまうんだけど，僕らは君の修士号を認めることにしたよ[9]．

　要するに，『ホーボー』は，「荒削りの実態調査型」のリサーチにもとづいた調査報告書であったと言える．つまり，理論的な根拠や方法的な洗練という点では不足気味であったかも知れないが，それを補って余りある，豊富な現場情報と著者自身の実体験に裏打ちされた第一級の調査報告書だったのである．実際，同書には，それまでは単純な統計データを通してしか知られておらず，その詳細が明らかではなかったホーボーたちの生活実態や経歴のパターン等に関する貴重な情報がふんだんに盛り込まれていた．そして，この新しい知見（ニュース）は，当時ホーボーたちに対して持たれていた偏見や先入観を払拭していく上で重要な貢献を果たしたのである[10]．

(3) 書斎派型──タイプ②・④

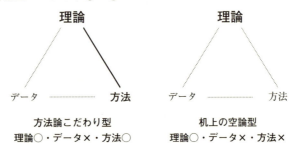

　荒削りの実態調査型の場合は，理論や方法の面での詰めがやや甘くなっているとは言え，データについては「足で稼いだ」，かなり良質のものが示されている場合が多い．それと対照的なのが，**書斎派型**である．このタイプの社会調査の場合には，特定の理論的枠組みに固執するあまり，地に足が着かず「頭でっかち」になってしまいがちである．つまり，理論偏重であるためにデータの内容や質については無頓着になってしまっているのである．このような，理論偏重の傾向が強い書斎派はさらに2つのサブタイプに分けることができる．つまり，調査の方法論については人一倍関心を持っている方法論こだわり型（タ

イプ②)と，その種の関心すら稀薄な，机上の空論型(タイプ④)である．

書斎派のうちの**方法論こだわり型**の場合，先行研究や理論文献を丹念に読み込んでいるだけでなく，調査の方法論についても自分なりの見解を持っている．しかし，実際に調査をおこなった経験に乏しく，また技能面でも未熟であるために，分析に使用すべきデータを適切に評価して取捨選択することができない．つまり，本来採用すべきではないデータを引用してしまったり，重要な情報を含んでいるはずのデータを見逃してしまったりしているのである．

一方，書斎派の中には，実際の調査で「手を汚す」ことにはほとんど関心を持たない者も多い．そのようなタイプの調査では，とりあえず入手できる資料や既存のデータセットを安易に利用した上で，最初に設定した仮説に沿った強引な解釈をしてしまいがちである．これが，書斎派の中でも**机上の空論型**に分類できる社会調査である．結果として出来上がってくる調査報告は，論文というよりは身辺雑記風のエッセイないし安易な社会評論に近いものになることが多い．

このタイプの調査は，調査データに対する姿勢という点で，本質的に，新聞や雑誌などによく掲載される「識者のコメント」とほとんど同じ性格を持っている．つまり，「詳しく調べてみないと何とも言えないのだが……」などという，奇妙な言い訳から始まることが多い学者や評論家のコメントである．

(4) 分離エラー型——タイプ③

中には，理論文献や先行研究をしっかりと読み込んだ上で調査に臨み，また，得られたデータも一定の水準を満たしているにもかかわらず，その両者のあいだの関係がチグハグなものになってしまっている社会調査もある．その典型としては，たとえば，基本的な理論的枠組みからすれば矛盾するところが

多いはずのデータについて，最初に立てた仮説にあわせた強引な解釈を下してしまうような研究例があげられる．そのような調査研究では，ある意味では特に調査をおこなわなくても，最初から結論は決まっているのである．

つまり，「理論は理論，データはデータ」という形で両者が分離してしまっ

ているのである．このような傾向を，**分離エラー**（segregation error）と呼ぶことがある[11]．分離エラーは，たとえば，調査スケジュールに無理があるために，執筆に十分な時間を割くことができずに，締め切りないし納期間際になって切羽詰まって論文や調査報告書を提出してしまった場合などに生じがちである．

　荒削りの実態調査について指摘したように，分離エラー型についても，方法的な洗練をはかって，たとえば，手元にあるデータをもう一度確実な方法で再分析してみることによって有効な情報が得られる場合も多い．

(5) データ偏重型——タイプ⑤

理論×・データ○・方法×

　荒削りの実態調査の場合と同じように，データを「足で稼ぐ」ことを重視する人々は，「データそれ自身に語らせることが出来る」という信念を持っている場合が少なくない[12]．このような信念を持っている人々は，往々にして，特に何らかの明確な理論的枠組みを設定していなくても，現場で集めた「動かぬ事実」を示せば，それだけでリサーチ・クェスチョンに対する確実な答えを導き出すことが出来る，と主張したがるものである．また，理論についても，「良質のデータさえあれば，理論というのは，その中から自然に浮かび上がってくるものだ」という見解を持っている場合も多い．

　荒削りの実態調査の場合には，単に資料やデータを大量に獲得するだけでなく，データの入手方法について細心の注意を払い，また，データの分析や解釈に際しても慎重な配慮が見られる場合が多い．それに対して，データ偏重型の場合には，どちらかと言えばデータの収集や分析の技法に対して無頓着であることが多い．また，技法に工夫をこらしたり方法論について議論したりすることそれ自体に対して否定的な対応をする場合さえある．

　このように「無理論的」であり，また方法論に関して無頓着な調査の場合に見られがちなのが，集めてきたデータ自体は良質なのだが，最終的な調査報告書では，常識程度の結論や解釈を出すことにとどまる，というような傾向である．また，ほとんど加工を加えていない「生データ」に近い資料を提示しただけで，分析らしい分析をおこなわずに済ませたりしている例もある．

(6) 方法論偏重型——タイプ⑥

上で述べたように，データ偏重型の場合には，データの収集や分析に際して用いられる方法に関する配慮が欠如しがちである．それに対して，**方法論偏重型**の社会調査をおこなう人々の関心は，調査技法の有効性の検証や特定のテクニックをさらに洗練させていくことのみにある．つまり，このようなタイ

理論×・データ×・方法○

プの社会調査をおこなう人々にとっての最大の関心事は，最新の分析法や解析ツールを「とりあえず使ってみる」ことにあるのである．社会的な現実を理解するための何らかの理論的枠組みを特に持ちあわせているわけでもなく，また，使用するデータも特に慎重に吟味した上で取捨選択されたものではない．さらに，設定したリサーチ・クェスチョンそれ自体にも，それほど理論的ないし実践的な意義があるわけではない．

コンピュータ・プログラミングにおいては，「ダミーデータ」を入力してプログラムの動作について確認することがあるが，方法論偏重型の人々がおこなう社会調査におけるデータは，そのダミーデータに該当すると考えることさえできる．料理に喩えて言えば，最終的に出来上がる料理についてのビジョンもなければ，良質の食材も手に入っていないのに，精魂こめて包丁の手入れをして，その研ぎ澄まされた包丁を，とりあえずありあわせの食材にあててみて切れ味を試しているような場合がこれに近いだろう．

(7) 社会調査をめぐる現実的条件

以上で見てきたさまざまなタイプの欠陥調査に関する議論は，あくまでも，理論・データ・方法の3要件が「三拍子そろった」社会調査を理想とする観点からの評価である．実際には，このような観点にもとづく評価は，現実の社会調査が直面する制約条件を度外視した理想論に過ぎない場合も多い．特に現実の社会問題に実践的関心から取り組んでいこうとする際には，調査に使用できる資源の範囲内で最善を尽くし，またその結果をできるだけ早く公表する必要があることも多い．とりわけ緊急性の高い社会問題（災害および災害からの復興，貧困，犯罪・非行等）の現状を明らかにし，その解決をはかろうとするような際

には，何よりもまず現場の実態に関する少しでも確実な情報を収集していくことが優先されるべきであろう．また，理論や方法面において何らかの限界があったとしたら，それを認識しつつ，他の調査者の協力もあおぎながら改善をはかるべきだろう．

また，特に注意が必要なのは，**最初から3つの要件のあいだで理想的なバランスがとれている必要は必ずしも無い**，という点である．つまり，リサーチ・トライアングルのバランスというのは，調査が終了してその結果を最終的に報告書や論文あるいは口頭で発表するまでのあいだに成立していれば良いのである．現実には，むしろ調査を進めていくなかで，紆余曲折や試行錯誤を経て3要件のあいだのバランスが形成されていった方が結果的には実り豊かな調査に結びつくことが稀ではない．第4章では，このような事情について，「漸次構造化アプローチ」という用語で解説していく．その前に次章では，筋の良い社会調査にとってもう1つの条件となる調査者の資質ないし適性に関わる条件について見ていくことにしたい．

Column KJ法の意義とデータ偏重型調査のワナ

KJ法というのは，地理学者・人類学者であった発案者の川喜田二郎のイニシャルから命名された情報整理と発想の方法であり，調査データの収集と分析の際にも使われる場合が多い．その手順は，まず，調査で集めた断片的な情報やさまざまな場面で浮かんできたアイディアなどを短く要約した文章をカードに書きつけることから始まる．ついで，それらのカードをトランプのカードのようにシャッフルした上で，「似たもの同士」をグループとしてまとめる．そして，複数のグループの関係を矢印付きの直線や曲線を使ってつなぎ合わせることによって，問題点を整理したり新たな発想を生み出したりするのである．

たとえば次の図は，社会心理学者の安藤香織が，「日本人のイメージ」に関する幾つかの回答の内容をKJ法流に整理して図解してみたものである[13]．

この図に見るように，KJ法を質問表調査の自由回答欄の記述やインタビューの記録などの整理や体系化の際に適用すると，それらの文字テキストが中心のデータに含まれる幾つかのテーマを可視化することが出来る場合がある．

紙片の束やインデックスカードなどを利用して情報を整理する発想やその発想を応用したテクニックの詳細は，欧米では少なくとも1920年代前後から知られて

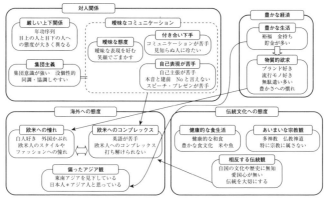

(安藤 2004：197)

おり，学部生向けに論文執筆法を解説したマニュアルなどでも紹介されてきた[14]．その意味では，KJ法は，基本的な発想という点から見ればさほど新しいものではない．KJ法の意義は，むしろその発想を，問題解決の糸口を見つけたり新しいアイディアを生み出したりする上での技法として体系化することによって応用の範囲を大きく広げた，という点にあると言える．また，定性的な調査などでは，上の図のようにしてKJ法的な発想を応用して文字テキストや着想の内容を整理してみることは，リサーチ・クェスチョンや仮説を定式化していく上でも有効な手段の1つになりうる．

　もっとも，この種のデータ分析法は，ともすれば「理論というものは，データさえあれば，その中から自然に浮かび上がってくるものだ」という錯覚を与えてしまいがちである．つまり，調査を進める上でKJ法の発想を安易に適用するとデータ偏重型の落とし穴に陥ってしまう可能性があるのである．実際，たとえば，学部学生と一緒にKJ法の実習をおこなっていると，集めたデータから豊かな発想が生み出されるどころか，結局は常識程度の結論を出して終わり，ということが少なくない．

　これは，KJ法それ自体に欠陥や問題があるというわけでは決してない．このようなことが起きてしまう背景には，学部学生のうちはまだ特定の現象について，先行研究を読み込みながら理論的に考え抜いてみる，という訓練を十分には受けていない，という事情がある．だからこそ，とりあえずは常識程度の説明でお茶を濁すことにもなりがちなのである．また，たまたまカードに書き出したいくつかのアイディアのなかに，どれか1つか2つ，全体の資料をうまく説明できそう

な言葉やフレーズがあれば，すぐにそれに飛びついて，それをキャッチフレーズのように使って説明を済ませてしまうこともよくある[15]．

たしかに，リサーチ・トライアングルの要件の1つである「理論」は，必ずしも天下り式に適用される既存の理論に限定されるわけではない．時には，データそれ自体の中から立ち上がってくる理論や重要なカギとなる理論概念が社会現象を説明する上で有効な場合も多い．しかし，その場合でも，その理論概念は，決して複雑な現象を「快刀乱麻を断つ」ごとく一挙に解明してくれる魔法の杖や呪文などではない．むしろ，先行研究の地道な検討を経て，1つの現象について複数の理論的視点から批判的に検討した上でもっとも確からしい視点を選択したり，あるいは，そのどれとも違う独自の理論を組み立てたりする作業の道しるべとなるものを指しているのである（これについては，第6章の仮説を「きたえ上げる」作業の一環としての対抗仮説の構築および第7章での理論概念に関する解説参照）．

第3章 リサーチャー・トライアングル
社会調査における分業と協働

> どの学問分野の場合でも，傑出した科学者の名前を並べたリストを見れば，その人々がすぐれたアーティストであったということが分かるはずである．つまり，彼（女）らは，適切な時期に適切な方法で適切な問いを設定するために必要となる洞察力と直観力を持っていたという点で，［科学者であるとともに］アーティストとしてのすぐれた資質を兼ね備えていたのである．
>
> ハドレー・キャントリル1)

　筋の良い社会調査にとって，理論・データ・方法の3つが必須要件であるように，調査をおこなう者については，サイエンティストとしての論理性に加えて，アーティストとしての感性と創造性，そしてまた職人的熟練（クラフト）という3種類の資質を兼ね備えていることが1つの理想となる．もっとも，すべての調査者が必ずしもこれら3つの資質に恵まれた超人的な存在である必要はない．むしろ，異なる適性を持つ調査者がチームを組み共同で作業を進めていくことによって，結果として筋の良い調査が出来上がっていく場合が少なくない．

1　社会調査におけるアート＆サイエンス

(1) 調査者の適性と資質
　前章で述べたように，社会調査が抱える欠陥は，一面では明らかに，その調査プロジェクト自体の最終的なアウトプットである調査報告書の質に関わる問題である．もっとも，それと同じ程度に重要になってくるのが，調査をおこなう者の知識や技術のレベルをめぐる問題である．つまり，商品などの場合に，欠陥製品が作られてしまう主な原因の1つには製作者の技量に関わる問題があ

るように，欠陥調査が生み出されてしまう背景には，調査者の力量不足がある場合が少なくないのである．事実，「アンケート」の多くが欠陥調査になってしまっている主な原因の1つは，調査をおこなう者が基本的なルールを順守していなかったことにある．そして，それらのルールや注意事項の多くは，本来，どのような入門的な調査マニュアルにも書いてあるはずのものなのである．

　このことからすれば，欠陥調査に含まれる問題のかなりの部分は，調査者がきちんとしたトレーニングを受け，また社会調査に関するルールや約束事に通じていれば解決されるはずであったとも言える（一方，調査情報の消費者・スポンサーの側について言えば，基本的なリサーチ・リテラシーを身につけていれば，社会調査の欠陥を見抜くことができるはずである）．

　もっとも当然ではあるが，調査者がそのような基礎的な訓練を受けてさえいれば，それだけで筋の良い調査が出来る，というものでもない．というのも，社会調査をおこなう上で必要となる技術や知識の中には，実地経験を積むことによってはじめて修得できるものが少なくないからである．また，ある種の社会現象について理解するためには，それなりに「年の功」，つまり長年の実体験を通してしか身につかない経験知のようなものが必要になる場合も多い．

　つまり，他の仕事の場合と同じように，社会調査に関しては，調査者の適性ないし「向き不向き」といったものが重要な意味を持っているのである．実際，誰もが素晴らしい料理を提供できるシェフあるいは「名工」と呼ばれる大工になれるわけではないように，一定のトレーニングさえ受ければ誰でもすぐれた調査者になれる，というわけではない．事実，調査地や調査課題の本質的な性格が，調査者にとって全くといってよいほど向いていない場合もある．言葉を換えて言えば，欠陥調査が抱えている問題は，調査課題と調査者の資質や適性とのあいだの「相性の悪さ」に根本的な原因がある例が少なくないのである．

(2) リサーチャー・トライアングル

　調査者にとって必要となる主な資質としては，少なくとも以下の3つのものがある．

　サイエンス（論理性）――広く認められたルールや約束事にしたがって良質なデータ

を収集し，また論理的に首尾一貫したやり方で分析をおこなうことができる
アート（創造性・感性）──鋭い洞察力と直観によって適切な問いと仮説を設定し，また，データを深く読み込んだ上で的確な答えを導き出すことができる
クラフト（熟練・経験知）──調査技法に習熟しており，調査に関わる各種の作業を着実にこなしていくことができる．また，調査対象に関する広くかつ深い知識を持っている

この3分類は，カナダの経営学者ヘンリー・ミンツバーグが，経営者にとって必要となる資質や能力を「アート・サイエンス・クラフト」の3つに分類した例を参考にした上で，それを調査者の場合に適用してみたものである．また，次ページにあげた図3.1も，ミンツバーグが3つの資質のあいだのバランスについて論じた際に用いた三角形の図式を下敷きにしている．本書では，これを「**リサーチャー・トライアングル**」（この言葉は，一種の和製英語である）と呼ぶことにする．

リサーチ・トライアングルの場合と同様に，この調査者の資質に関するトライアングルの場合も，3種類の資質のバランスがきわめて重要なポイントになる．実際，これら3つの資質は，そのどれもが社会調査をおこなう上では不可欠の要件ではあるのだが，一方で，どれか1つの資質だけが突出してしまった場合にも何らかの問題が生じてしまうのである．

(3) 社会調査の「アート＆サイエンス」

ここで1点確認しておきたいのは，リサーチャー・トライアングルにおける「アート」は，芸術面の才能やセンスというよりは，むしろ「アート＆サイエンス」という場合のアートに近い性格を持つものである，ということである．

英語圏でアート＆サイエンス（art and science）という場合，「アート」は，熟練を要する職人芸的な知識と技能に加えてインスピレーションやすぐれた感性を意味することが多い．他方で，「サイエンス」は，科学的な論理性と関係が深い思考力やセンスを指す．社会調査に限らず，さまざまな実務（料理，教育，企業経営等）については，これら両者の力量を併せ持つことの重要性が何度となく指摘されてきた．実際，書籍のタイトルにも，『企業経営のアート＆

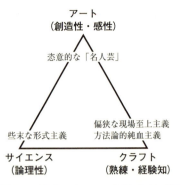

図 3.1　リサーチャー・トライアングル

サイエンス (*The Art and Science of Management*)』,『料理のアート & サイエンス (*The Art and Science of Cooking*)』,『教授法のアート & サイエンス (*The Art and Science of Teaching*)』というようなものがよくある.

　本書では,すぐ後で述べる理由によって,この「アート & サイエンス」という場合の(広義の)アートを,狭い意味でのアート(創造性・感性)とクラフトの2つに分けて見ていく.さらにクラフトについては,技能と経験知の2つを区別して考える.

2　サイエンス（論理性）

(1) 社会調査における論理性と規律

　ここで「サイエンス」という言葉で括（くく）っているものの中には,社会調査に関して広く認められているルールにしたがってデータを収集するために必要となる素質や能力が含まれる.また,データと理論的枠組みや仮説とを組み合わせて順当な分析をおこなう能力も,サイエンティストとしての重要な資質である.そして,この2つは両方とも,前章で挙げたオックスフォード英語辞典におけるresearchに関する定義の重要なポイントの1つである「システマティックな探求を」おこなう上で不可欠の素質であると言える.

　サイエンティストとしての資質と能力は,データの収集と分析の作業を論理的に首尾一貫したものにするだけでなく,社会調査の方法や発見事実に関する

> **Column** 2つの「アート」と2つの「クラフト」
>
> 本書では，アート＆サイエンスという場合の「アート」については，狭義のアート（創造性・感性）とクラフトの2つを含むものとしてとらえ，また，そのクラフトについては，技能的熟練と経験知に分けて検討している．つまり，本書では，アートとクラフトを構成するさまざまな要素の関係について，次のような図式でとらえているのである．
>
>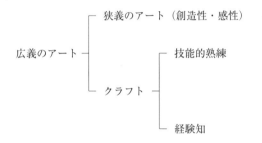

議論を広く開かれたものにするためにも不可欠の条件である．実際，論理性という共通の基盤がなければ，調査結果をめぐるコミュニケーションは成立し得ないだろう．

つまり，サイエンティストとしての資質は，社会調査における一連の作業を規律づけ，また，調査の結果についての実りある対話や会話を成立させていくために欠かすことが出来ない必要条件なのである．

(2) 些末な形式主義[2]

もっとも，その一方で，サイエンスの要素だけが突出してしまうと，社会調査は，実務的ないし社会的に価値のある情報をもたらす活動ではなくなってしまう可能性がある．というのも，サイエンスの原理をあまりにも硬直的に適用した場合には，社会調査は「調査のための調査」と言うべき，自己目的化した活動になってしまうことがあるからである．

実際，社会調査の多くは生きた社会的現実を対象にするものである以上，必ずしも定型的なルールや原則を機械的にあてはめるだけで済むというものでも

ない．時には，むしろ刻々と変化していく状況に合わせて臨機応変に対応することこそが要求される．また，そのような柔軟な対応の必要性を無視して，定石的なルールを杓子定規に適用することにこだわった場合，サイエンスは，単なる形式主義に堕してしまう．

そのような形式主義の典型は，大学関係者をはじめとする研究者が学術雑誌に論文が掲載されることだけを目標としておこなう調査である．その種の調査の場合，ややもすると，それによって得られる情報の社会的・実務的な意義は軽視されてしまいがちになる．たとえば，わざわざ調査をしなくても最初から答えが分かりきっているはずの些末な問題を取り上げて，いわば「重箱の隅をつつく」ような調査がおこなわれることがある[3]．また，海外の学術雑誌に掲載された論文における課題設定や方法論をそのまま引き写したような論文が発表される例も珍しくない．その種の論文の多くは，調査の手続きやデータの質などに関する形式要件は満たしており，少なくともその意味でのまとまりは良い．しかし，全体的に小粒であり，読んでいて退屈なものになりがちである．

3 アート（創造性・感性）

(1) アーティストとしての要件

サイエンス偏重の弊害である些末な形式主義に対する有力な歯止めになりうるのが，広い意味での「アート」に関わる資質である．つまり，調査者はサイエンティストであるとともに，時にはアーティストでなければならないのである．

前節で解説した「サイエンス」は，鉄道輸送に喩えて言えば，あらかじめ設定された軌道から外れないようにして確実に目的の駅まで走行していくために必要となる能力や資質である．つまり，サイエンスは，社会調査全体のプロセスに対して規律と統制を与え，また最初に立てた計画どおりに作業を進めていく上で不可欠の条件なのである．

もっとも，社会調査には，どうしても最初に立てた計画のルーチン的な要素だけではカバーし切れない**創発的な側面**，つまり〈実際にやってみなければ分からない〉あるいは〈現実に調査をおこなってみて初めて分かる〉という側面

> **Column** 些末な形式主義と「退屈な仮説」

　ミンツバーグは，『MBA が会社を滅ぼす』という著書で次のように述べている――「確かに仮説は検証しなくてはならない．しかし，退屈な仮説は検証するに値しない」4)．

　彼はまた同書で，リーダーシップがテーマとなっている学会の大会に付随して企画した論文集に収録される予定の何本かの論文について，ビルとバーバラという実務家にコメントを求めた時のことを回想している．その2人のコメントには，以下のようなものが含まれていた．

>　（この研究は）本来数量化できないものを数字で測ろうとしている．システィナ礼拝堂の天井があと30センチ高かったり，神とアダムの人差し指があと3センチ離れていたりすれば，この建造物が与える印象は2％弱かっただろうと，美術評論家が言うようなものだ．このようなアプローチは想像力が欠けており，どうしようもなくトンチンカンだ（ビル）

>　これだけのページを費やして到達した結論が「リーダーの対人関係の処理の仕方には，人によってかなりの相違があり，複雑性がある」というものだったとは．なんとご立派な！（バーバラ）5)

　バーバラやビルの率直な感想に示されているように，学問の世界では「サイエンス」としての形式的な側面が重視されるあまり，「退屈な仮説」だけが検証されている論文が見受けられる．また，実務的な意義という点で疑問のある論文の方がむしろ高い評価を受けてしまうこともある．もっとも，何が「退屈」であるかは，読者の問題関心によるところが大きい．また，もっぱら学術的関心から書かれ，当面は「即効性」のある実務的インプリケーションを見いだすことが出来ない論文の中に，いつの日か実務的にも社会的にも大きな貢献を果たしうるアイディアが含まれていることが稀ではない．この点については，第5章で社会調査における基本的な問題関心について解説する際に改めて取り上げてみることにしたい．

がつきものである．事実，社会調査をおこなっていると，予想外の事態が生じて大幅な「軌道修正」が必要とされる状況に直面することが稀ではない．

たとえば，データの分析結果が最初に設定していた仮説とは異なる傾向を示しており，大幅に仮説を修正した上で再調査をしなければならない，というような事態である．そのような事態に直面した際には，その時々の状況にあわせて調査の方向性を柔軟に変えていくことが必要になってくる．もし，それとは逆に，最初に立てた仮説に固執した場合には，データの解釈が歪められるだけでなく，調査それ自体が無意味なものになってしまう．

また，社会調査では，思いがけない発見事実を生かして，基本的な調査デザインやリサーチ・クェスチョンを大幅に組み換えていくこともよくある．それによって，新しい理論や仮説の展望が開けていく場合がある．実際よく知られているように，自然科学における偉大な発見の中には，セレンディピティ（掘り起こし），つまり，予想外のデータや発見事実が示唆している情報を掘り下げることによって生まれてきたものが少なくない[6]．社会科学の領域でも，セレンディピティ型の実証研究はしばしば理論的なブレークスルーを生み出してきた．「アート」は，そのような，予想外の事態に対して柔軟に対処したり，あるいは，思いがけないチャンスを生かしてセレンディピティ型の調査をおこなったりしていく上で欠かすことができない資質である．

一般に「直観」や「インスピレーション」あるいは「感性」などと呼ばれているものと，ここで言う，アーティストとしての調査者の資質とのあいだには，きわめて密接な関係がある．そして，直観やインスピレーションのマニュアル化が困難であるように，社会調査におけるアートに関わる資質それ自体を厳密にマニュアル化することは，非常に難しい．ほとんど不可能であるとさえ言える．そのような事情もあって，調査法のマニュアルは，そのほとんどがサイエンス的な手続きの解説に向けられている．つまり，その解説のほとんどは理論や仮説を検証するための手順に関するものであって，すぐれた理論や仮説それ自体を生み出すための方法が紹介されているわけではないのである．

結局のところ，社会調査に関するアーティスト的な資質は，本を読んで学べるようなものではない．もし，何かその種の能力や資質を習得するための方法のようなものがあるとしたら，すぐれた資質を持った師匠や先輩の手伝いをし

ながら，いわば見よう見まねで，「暗黙知」を身につけていく，というやり方くらいしか無いだろう．

(2) 恣意的な名人芸

こうしてみると，社会調査におけるアートは，いわゆる「名人芸」的な性格が強いものであることが分かる．名人芸的な技量にもとづく調査報告は，社会調査というものの価値や本来の面白さを伝えていく上で非常に意義のあるものである．もっともその一方で，名人芸を持つと言われる調査者が偶像視されると，欠陥調査であるはずの社会調査が一定の社会的認知を得てしまうことがある．

その種のアート偏重の傾向が典型的にあらわれているのは，思いつき程度のアイディアだけで書かれた一種の「世相講談」的な調査報告である．そのような報告書や論文では，データ解釈の根拠に関する解説が省略されてしまっていたり，通りいっぺんの説明で済まされてしまっていたりする．したがって，その種の報告には，まるで手品のように，何も無いところから忽然と「余人には真似の出来ないほど見事な」解釈が登場してくるような印象がある．しかも，それが，まさにアクロバティックな名人芸としか言いようがない独特の文学的表現によって語られているために，奇妙な説得力を持ってしまうのである．

言葉を換えて言えば，サイエンス偏重の社会調査が些末な形式主義に陥る傾向があるのだとしたら，アート偏重型の論文や作品には，「**恣意的な名人芸**」に終始する傾向があるのだと言える．

アート偏重型は，定性的調査ないし質的調査などとよばれる種類の社会調査に見られることが多い．もっとも，アンケート調査などの場合にも，根拠薄弱な数値データにもとづいて，いわば針小棒大的な解釈や「大胆な仮説」を提示している例が少なくない．これもまた，アート的な資質が暴走してしまった例だと言える．

芸能や芸術の世界における名人芸は，基礎的な技術に関する長期にわたる厳しい修練の積み重ねの末に成し遂げられる場合が多い．それと同様に，社会調査の場合の名人芸（アート）もまた，本来は，論理性と規律（サイエンス）という基盤にしっかりと支えられた時にこそ，はじめて有効な情報をもたらすもの

になる．実際，予想外の発見事実をもとにして新たな仮説や理論を構築していく際には，独特のひらめきや直観にもとづく斬新なアイディアだけでなく，そのアイディアを系統立てて整理し文章化していくためのサイエンス的な資質と能力がどうしても必要になる．

　言葉を換えて言えば，アートは，たしかに斬新なアイディアの「生みの親」ではあるかも知れない．しかし，そのアイディアを，実証的根拠に裏打ちされた「仮説」や「理論」と呼ぶにふさわしいものに育てあげていくためには，サイエンスによるサポートが必要不可欠なのである．つまり，社会調査における創発性ないしセレンディピティというのは，決して，「いきあたりばったり」あるいは「出たとこ勝負」的な作業の進め方によって生まれるものではない．あらかじめ一定の計画を立てておきながらも，その時々の状況にあわせてその計画を柔軟に変更していくプロセスを経てこそ，思いがけない発見事実を生かしていくことが出来るのである（この点に関しては，第7章で改めて「計画と創発のバランス」という観点から解説する）．

4　クラフト（熟練・経験知）

　サイエンスと同様に，クラフトもまた，アートによって生み出される思いがけない発見や着想を着実に育てあげていく上で欠かせない条件の1つである．先に述べたように，社会調査におけるクラフトは，技能的熟練と経験知の2つに分けて考えることができる．**技能的熟練**というのは，実体験を経て社会調査の技（わざ）に磨きがかけられている状態を指す．一方の**経験知**は，特定の調査課題に関する広くかつ深い知識である．その調査課題に関する，一種の「土地勘」だとも言える．技能的熟練と経験知については，頭で覚えるというよりは「身につける」という形容がふさわしい．その意味では，クラフトは，職人（クラフツマン）的な性格を持つ資質なのである．

(1) 技能的熟練——習うより慣れよ

　調査をおこなう上で必要となる各種の技術の概要や具体的なテクニックについては，入門的なマニュアルや教科書でもひと通りの解説がなされている．し

かしながら，実際に調査をおこなう際には，それらの解説書に書いてある内容だけでは，とうてい不十分である．たとえば，質問表調査の際に特定のリサーチ・クェスチョンに関連する調査項目を質問文に落とし込んでいったり，質問表全体の構成について決めたりする際には，一般的な解説はあまり参考にならないケースが多い．

同じようなことは，聞き取りが中心の調査についても言える．調査法のマニュアルには，たしかにインタビュー調査の概要や一般的な注意事項などについては書いてある．しかし，具体的な質問内容に関しては，リサーチ・クェスチョンや個々の調査項目に即して自分の判断で決めていかなければならない点が多い．また，実際のインタビュー場面における質問のタイミングや間の取り方，あるいは質問をしながらメモを取る際の要領などは，インタビューをおこなう場所の性格によっても話し手のタイプによっても千差万別であり，マニュアル的な解説だけでカバーし切れるはずもない．

このように，どのような技法を使って調査をおこなう場合にせよ，「場数を踏んでいく」ことでしか身につけることができない部分は非常に多い．つまり，調査のノウハウについては，まさに**「習うより慣れよ」**なのである．

そのような，技能の学習過程の本質的な性格という点では，社会調査は，他の多くの仕事や作業と特に異なるところは無い．たとえば，料理についても，レシピ集を熟読すれば，それだけですぐれた料理人になれるわけではない．水泳や自動車の運転あるいはパソコンの操作についても同様である．いずれの場合も，実際に役立つ技能を身につけていく上では，どうしても実地体験が必要になってくるのである[7]．

マニュアルを読み込むだけでは身につかないという点で社会調査と似ているもう1つの典型例は，英会話であろう．実際，過去30年ほどのあいだに，英会話に関する秘訣集のたぐい——「こんな簡単なコツで英会話は飛躍的にうまくなる」というような謳い文句の秘訣集——の刊行点数の増え方は目をみはるほどである．しかし，それで実際に日本全体の語学水準が飛躍的に向上したというような話は聞いたことがない．これは，とりもなおさず，それらの秘訣集の多くが，面倒な実地訓練を経ずに，本を読むだけで誰でも英会話が独習できるという幻想を振りまいているだけに過ぎないからだと考えられる．

同じような点が，社会調査のマニュアルについても指摘できる．どれだけ詳しいマニュアルや教科書が存在していたとしても，それらの多くは，どのような調査課題についても適用できる，一般的な技術やテクニックを解説しているだけに過ぎない．実際に調査をおこなう際には，それらの総論的な解説を具体的な調査課題に即した各論的なノウハウに「翻訳」していかなければならないのである．

(2) 経験知——調査対象に関する「土地勘」

社会調査の企画や実施に際しては，技能的な熟練だけでなく，調査対象についての知識や基本的なセンスが重要な意味を持つ場合が多い．これは，調査対象に関する「土地勘」のようなものであり，技能の場合と同じように，実際の経験を通してしか身につけることが出来ない部分が多い[8]．

調査対象に関する知識やセンスという意味でのクラフトが社会調査において持つ重要性については，次の2つの問いについて考えてみると分かりやすいだろう．

①中学生による調べ学習のテーマとして，企業経営者のリーダーシップ・スタイルに関する質問表調査はふさわしいか？
②日本で生まれ育った平均的な語学力の高校生に，英国における階層別の言語運用の実態に関する英文の質問表を作成できるか？

答えはいずれの場合も「ノー」であろう．中学生や高校生の段階で社会調査の基本的な方法やルールについて十分に理解している，というようなことは，ほとんどあり得ないだろう．しかし，それ以上に考えにくいのは，企業経営者に見られるリーダーシップ・スタイルあるいは英語圏における階層別の言語運用の実態について，中高生が直接的な経験にもとづいて何らかの知識を持っている，というような事態である．また，上の②については，平均的な高校生程度の語学力だけで，きわめて微妙な問題が含まれる調査課題を適切かつ的確な英語表現の質問文に落とし込むことができるとは到底思えない．

当然のことながら，企業のリーダーシップや階層別の言語運用というような

調査課題について質問表によって調査をおこなうためには，あらかじめそれらの課題について文献などを通して十分に下調べしておかなければならない．もっとも，それ以上に重要なのは，調査をおこなう者と調査対象（者）との「相性」をめぐる問題である．

　企業経営者のリーダーシップ・スタイルに関する調査をおこなう上で最もふさわしいのは，企業あるいはその他の組織で何らかの職業生活を送ったことのある一定の年齢層以上の調査者であろう．同じように，英国における階層別の言語運用の実態に関する調査については，現地での生活経験のある人々が調査チームの一員ないし協力者として加わっていることが必須条件となる．

　何らかの職業経験のある者や英国での生活経験がある人々が調査者として適役なのは，とりもなおさず，それらの人々が調査対象について一種の「**土地勘**」を持っているからに他ならない．ここで言う土地勘とは，**調査対象や現地の事情に関する，実体験に根ざした広くかつ深い知識と基本的なセンス**のことである[9]．

　異文化の地でおこなわれることの多いフィールドワークは，このような意味での土地勘が決定的に重要な意味を持つ調査法である．これについては，「**文化の翻訳**」という喩えがよく使われる．もっとも，第11章で改めて解説するように，文化の翻訳はフィールドワークに限ったことではない．というのも，質問表調査のような統計的な手法による調査も含めて，**ほとんどのタイプの社会調査は，「理論の言葉」と「現場の言葉」の相互翻訳という作業を必然的に含んでいる**からである．

　当然のことながら，文芸作品の翻訳の際には，単語レベルでの単純な置き換えだけでは十分ではない．それぞれの言語圏における社会生活の文脈における文章や言葉の使用実態について細心の注意を払いながら，その意味を読み取っていかなければならない．それと同じように，文化の翻訳としての社会調査をおこなう際には，調査対象に関する土地勘を養い，また，「現場の言葉」に習熟しておく必要がある．そのような作業を怠った場合には，とんでもない「誤訳」ないし「悪訳」のような調査結果になってしまうことは目に見えている．

(3) クラフト偏重の落とし穴

技能面での熟練にせよ調査対象に関する土地勘にせよ，社会調査が真の意味で「筋の良い」ものになるためには，調査者にクラフト的な資質や能力が備わっていることが不可欠の条件になる．もっとも，サイエンス偏重による些末な形式主義やアート偏重の恣意的な名人芸の場合と同じように，クラフト的要素だけに重点が置かれると，社会調査はバランスの悪いものになってしまう．その，クラフト偏重の傾向による弊害の代表的な例に，方法論的純血主義と現場至上主義の2つがある．

方法論的純血主義というのは，特定の調査技法が持つ強みやメリットを重視するあまり，他の手法の意義や価値を認めようとしない傾向である．これに関しては，かなり以前から「統計的研究 対 事例研究」ないし「定量的（量的）調査 対 定性的（質的）調査」という対立が知られてきた．一方の統計的調査を専門におこなう者の側から見れば，フィールドワークや事例研究のような定性的な手法による調査は，「科学的調査」とは縁遠い，気ままなエッセイないし読書感想文のようなものにしか見えないかも知れない．他方で，定性的調査を得意とする陣営の側から見れば，統計的調査というのは，物事を数値で切り取れる範囲でしか見ようとしない，底の浅い調査法のようにも思えるだろう．

このような党派的な対立は，近年では，多様な手法を併用しておこなわれる**混合研究法**（mixed methods approach）ないし**方法論的複眼**（トライアンギュレーション）などと呼ばれるアプローチの重要性が認識されるようになったこともあって，ある程度は緩和されてきてはいる[10]．しかしながら，定性的方法と定量的方法のあいだの対立は，世界観ないし社会の成り立ちに関する基本的な見方の違いに根ざしている面もあり，根本的なところでは未だに解消されていない部分も多い．また，それぞれの「陣営」の内部ですら，細かな方法や技法をめぐる党派的対立が見られることが珍しくない．

同じような点は，クラフト偏重によるもう1つの弊害である**現場至上主義**についても指摘できる．現場至上主義というのは，特定の調査対象や調査地への思い入れや深いレベルの関与が，一面では，それらの対象や調査現場に関する詳細な知識や理解にとっての前提条件となるものの，他方では，一種の固定観念や思い込みに結びついてしまう，という傾向のことである．その典型として

は，自分の調査体験だけを判断基準として用いることによって，特定の事例から得た知見を普遍的な事実と見なしてしまう傾向があげられる．

サイエンス偏重やアート偏重の場合と同様に，クラフト偏重の弊害は，リサーチャー・トライアングルのバランスに配慮することによって避けることが出来る場合も多い．たとえば，方法論的純血主義や現場至上主義にとらわれていると，非常に狭い視野で物事を見てしまいがちになる．これを，アーティストやサイエンティストとしての視点によって補うことが出来れば，調査課題や特定の調査技法についてより広い文脈の中において眺めることができるようになるだろう．また，サイエンス的な資質は，クラフト偏重の傾向がともすれば陥りがちな論理的な飛躍に対する歯止めにもなりうる．

5　社会調査における分業と協働

(1) リサーチャー・トライアングルと社会調査の条件

以上で見てきたように，社会調査は，調査者がサイエンティスト・アーティスト・職人（クラフツマン）という3つの資質を兼ね備えている時にこそ，真の意味で筋の良いものになる．そのような調査の特徴をひと言で言い表せば，次のようになる――「**直観とインスピレーション（アート）**に導かれているだけでなく，**手堅い熟練の技（クラフト）**によって裏打ちされており，また，**調査全体に論理的な筋（サイエンス）が一本しっかりと通っている調査**」．逆に言えば，サイエンス・アート・クラフトという3つの要素のうちのどれかが決定的に欠けていたり，リサーチャー・トライアングルがバランスの悪いものになっていたりする場合に，まさに「アンケート」のような欠陥調査が生み出されてしまうのだと言える．

もっとも，調査をおこなう者の全てがこれら3種類の資質を兼ね備えている必要は，必ずしもない（その点に関して言えば，「心・技・体」の3要素が揃っていることが理想とされるアスリートの場合などとは若干事情が異なる）．また，特定の時点でこれら3要素のあいだのバランスが崩れていたとしても，それだけでその調査が全く無意味なものになる，というわけでもない．なぜならば，サイエンス・アート・クラフトという3つの要素のあいだのバランスは，少なくとも

次の2つの意味での「分業」によって最終的には達成されうるものだからである——①調査チームのメンバー間における分業（調査プロジェクト内での分業），②複数の調査プロジェクト間の分業．

(2) 調査プロジェクト内での分業

1つめの意味での分業では，特定の調査プロジェクトに関わる複数の人々のあいだの役割分担とそれにもとづく共同作業によってリサーチャー・トライアングルの均衡を目指すことになる．つまり，一方では調査メンバー各自の得意分野を生かしつつ，他方では不得意分野を補い合うことによって，結果として論理性・創造性・熟練と経験知という3要素間の理想的な組み合わせを目指すのである．

調査に関わる資質や能力というものは，もって生まれた素質やある一定の年齢までに受けたトレーニングによる個人差が大きい．したがって，どのように努力を重ねたとしても，能力の伸びには一定の限界がある場合も少なくない．また，サイエンティスト・アーティスト・職人という資質を3つとも兼ね備えた調査者は，そもそも非常に稀な存在だと言える．実際，もしそのような調査者がいたとしたら，その人はある意味で超人（スーパーマン）的な存在だとも言えるだろう．また，そもそも，「名人芸」というのは，まさに努力次第で誰でも到達できるわけではなく天賦の才による部分が占める割合が大きいからこそ，そう呼ばれているのである．

実際，たとえば，統計的なデータ分析は得意中の得意であっても，調査現場で現地の人々と親しく接するのがどうしても苦手という場合は多い．逆に，数学や統計学が大の苦手である半面，調査現場ではまさに水を得た魚のように生き生きと現地を歩き回って貴重な情報を掘り起こしてくる調査者もいる．また独特の洞察力を持っており，常人には思いつきもしないような素晴らしいアイディアを滔々と語ることは出来るのだが，そのアイディアを実証的に詰めていくのは不得意というタイプの学者や研究者は珍しくない．

したがって，複数の人間が関わる調査チームを編成できた場合には，それぞれのメンバーの得意分野を生かした役割分担を考えていくべきであろう．もちろん，現実的な制約などからたった一人で調査をおこなわなければならない場

> **Column** ノーベル賞級の研究を生み出すリサーチャー・トライアングル
>
> **益川** 何百年，何千年も昔から，科学の志を持った人々は「コロンブスの卵」を求めて，営々と実験や観察を続けてきた．そうして手に入れた「コロンブスの卵」は，単なる閃きではない．そこに至るまでには，大胆な仮説，緻密な観察，粘り強い実験，クレバーな解析が必要とされる．
>
> **山中** それらは孤独な作業でもありますよね．逃げ出したくなる誘惑にもかられかねない厳しい道ですが，他に代えがたい発見の喜びもあります．

　益川敏英は，素粒子論に関する「小林・益川理論」で2008年にノーベル物理学賞を受章した．一方，山中伸弥は2012年にiPS細胞（人工多能性幹細胞）の作成に関する研究業績によりノーベル生理学・医学賞を受賞している．この2人が2010年におこなった対談をまとめた記録の中では，「コロンブスの卵」が1つのキーワードになっている．

　ここでコロンブスの卵というのは，提唱された後では，一見誰でも容易に考えつきそうにも見えるが，それを実際に思いつくためには大胆な発想の転換が必要となるようなアイディアを指す．

　益川（および共同受賞者の小林誠）にとってのコロンブスの卵は，それまでは4種類と想定されていたクォーク（粒子よりも小さな，物質の最小単位とされるもの）のタイプが実は6種類であると仮定してみる，という発想であった．一方，山中（および共同研究者の高橋和利）の場合に画期的な着想だったのは，多機能幹細胞を作る上で必要となる遺伝子を，後に「ヤマナカファクター」と呼ばれるようになる4つのものに絞りこんでいく際に，〈24の候補遺伝子の中から1つずつ減らしながら確認していく〉という手順を思いついたことであった．

　このようなコロンブスの卵的な着想を思いつくにあたっては，当然，本書でいう「アート」的な資質が必要となる．実際，斬新なアイディアを得たり，「セレンディピティ」と呼ばれる思いがけない事実が持つ意味や意義を的確に見抜いたりしていくためには，人並み外れた感性が必要になる．

　もっとも，単にインスピレーションの閃きだけがノーベル賞級の発見をもたらすわけではない．画期的な着想にいたるまでの前段階には，幾多の失敗を積み重ね，また熟練の技を駆使しながら考えつく限りの全ての可能性について検証していく地道な作業があった．また，それらの観察結果と思いついたアイディアとの関係を筋道立てて考え抜いていく論理的な思考のプロセスも不可欠である．たと

> えば，益川の場合は共同研究者の小林とともに，4元クォークモデルについて考え尽くした末に6元モデルにたどり着いたのである．同じように，山中は，「実験漬け」の生活を経てiPS細胞の作成に成功したのであった．
> 　こうしてみると，益川と山中と彼らの共同研究者たちは，アート・サイエンス・クラフトの3つの資質を研究チーム全体として兼ね備えていたからこそ，ノーベル賞級の偉業をなし得たのだと言える．

合も多い．その場合は，しかるべき指導者やスーパーバイザーあるいは同僚などからアドバイスを受けることが必要になる．

(3) 調査プロジェクト間の分業

　社会調査における生産的な分業が，個々の調査プロジェクトのメンバー間の役割分担を通してではなく，複数の調査プロジェクトのあいだで，事実上の結果として成立する場合もある．すなわち，個々の調査プロジェクトの陣容については，それぞれ論理性・創造性・熟練のいずれかの点で何らかの問題があったとしても，複数の調査プロジェクトが組み合わされることによって，最終的な結果としてはバランスが取れていく場合がありうるのである．

　たとえば，ある調査報告書はサイエンス偏重であり，調査方法としては堅実であるものの，全体的なアイディアとしてはやや退屈な実態調査に終わっていたとする．しかし，メンバーの中にアーティストとしての資質を持つ，創造性にあふれる調査者が参加している別の調査チームがその報告書に含まれているデータを活用して二次分析をおこなうことによって，思いがけない発見がもたらされることがあるかも知れない（既存資料の二次分析については，第13章で解説する）．

　その逆のケースもあり得る．たとえば，発想自体は素晴らしいものであっても，実証調査の段階では極めて粗雑な分析しかなされていない論文の場合などである．しかし，もしかしたら，その論文に含まれる幾つかの傑出したアイディアは，データの収集や分析に関してすぐれた職人的技能を持つ調査者がおこなう再調査の際に生かされていくことがあるかも知れないのである．そのようなケースでは，最終的には，基本的な着想と実証的な「詰め」の両方の点です

ぐれた調査報告書が出来上がってくるかも知れない．

いずれの場合にしても，全ての調査者あるいはあらゆる調査プロジェクトについて，サイエンス・アート・クラフトという3つの要件が全て満たされていることを期待するのは，単なる理想論ないし「無い物ねだり」でしかない場合が多い．そして，社会調査という営みが置かれているより広い社会的文脈を考慮に入れれば，さまざまな調査プロジェクトの組み合わせによって，最終的な結果として論理性・創造性・熟練のバランスが形成され，またそれによって学術的かつ社会的に価値のある情報がもたらされることが期待出来るかも知れないのである．

(4) アウトプットとしての社会調査・プロセスとしての社会調査

上で解説したのは，個々のプロジェクト単位で見れば問題を抱えている調査が，後に続く調査プロジェクトに対していわば「バトンを渡す」ような形で，結果として事実上の分業が成立する可能性である．それと同様の点が，前章で解説した，リサーチ・トライアングルのバランスという点で問題を抱えている複数の「欠陥調査」のあいだの関係についても指摘できる[11]．

たとえば，前章でもふれたように，荒削りの実態調査やデータ偏重型の調査の結果として提供された良質のデータが，その後におこなわれる社会調査にとって非常に有効な出発点となっている例は珍しくない．また，書斎派型の調査で提案された何らかの調査テーマに関する理論的アイディアは，それ自体としては「机上の空論」ないし思弁に近いものであっても，同じようなテーマに関する調査に対して重要なヒントを提供することもあるだろう．同様に，方法論偏重型の社会調査で実験的に開発・提案された新しい調査テクニックが，それまでは適切な分析法が開発されてこなかったために手つかずのままであった資料に含まれる貴重な情報を掘り起こしていく上で重要な貢献を果たすことがあるかも知れない．

当然ではあるが，これは決して，〈個々の調査には多少の欠陥があっても構わない〉あるいはまた，〈最初から理論・データ・方法のバランスを目指す必要はない〉ということを意味しない．言うまでもなく，リレー競技や駅伝では，次の走者にバトンや襷(たすき)を引き継ぐまでは死力を尽くして走り抜かなければなら

ない．それと同じように，調査をおこなう際には，後に続く調査（者）をアテにしていい加減な姿勢で臨むようなことは，決してあってはならないことである．力の及ぶ限り，少しでもリサーチ・トライアングルのバランスがとれた調査に近づけていくことを目指すべきなのである．

　もっとも，これは，必ずしも社会調査というものは，最初から最後まで理論・データ・方法の3要件が均衡を保った状態で遂行されるべきだ，ということを意味しているわけではない．この点について銘記しておきたいのは，**リサーチ・トライアングルというのは，あくまでも最終的なアウトプットとしての調査報告書や論文が満たすべき要件を示しているのであって，決して調査のプロセスの各段階における特徴を指すものではない**という点である．実際，現実の社会調査では，むしろさまざまな紆余曲折や試行錯誤の過程を経て結果的に3要件のバランスが形成された方が，最終的な成果としては実り豊かなものになることも多い．

　次章以降の第Ⅱ部では，そのような調査の進め方を「漸次構造化アプローチ」と名づけた上で，そのアプローチが持つさまざまな特徴について見ていく．これは取りも直さず，第Ⅰ部で，社会調査の最終的なアウトプットとしての調査報告書の質について見てきたのに対して，第Ⅱ部では，社会調査という営みに含まれているプロセスとしての側面に焦点をあてて検討していくことを意味する．

第Ⅱ部・リサーチ・デザイン

第Ⅰ部では，社会調査を，確実な「エビデンス」を提供することができる，筋の良いものにしていくための条件について解説した．それに対して第Ⅱ部では，**社会調査が持つプロセスとしての側面**に焦点をあてていく．つまり，第Ⅰ部における解説の中心が「完成品」ないし「アウトプット」としての社会調査の質を見きわめていく上での勘所にあったとするならば，第Ⅱ部では，その製品が実際に組み立てられていく工程の詳細について見ていくことになる．
　ここで特に重視するのは，「はじめに」で指摘した，**試行錯誤のプロセス**である．すなわち第Ⅱ部では，規格化された通常の手続きだけでは対応しきれない社会調査のダイナミックな側面に着目していくのである．第Ⅱ部の各章では，この点について，**リサーチ・デザイン**（社会調査の基本構想と具体的な計画）を構成する要素を一つひとつ取り上げながら解説していく．
　第4章では，試行錯誤の過程を経て最終的にリサーチ・トライアングルが形成されていくことを目指す調査の進め方を「**漸次構造化アプローチ**」と名づけて，その基本的な特徴について解説する．ここで強調されるのは，問題設定・仮説構築・データ収集・データ分析という一連の作業を同時並行的に進めていくことが，結果として，思いがけない発見や理論的アイディアの構築へと結びついていく可能性である．
　第5章と第6章では，漸次構造化的プロセスを経て，リサーチ・クェスチョン

(問い)と仮説(仮の答え)が次第に練り上げられていく過程を,**問いを育て**(第5章),**仮説をきたえる**(第6章)作業として見ていく.

　第7章では,社会調査の基本的な設計図としてリサーチ・デザインを策定しておくことの重要性について改めて確認する.その上で,リサーチ・デザインの構成要素の中でも特に「**理論**」と「**概念**」の2つを取り上げて,それらが社会調査において果たす役割について解説する.またこの章では,漸次構造化アプローチによる社会調査においては,当初作成したリサーチ・デザイン自体が柔軟に書きかえられていく場合が少なくない,という点についても指摘する.

　第8章では,データ収集の作業に入る前に検討しておくべき最も重要なポイントの1つである,調査対象の選定手続きにおける基本的な発想について解説する.ここでは,限られた数の事例から物事の全体像を明らかにしていく作業が持つ意義について強調する.また,**サンプリング**(標本抽出)の作業に含まれる,アートとクラフトの側面について明らかにしていく.

　第9章(以下は下巻)では,調査対象となった事例が持つさまざまな特徴を数値で表現し「**測定**」していく作業の基本的な考え方について解説する.ここでは,何らかの具体的な物事を「モノサシ」として使うことによって抽象的な概念を数値に置き換えていくことの意義について説明する.一方で,数値データのみで社会現象を記述したり分析したりすることの限界についても指摘する.

第4章・漸次構造化アプローチ[1]
リサーチ・トライアングルの時間軸

> 現実におこなわれる調査には，本来，何度も繰り返される見直しや仕切り直し，あるいは書き直しと文章全体の構成の組み替えといった作業がつきものである．しかし，[論文や書籍における，]スムーズな文章の展開，ハードカバーの表紙が示す完成品としての体裁，威風堂々たるタイトル，そして権威ある出版社のブランドなどといった外見上の特徴に目を奪われていると，そのような［試行錯誤を含む］側面が見えなくなってしまう．
>
> ロバート・アルフォード[2]

　バランスの取れたリサーチ・トライアングルが現実の社会調査において形成されていくプロセスについて理解する上で，公刊されている調査報告書や論文の多くは，ほとんど役に立たない．というのも，それらの文献の主な目的は，調査の最終的な結論について伝えることにあるのであり，調査の手続きに関する記述は，事実に関する正確な報告というよりは，むしろ一種の「物語」としての性格を持っているからである．実際，問題設定・仮説の構築と修正・データの収集・データの分析等の一連の作業が同時並行的に進行していくなかでリサーチ・トライアングルが徐々に完成されていく方が，最終的には，当初設定した仮説や理論的枠組みを超える思いがけない発見やアイディアへと結びついていく可能性が高い．

1　リサーチ・トライアングルの時間軸

(1) 筋の良い社会調査の基本的構成

　前章までの解説からすれば，理想的な社会調査というのは，次のような経緯を辿っていくものであるように思えてくるかも知れない——〈周到に考え抜か

れたリサーチ・クェスチョンに対する答えが，理論・データ・方法という3要件のあいだのバランスがほどよくとれた調査活動にもとづいて導き出される〉.

これを図示すれば，図4.1のようになるだろう.

この図にみるように，筋の良い社会調査というのは，筋の良い問いに対する筋の良い答えを，システマティックな探求を通して求めていく作業の結果として生み出されるものであると言える．そして，理論・データ・方法という3つの要件のあいだでバランスが取れているリサーチ・トライアングルは，その「システマティックな探求」をおこなっていく上で必須の前提条件となる．事実，公刊されている調査報告書や論文の典型的な構成や記述を見る限りでは，社会調査は，多くの場合，実際にそのような形で順調に進行していくものであるように思える．また，それが望ましい調査のあり方だとも思えてくる．

(2) 社会調査における試行錯誤と紆余曲折
静止画としての問いと答えの組み合わせ

もっとも，それはあくまでも，最終的に発表される報告書や論文の構成を中心にして見た場合の話に過ぎない．現実の調査の具体的な経緯についてもう少し詳しく検討してみると，実際の調査には試行錯誤や紆余曲折の過程がつきものであることが明らかになってくる．

実際，前章でセレンディピティ型の研究の特徴や社会調査における「創発」的な側面について解説した際に述べたように (46, 50ページ)，リサーチ・クェスチョンや仮説というものは，必ずしも最初から最後まで全く同じものであるとは限らない．むしろ，調査や研究を進めていくなかで見いだされた事実や知見を柔軟に取り込むことによって，当初は思いもよらなかった斬新なリサーチ・クェスチョンと仮説が設定されていく場合が少なくない．そして，それによって最終的には，研究上の「ブレークスルー」などと呼ばれる画期的な発見がもたらされることがある．

また，それは特に目覚ましい成果を達成した革新的な調査研究の場合に限らない．通常の調査研究についても，それとよく似た，何度かの試行錯誤を含む経緯をたどることが少なくない．つまり，最初は漠然とした見通しで始められた調査が，文献調査や予備調査などさまざまな局面での試行錯誤を通して，次

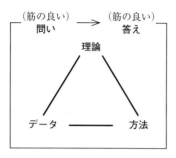

図 4.1　筋の良い社会調査

第に筋の良い調査研究としての体裁を整えていく，というケースも珍しくないのである．次章で詳しく見ていくように，その場合は，問いについては，「問題意識の明確化」あるいは「問題の定式化」などと呼ばれる作業プロセスを経て，素朴な疑問から始まったものが次第にリサーチ・クェスチョンと呼ぶにふさわしいものになっていく．一方，答えについても，第 6 章で詳しく見ていくプロセスを経て，思いつきや予想に過ぎなかったものが「仮説」という名にふさわしいものに練り上げられていき，最終的な結論へと結びついていく．

そのような経緯をたどった調査の場合，全体の構成が図 4.1 のようなものになるのは，かなり終盤の時期に入ってからであると考えられる．つまり，図 4.1 は，調査もほぼ終了段階に入った時点の状態を，いわば静止画の「スナップショット」としてとらえたものなのである．

問いと答えの往復運動

したがって，図 4.1 のうち特に問いと答えのセットに注目してみた場合，調査が実際にたどっていく経緯は，多くの場合，次ページに示した図 4.2 のようにジグザグと曲がりくねったものになるだろう．

つまり，比較的漠然とした最初の問いについて，予備調査で得られたデータや既存資料の二次分析などから答えが導き出される（図では①の矢印）．その最初の答えは，一方では，最初の問いに対する暫定的な答えとなるが，他方では，新たな問いかけへと結びついていくことになる（②）．その新たな問いは，当初不明であった幾つかの点が解明されたことによって，より具体的で洗練され

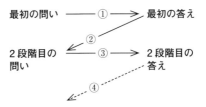

図4.2　実際の調査の経緯――問いと答えの部分

たものになっている．さらに，その2段階目の問いについては追加的な調査によって答えが導かれ（③），それがまた次の段階の問いを生み出していく（④）．そして，それ以降も同様のプロセスが繰り返されていく．

　以上のような経緯をたどることによって，リサーチ・クェスチョンの輪郭が徐々に明らかになっていき，またそれに対する答えもより一層深く掘り下げられていくことになるのである（「問いと答えの往復運動」については，第6章で改めて詳しく解説する）．

(3) リサーチ・トライアングルにおける均衡(バランス)の崩壊と進化

　この，「問いと答えの繰り返し」の過程においては，理論・データ・方法というそれぞれの要件の状態，そしてまた，これら3要件のあいだのバランスにも変化が生じてくる可能性がある．つまり，問いと答えの組み合わせのあり方が変化し，リサーチ・トライアングルにおける均衡がいったん崩壊することによって，一時的にせよ，第2章で解説した6つのタイプの欠陥調査のいずれかのパターンになってしまうのである．しかし，アンバランスな状態であることが明確に認識され，その認識を踏まえて軌道修正がなされた場合には，より高度なレベルの均衡状態が成立するかも知れない．そして，そのような作業が繰り返されていく中で，リサーチ・トライアングルが進化を遂げていくのである．

　そのような「進化プロセス」の具体的な例としては，予備調査や既存の統計データの二次分析の結果を中間報告書や研究ノートとしてまとめてみた場合があげられる．

　その暫定的なレポートに対しては，指導教員や先輩が，理論・データ・方法のいずれかの要件あるいはリサーチ・トライアングル全体のバランスに関する不備を指摘することも多いだろう．場合によっては，調査のやり直しが命じら

れることもある．そして，それらのアドバイスや指示を考慮に入れた結果として調査の基本的な枠組み自体に「揺らぎ」が生じていく．

たとえば，先行調査を再検討してみた結果，それまでとは違う理論的視点が設定され，それがまた，別の調査技法を用いたデータ収集の作業に結びついていくかも知れない．あるいはまた，指導教員の指示で対象地域を拡大してインタビューをおこなってみたところ，調査テーマについて最初に設定していたリサーチ・クェスチョンとは別の角度からとらえ直した問いが設定されていくこともある．そして，その新たな問いに対する答えを求めて調査が次の段階へと進んでいく．

つまり，図4.1で想定されているような，リサーチ・トライアングルの要件間に成立する均衡状態は，あくまでも一時的なものである場合が多いのである．また，むしろ，均衡が崩れてしまって調査全体のデザインを大幅に組み換えざるを得なくなった時にこそ，思いがけない発見事実が生まれたり，方法面でのブレークスルーが達成されたりする可能性がある．つまり，リサーチ・トライアングルは，その均衡状態の崩壊と再構築のプロセスを経て前進的な「進化」を遂げていく場合が多いのである．

逆に言えば，最初から最後まで図4.1のような状態を維持している場合には，前章で「些末な形式主義」として解説したような，あまり面白みのない調査に終わってしまう可能性が高い．つまり，サイエンス偏重であり全体としてのバランスは良いかも知れないが，いわば小さくまとまり過ぎている調査になってしまうのである．そして，そのような調査にもとづいて書かれた論文については，よく「そつがないし破綻もないが，あまり面白くもない退屈な論文」と言われることがある．

2 漸次構造化アプローチ

(1) 各時期完結型の社会調査

その種のいわば「予定調和的」な調査には，図4.3のような経緯を辿るものが多い[3]．

この図では，調査におけるさまざまな作業を，①リサーチ・クェスチョンと

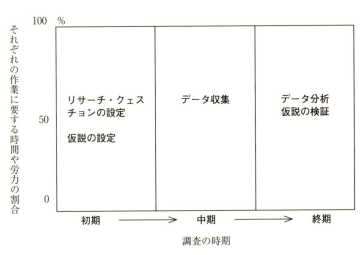

図 4.3　各時期完結型の調査の経緯

仮説の設定，②データ収集，③データ分析と仮説検証，という3つのカテゴリーに分類している．また，調査の経緯を，〈それぞれの時点で，どのような種類の作業にどれだけの時間や労力が割り当てられるか〉という点を中心として模式的に示している．

さまざまな社会調査の中には，実際にこの図に示したのと近い形で調査がおこなわれるものもある．たとえば，〈一度質問表を配布し，回収して集計・分析したら，それでおしまい〉という，「**ワンショット・サーベイ**」と呼ばれるタイプの質問表調査の場合である．その種の調査では，最初の段階から既に明快なリサーチ・クェスチョンと仮説が設定され，次にデータ収集の作業がおこなわれる．そして，最後の段階では，最初に設定された仮説と収集されたデータの集計や解析結果との照合を経て，仮説の検証がおこなわれる．

その種の調査では，各段階でおこなわれる作業が，ほとんど1種類のものに限定される．したがって，これを，「**各時期完結型**」と呼ぶことが出来る．

このような調査の進め方は，実証系の論文に典型的に見られる〈**問題・方法・結果・考察**〉という構成（これについては，すぐ後で改めて解説する）と正確に対応しているようにも思える．また，この各時期完結型というのは，一見実に整然とした調査の進め方であるようにも見える．

(2) 漸次構造化型の社会調査

しかしながら，そのような，最終的に公表される論文の構成を忠実になぞったような形でおこなわれる質問表調査は，実は，アンケート調査のような欠陥調査に終わってしまう場合が少なくない．また，第11章で改めて詳しく解説する点ではあるが，筋の良い質問表調査の場合には，「**プリテスト**」などと呼ばれる予備調査を通して，何度となく質問表の内容や構成について改訂がおこなわれたり，データの収集や分析の方法に関する入念な検討がおこなわれたりすることが少なくない．場合によっては，そのようなプロセスを経て，リサーチ・クェスチョンや仮説自体が大幅に組み換えられていく．

さらに，フィールドワークのように比較的長期にわたって現地に滞在して調査をおこなう場合には，その調査プロセスは，図4.3に示した各時期完結型とは似ても似つかぬものになることが多い．というのも，その種の調査では，現地の生活になじんでいき，また人脈を広げていくなかで，少しずつ観察データやインタビューデータを集めていくからである．また，それらのデータの分析を通して，何度となくリサーチ・クェスチョンと仮説の設定や再構築を繰り返していくことこそがむしろ，非常に重要なポイントになる．

以上のような，筋の良い質問表調査やフィールドワークの経緯は，次ページにあげる図4.4のように図式化できる．

このようなタイプの調査では，〈**データの収集と分析を同時並行的に進めながら，一方では，基本的な問題設定を練りあげ，他方では一つひとつのリサーチ・クェスチョンとそれに対応する仮説を徐々により明確なものにしていく**〉という経緯を辿ることが多い．それによって，リサーチ・クェスチョンと仮説の設定・データ収集・データ分析という3種の作業のあいだに有機的な関連が形成されていく．また，このようなプロセスの性格を明確に意識しながら作業を進めていくということは，取りも直さず，リサーチ・トライアングルにおける理論・データ・方法という3要件の関係を徐々に「進化」させていく，ということでもある．

本書では，このように，各種の作業を同時並行的に進めていきながら，リサーチ・トライアングルを完成させていく調査の進め方を，「**漸次構造化アプローチ**」と呼ぶことにしたい．

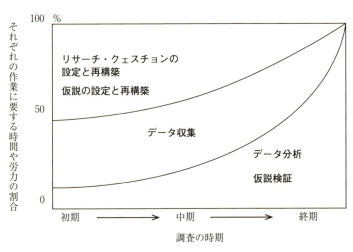

図 4.4　漸次構造化型の調査の経緯

3　物語(フィクション)としての科学論文

(1) 順調な航海としての社会調査——アウトプットとしてのリサーチ

　ここで改めて確認しておきたいのは，漸次構造化的な調査プロセスと最終的に発表される調査論文におけるストーリー展開とのあいだには極端なギャップが存在する場合が少なくない，という事実である．

　特に仮説検証的発想によっておこなわれた質問表調査にもとづく調査論文を読んでいると，最初から理論・データ・方法という3つの要件が完備した状態で調査がおこなわれ，それによって適切な問いに対する的確な答えが導き出されているかのような印象を受けることが多い．実際，70ページにあげた図4.3と調査論文の典型的な構成である〈問題・方法・結果・考察〉という筋立てとのあいだには共通点が多い．その種の論文は，75ページの冒頭に示したような，実証系論文によく見られる筋立てを一種のテンプレートとして基本的なストーリーが構成されていると考えることができる．

　このストーリーは，遠く離れた島に向かって宝探しの航海に出かけた船長が，見事にその任務を果たして港に戻ってきた後に，航海の出資者ないし船会社の

Column 現場調査における試行錯誤と漸次構造化のプロセス

佐藤郁哉は『フィールドワークの技法』（新曜社2002）で，さまざまな調査現場（少年院，刑務所，暴走族集団，劇団等）における体験を「告白ノンフィクション」的なスタイルで語っている．同書で解説されている幾つかの調査の中でも，最も多くの試行錯誤的な要素を含んでいたのは，小劇場演劇に関するフィールドワークである．

以下に示したのは，佐藤が1991年に，ある劇団の活動にボランティア・スタッフとして参加しながら調査を開始した時期に当初構想していた調査報告書の章立て案である．

【当初の章立て案】
序章　「演劇は社会を映す鏡」？
第1章　小劇場運動史1：60年代，70年代
第2章　小劇場運動史2：80年代＝政治劇からライブエンタテイメントへ
第3章　大衆社会の中の「遊び」「レジャー」「芸術」「文化」
終章　芸術と遊びにおける自由と制約

一方，1999年に調査の最終的な成果として刊行された『現代演劇のフィールドワーク』（東京大学出版会）の章目次は，次のようなものであった．

【最終的な章目次】
序章　芸術と社会の不幸な出会い
第1章　サクセス・ストーリーのてんまつ——ビジネス化の可能性と限界
第2章　新たな物語のはじまり——被助成化の可能性と限界
第3章　演劇界の誕生
第4章　劇団制のゆらぎとオルタナティブの模索
第5章　演劇人の誕生
第6章　結論——制度化と独創性のディレンマを越えて

この2つの章立ての違いからも窺えるように，佐藤の基本的な問題関心は，彼自身が劇団活動に参加し，また，演劇関係者の人々と会話を交わしていく中で大きく変わっていくことになった．

現場調査を進めていく中で新たに浮上してきた幾つかのリサーチ・クェスチョンの中でも最も重要であったのは，最終的な章立てでは第2章以降に記述されている部分である．ここで，佐藤は，1980年代から1990年代はじめにかけて，芸術活動に対する公的助成や民間団体による助成が拡大していくことになった経緯や，またそれにともなって演劇界に見られた構造的な変化について，さまざまな角度から描き出している．そのように，芸術活動に対する官民による支援という問題が分析対象として大きな比重を占めていったことによって，当初設定していた「芸術と商業の関係」というテーマに関する検討は，主として第1章で論じられる程度にとどめられることになった．また，そのテーマ自体についても，当初の分析枠組みとは全く異なる視点からの検討がなされている．

　このような問題関心の変化にともなって，主たる調査技法にも変化が生じることになる．当初の計画では，特定の劇団をフィールドとする「密着取材」的な現場調査が想定されていた．しかし，実際にはそのようなフィールドワークは最初の1年3ヶ月あまりで終了することになった．その後の調査では，むしろ聞き取りや資料調査が中心になっていった．また，そのインタビューの対象者には，演劇人だけでなく，芸術活動に対する助成を担当する自治体や民間財団の関係者あるいはジャーナリストなどが含まれていた．さらに取材対象も海外の演劇事情にまで広がっていった．そして，その一連の「仕切り直し」の結果として，調査期間は，当初の予定を大幅に越える7年あまりに及ぶことになった．

　この例のように，長丁場にわたる社会調査の場合には，途中で基本的な問題関心それ自体が変わっていくとともに，調査対象の範囲や基本的な分析単位あるいは主たる調査技法にも変化が生じていくことが稀ではない．佐藤が別のところで述べているように，そのような調査の場合には，調査の過程を記録したフィールド日記やフィールド日誌をこまめに記録しておくことが1つの重要なポイントになる．というのも，そのような記録は，単なる作業記録や備忘録としてだけでなく，「後知恵」的に出てきたアイディアを当初設定していた仮説と取り違えてしまうようなミスを防ぐ上でも効果的だからである[4]．

上司に航海の経緯を簡潔に要約して提出した報告書に喩えることができる．この場合，航海の経緯は，全体としてはスムーズなものであったと想定する．

　つまり，出航の時点では宝物（明らかにすべき事実）が正確にはどの地点にあるのかは明確ではないものの，既に信用できる海図（理論）は手元にある．また，関係する古地図・古文書（先行研究）を精査した結果，宝があるのはどの

> **実証系論文の典型的なストーリー**（＝首尾良く完了した知的探検の物語）
>
> 　調査の目的と**問題**（リサーチ・クェスチョン）が明確な形で設定された上で，確固たる理論的枠組みを前提として調査が開始される．その理論や先行研究をふまえて適切な**方法**（調査技法）によってデータが収集・分析される．その**結果**をふまえて最終的な答えが**考察**として提示される．最後に，その答えに含まれている理論的・実践的意義や今後の調査研究についての展望が示される．

島なのかはほぼ明らかになっている．さらに，島内の候補地点（仮説）もいくつかに絞られている．航海（調査）に出てみて確認しなければならないのは，それらの候補地点の内のどれに実際に宝が埋められているか，という点だけなのである．そして，船を出してその島を探索してみた結果，事前に想定された候補地の幾つかには宝が無いことが分かったものの，最終的には宝物の隠し場所が明らかになる（結果）．また，その宝を掘り起こすことにも成功して，旅の締めくくりがつけられることになる（考察）．

　もちろん，論文にも，さまざまなバリエーションがある．しかしそのほとんどは，上記のような「知的探検の物語」と同じような筋立てがベースとなっていると考えられる．何らかのバリエーションがあるにしても，その多くは原型的な物語の変奏に過ぎない．実際，社会調査に関するマニュアルや解説書では，たいていの場合，論文や報告書の作成に際して，その種の筋立てを採用することが推奨されているのである．

(2) 波瀾万丈のオデッセイとしての社会調査——プロセスとしてのリサーチ
　現実のトラブルとアクシデント

　もっとも，以上はあくまでも，〈論文や調査報告書というものは，最終的な**結論**だけではなく，実際に調査がおこなわれた**経緯**についても忠実かつ正確に「報告」するものである〉という前提に立った時の話である．本章でこれまで述べてきたことからも明らかなように，現実に調査の作業がたどっていく経緯は，特に目立った波乱もなく完了する順調な航海とは大きくかけ離れたものである場合も多い．むしろ，海洋冒険小説を思わせるような波瀾万丈の展開を辿

る場合が少なくないのである（もちろん，「船長」の中には，むしろ航海におけるその種のドラマチックな逸話について多少なりとも誇張気味に語る人々も多い．しかし，それが語られるのは，論文の文面などではなく，酒席における自慢話（ないし愚痴），あるいは本章のコラムで解説する「メイキング物」や「バックステージ物」の文中である場合が圧倒的に多い）．

　実際，いざ調査に乗り出してみると，当初想定していた理論的根拠が実はほとんど頼りにならないものであることに気がつくことがある．その場合は，急遽別の理論文献や先行研究にあたってみる必要が出てくる．また逆に，最初に参考にした文献がある程度信頼が置けるものではあっても，調査を開始してしまってから，仮説があまりにも杜撰なものであったことに気づくこともある．その場合は，いったん出発点に戻って調査をやり直す必要が出てくるかも知れない．

　そして「仕切り直し」のつもりで調査を再開することが出来たとしても，今度はその途上で，船長と航海長とのあいだで生じる深刻なトラブル（たとえば嵐の中での舵の取り方などをめぐる見解の対立）にも匹敵する，共同研究者間の対立が生じることもある．その結果，調査活動が迷走し，あるいは破綻（難破）寸前の事態に陥ることだってあるかも知れない．また，最初に立てた仮説にあわせて得られたデータを強引に解釈してしまおうという，セイレーン（海の魔女）の甘い囁きにも似た誘惑にさらされることがあるかも知れない．さらに，あたかも航海の途中で突如クラーケン（大ダコや大イカの怪物）が襲撃してくるのと同じように，指導者や上司が報告書や調査の内容について理不尽な形で干渉してくるかも知れない．また場合によっては，むしろ調査の途上で大幅な進路変更をおこなうことで，かえって画期的な調査結果が得られるようなことがあるかも知れない．宝探しの旅に喩えて言えば，最初想定していなかった島に行き着いて思いがけない宝物を発見するようなものである．

論文という物語

　このように，社会調査，特に比較的長期にわたっておこなわれる調査には，試行錯誤や紆余曲折がつきものである．しかしながら，論文という形態で発表される時には，それらの，航海の場合で言えば，難破の危機，クラーケンの急

襲，セイレーンの誘惑，大幅な進路変更などに匹敵するエピソードの大半は省略されてしまう．また，そもそも，失敗に終わってしまった調査の結果が公表されることは滅多にない．よほどのことがなければ，航海日誌のような，調査の一部始終を詳細に記録したものが提示されることもない．

　こうしてみると，公表された論文や報告書は，実際に調査を進めていく上でのコツやヒントについて知る上では，ほとんど役に立たないものであることが分かる．これはとりもなおさず，論文や報告書というものが，調査プロセスに関する「事実」を正確かつ忠実に伝えることを使命とするドキュメンタリーのようなものとは全く別の性格を持つものだからに他ならない．論文というのは，むしろ，限られたスペースの中で，発見事実のエッセンスや調査全体を通して得られた最終的な結論を効率的に伝えることを主な使命とするコミュニケーション・メディアなのである．

　論文や報告書の本質的な性格がそのようなものである以上，調査活動のこまごまとした経緯や調査チームの内部事情に関する情報は，いわば「余計な雑音」でしかない．樹木でいえば，それは，幹に対する枝葉の部分である．論文を執筆していく段階になると，当然のことながら，それら枝葉末節にあたる部分はそのほとんど全てが刈り取られていく．実際，論文には，調査の背景にあるきわめて「人間くさい」事情などが登場してくることは滅多にない．その1つの結果として，調査論文からは，科学的な手続きと客観的な発見事実に関する情報のみが淡々と語られているかのような印象を受けることになるのである．

(3)「本公演」としての論文，舞台裏の調査

　要するに，最終的に公表される調査論文には，問いと答えとのあいだで何度も繰り返される往復運動の特定部分だけ——特に最後の方の実験や調査だけ——を切り取って，単一(シングル)セッションの物語にまとめてしまう傾向があるのだと言える．しかし，図4.2に示したように，実際の調査では，問いに対する答えを，理論・データ・方法の組み合わせを工夫しながら導いていくというセッションが何度も繰り返されることが多い．これに対して，論文では，それを図4.3のような図式を前提として，一度限りの調査プロセスの物語という形式で編集加工した上で表現するのである．その意味では，**論文というのは，物事の**

第4章　漸次構造化アプローチ　　77

Column 科学研究と発明の「メイキング」

経営学者の伊丹敬之は,『創造的論文の書き方』という著書で,次のように指摘している——「プロは論拠だけを最終的にきちんと説明しようとする.アマチュアは『なぜ思いついたか』を説明する.思いつきのプロセスの解説は,いわば『舞台裏』である.それを見せまくるのは,恥ずかしいことである」[5].本章でも述べたように,論文の本来の使命は,リサーチで得られた最終的な結論を限られた紙面の範囲内で効率よく伝えることにある.したがって,リサーチの舞台裏に関する情報は表に出さないのが基本的な原則である.

もっとも,論文ではなく書籍の場合,特に科学的研究に関する「バックステージ物」ないし「メイキング物」とでも呼べるジャンルの出版物の場合になると,全く別の話になってくる.そのようなタイプの書籍やエッセイでは,科学研究や社会調査の実際の作業の経緯が一種の体験談や告白物あるいは伝記として報告されることになる.そして,それらの文献には,実際に調査をおこなっていく上で参考になる貴重なヒントや手がかりが含まれている場合が少なくない.

科学研究の舞台裏を描いたものとしては,1962年にノーベル医学・生理学賞が授賞されたDNAの二重らせん構造の発見の経緯に関する一連の書籍がよく知られている[6].そして,これらの書籍は,科学研究の「内幕」について解明していく際には,特定の当事者による証言だけでは不十分であることも示している.

同賞を受賞した1人である米国の生物学者ジェームズ・ワトソンには,『二重らせん——DNAの構造の発見に関する私的回想』(1968年)という著書がある.これは,彼が共同受賞者のフランシス・クリックとモーリス・ウィルキンズとともに二重らせん構造を解明した経緯を解説したものである.自伝的回想を含むこの本は,偉大な科学的発見の背景について知る上で示唆に富むものである.

しかし,同著は,英国の女性物理化学者ロザリンド・フランクリンの研究成果が彼らの「発見」に対して果たした貢献を不当に低く評価しているだけでなく,彼女の人格を貶めるような記述を含んでいたことから,さまざまな批判を呼ぶことにもなった.実際,その後刊行された,フランクリンの経歴や貢献について扱ったアン・セイヤーによる『ロザリンド・フランクリンとDNA——ぬすまれた栄光』(原著は1975年)やブレンダ・マドックスの『ダークレディと呼ばれて——二重らせん発見とロザリンド・フランクリンの真実』(原著は2002年)の2点の書籍は,ワトソンらの「発見」の背後には,彼が『二重らせん』で語っているものとはかなり異なる事情があったことを明らかにしている.

経緯を正確に伝えることを意図したドキュメンタリーではなく，一種の物語ないしフィクションとしての性格を持っているのである．

　言葉を換えて言えば，論文というのは，調査の最終的な結論の「上澄み」だけをすくい取って示したものなのである．実際には，その上澄みの下の部分には，さまざまな試行錯誤や紆余曲折を含む経緯が沈殿物のように堆積していることが多い．しかし，論文の物語ではそれらの堆積物が表に出ることは滅多にない．

　このような，実際の調査プロセスと最終的に公表される論文のストーリーとのあいだの関係を図示すれば，次ページにあげる図 4.5 のようになるだろう．

　この図では，特に問いと答えの部分に焦点をあてて図で示しているが，先に述べたように，実際には理論・データ・方法という 3 要件についても何度となく組み替えがおこなわれている場合が多い．そして，論文の文面上では，最終的に達成することが出来た，ほど良くバランスのとれたリサーチ・トライアングルのみが提示されるのである．

　こうしてみると，調査論文と実際の調査の経緯のあいだの関係は，演劇における本公演と舞台裏（リハーサル等を含む）の作業のあいだの関係によく似たところがあることが分かる．

　演劇作品が実際に舞台で上演されるまでには，長期にわたるリハーサルや大道具・小道具の製作・舞台の設営など，舞台裏におけるさまざまな準備作業が必要不可欠である．しかし当然のことながら，劇場で観客が目にするのは，舞台の上で演じられる公演だけである．リハーサルや舞台設営の時点でどのように深刻なトラブルや対立があったとしても，それが観客の目にさらされることがあってはならない．公演の関係者は，まるで何事も無かったかのように初日の幕を開け，その後も着実に公演の日程をこなしていかなければならないのである．

　社会調査の場合も同様である．最終的に公表される論文が出来上がるまでには，試行錯誤や紆余曲折の過程がつきものである．しかし，それら枝葉の部分も含めて論文や報告書の本体に盛り込んだとしたら，論文はあまりにも長大なものになってしまうだろう．また，主として調査の最終的な結論だけを知りたい読者にとっては，そのような舞台裏の事情に関する情報は余計な夾雑物ない

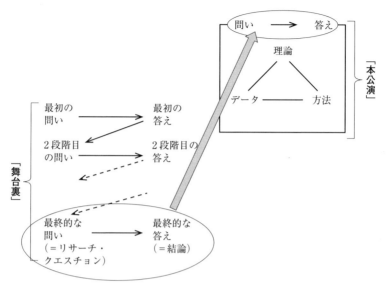

図 4.5　調査プロセスから論文の物語へ

し「雑音」のようなものでしかない.

　調査論文の執筆を社会調査という営みにおける最終的なゴールとして考えるならば, リサーチ・クェスチョンと仮説の設定は, スタートラインに喩えることが出来る. もっとも, 本章で見てきたように, 実際の調査ではそのスタートライン自体が何度も引き直される場合が少なくない. 次章と第6章では, その, 問題設定と仮説の構築および再構築の作業について「問いを育て, 仮説をきたえる」プロセスとして解説していく.

> **Column** 社会調査のメイキング

社会調査の舞台裏について知る上では，たとえば以下にあげる幾つかの書籍が参考になるだろう．

- ウィリアム・ホワイト（奥田道大・有里典三訳）2000『ストリート・コーナー・ソサエティ』有斐閣
- 奥田道大・有里典三編 2002 『ホワイト『ストリート・コーナー・ソサエティ』を読む』ハーベスト社

『ストリート・コーナー・ソサエティ』は，著者のホワイトが，米国ボストンの市街地にあった，イタリア系住民が過半を占めるスラム地区で生活を送りながら，街角にたむろする青年たちと行動をともにする中でまとめた調査報告書である．この本の「アペンディクス（付録）」には，ホワイトが同地区でフィールドワークをはじめることになった経緯や，調査の過程でホワイトが出会ったさまざまな出来事などが述べられている．一方，『ホワイト『ストリート・コーナー・ソサエティ』を読む』には，その調査を含むホワイトの自伝的な回想を含むエッセイだけでなく，彼がつけていたフィールドノーツの実例が収録されている．これらの2冊の記述からは，現場調査をおこなう中で，分析の枠組みや個別のリサーチ・クェスチョンだけでなく調査テーマ自体が変遷していく様子が窺える．

- Roethlisberger, Fritz. 1977. *The Elusive Phenomena*. Harvard Business School Press.

『とらえどころのない現象』と訳すことが出来るこの本の著者は，ハーバード大学のビジネススクールで長年経営研究に携わっていたフリッツ・レスリスバーガーである．レスリスバーガーの業績として最もよく知られているのは，「ホーソン実験」や「ホーソン効果」という言葉が生み出される重要なきっかけとなった『経営と労働者』（共著 1939）である（ホーソン研究の概要およびその問題点については，本書の第10章や13章で改めて解説する）．同書には，AT&Tの製造子会社であるウェスタン・エレクトリック社のホーソン工場を舞台にしておこなわれた工場労働の生産性や職場における人間関係に関する一連の研究の成果がまとめられている．『とらえどころのない現象』は，レスリスバーガーの自伝的著作であるが，その中には，ホーソン工場における研究の舞台裏の事情について知る上で重要な意味を持つ記述が含まれている．

- 金井壽宏，佐藤郁哉，ギデオン・クンダ，ジョン・ヴァン-マーネン 2010『組織エスノグラフィー』有斐閣

ネットワーキング組織，IT 企業，警察署，暴走族集団，劇団などさまざまな組織や集団でフィールドワーク（エスノグラフィー）をおこなってきた4人の経営学者と社会学者が，それぞれの調査の舞台裏について告白調で語った本である．ヴァン-マーネンによる第7章は，彼の前著『フィールドワークの物語』[7] の続編でもある．同書でヴァン-マーネンは，フィールドワークの報告書におけるさまざまな物語のスタイルを告白型・写実型・印象派型の3つに分けて，それぞれの特徴や得失について論じている．

第5章 問いを育てる

筋の良いリサーチ・クェスチョンの条件

> 問題解決が成功するためには正しい問題に対する正しい解を求める必要がある．わたしたちがそれに失敗するのは，正しい問題に対する間違った解を求めるというよりは，間違った問題を解くことによる場合の方が多い．
>
> ラッセル・エイコフ[1]

> たしかジョン・テューキーが指摘したことだったと思うが，実務家というものは，たしかに第三種の過誤——間違った問題を解いてしまう誤り——を犯しがちである．私は，これに第四種の過誤というものを付け加えたい．つまり，正しい問題を解くのに時機を逸してしまう誤りである．
>
> ハワード・ライファ[2]

　社会調査における問い，すなわちリサーチ・クェスチョンは，少なくとも以下の3つの条件を満たすものでなければならない——①実証可能性（データによって何らかの答えを出すことができる），②価値・意義（答えを求めることに学問的あるいは社会的・実務的な意義や価値がある），③資源的条件（調査をおこなう上で動員できる資源の範囲内で答えを出すことができる）．もっとも，必ずしも最初の段階からこれらの条件すべてを充足するような問いが設定できるわけではない．むしろ，調査全体を通じて素朴な疑問や漠然とした問題意識を明確なリサーチ・クェスチョンにまで「育て上げて」いくことによって，新たな展望が開けていく場合が多い．

1　正しい答えと適切な問い

(1) 問いがなければ始まらない？
答えは無い．なぜならば問いが無いからだ．

図5.1A 「彼女の独身者によって裸にされた花嫁，さえも（大ガラス）」

図5.1B マルセル・デュシャン（パサディナ美術館における個展にて）

出所：ミンク（2006: 62, 74）

　マルセル・デュシャン（1887-1968）は，現代美術の先駆けとなった数々のすぐれた作品とアイディアを生みだしたフランス出身の美術家である．彼は，ある時，代表作の1つである「彼女の独身者によって裸にされた花嫁，さえも（*La mariée mise à nu par ses célibataires, même*）」について訊かれた際に，上のように応えたとされる[3]．たしかに，芸術作品，とりわけ現代美術系の作品に関しては，その意味や制作意図についての単純明快な答えを作者から聞き出そうというのは「野暮」としか言いようがない場合が多い．

　もっとも当然のことながら，社会調査に関しては，事情はかなり異なるものになる．なぜならば，第3章で指摘したように社会調査は，たしかにアートとしての一面を持っているが，それと同時にサイエンスとしての使命を担っているからである．したがって，社会調査をおこなう際には，少なくともその最終段階までには，調査を通して解明しようとしている問いとそれに対応する明快な答えを提示できるようにしておかなければならない．

　しかしながら，現実におこなわれているアンケート調査などでは，何が最も

重要な問いなのかという点はおろか，〈そもそも調査を通して何を知りたいのか〉という調査自体の意図や目的さえ最後まで明らかになっていない例が多い．その典型例を，政府や自治体あるいは民間の調査会社や報道機関などがおこなうアンケート調査に見ることができる．特に，とりあえず予算がついたから，あるいは，記事や話題になりそうだから，というような理由でおこなわれる，いわゆる「意識調査」の場合には，どのような問いが設定されているのかが判然としない場合が多い．

つまり，その種の意識調査は，まさに序章で述べたような「ここは一つアンケートでもして実態を調べてみようか」という程度の発想でおこなわれる場合が少なくないのである．その結果として，集計結果が出揃ってしまってから，それをどういう形で解釈すればよいのかが分からずに途方に暮れてしまう，というような事態が生じがちである．つまり，意識調査報告書には，結論すなわち「答え」らしきものは一応示されているのだが，本来それに対応して設定されていなければならないはずの「問い」の姿が一向に見えていないのである．

(2) 調査テーマからリサーチ・クェスチョンへ
具体的なリサーチ・クェスチョンに落とし込む

もっとも，問いの設定が社会調査の基本であるとは言っても，〈ある程度明確な問いがありさえすれば，どのようなものであっても構わない〉というわけではない．この点に関してありがちな誤解の1つは，次のようなものである──〈「調査テーマ」や「問題関心」と呼ばれるものが明確なものになっていれば，それがそのまま調査上の問いになりうる〉．

たとえば，第3章でとりあげた「企業経営者のリーダーシップ・スタイル」というテーマについてアンケート調査をおこなう場合には，そのような誤解にとらわれてしまうことがあるかも知れない．つまり，とりあえずリーダーシップ・スタイルという調査テーマに関係のありそうな，思いつき程度の質問項目を並べただけで調査を決行してしまうのである．そのような場合に生じがちなのは，手元に集まったデータを元にしてどのような報告書をまとめていけば見当もつけられずに右往左往する，というような事態である．そして，その段階にいたって，ようやく，調査テーマが具体的な問いのレベルにまで落とし込ま

れていなかった，という事実に気がつくのである．

　実際には，調査テーマや一般的な問題関心を具体的な問いに落とし込んでいく際には，さまざまな条件に関する検討を済ませておかなければならない（質問表調査の場合は，それに加えてリサーチ・クェスチョンを具体的な質問文に「翻訳」しておく必要がある．これについては，第11章で改めて解説する）．検討が必要となるさまざまなポイントの中で最も重要なものの1つは，調査自体の基本的な目的である．たとえば，主に学術的な関心から企業経営者のリーダーシップ・スタイルの類型を明らかにしようとしている場合と，より実践的な関心から，特定の課題や業務にとって効果的なリーダーシップのあり方を探ろうとしている場合とでは，問いの立て方はかなり異なるものになるだろう．

　また，主たる問題関心は明らかになっていたとしても，リーダーシップという場合には，企業規模や業種の特性を考慮に入れておかない限り，漠然とした結論しか得られない場合が少なくない．さらに，どのような学問分野（社会学，経営学，社会心理学等）のどの理論的枠組みを前提とするか，という点によっても問いの立て方は大きく変わってくるはずである．

現実的な条件

　これに加えて，社会調査は，それにかかる人手や経費などのコストに見合うだけの成果を挙げることが要求される場合が多い[4]．そのためには，二次的な文献やウェブ上で得られる情報を調べただけですぐに答えが分かってしまうような問いでは，明らかに不十分である．第2章で述べたように，調査をおこなう際には，調べてみた結果として得られた答えがまさに「ニュース」になるような問題を設定しておかなければならない．

　したがって，調べようとしている事柄について，まず，現時点でどこまでが既に明らかになっている事実であるか，という点について確認しておく必要がある．その一方で，次のような点についても検討しておかなければならない――〈どこからが未知の，したがって，それについての答えを得ることによって，新しい知識や情報が得られる問題なのか〉．逆に言えば，その点を考慮に入れずに，調査テーマをそのまま「直訳」しただけに過ぎないような問題を設定した場合，それは，インターネットのQ&Aサイトなどでも簡単に答えが

得られるような「素朴な疑問」とほとんど変わらないものになってしまう．

実際に調査をおこなう際には，これらの点に加えて，さまざまな現実的な制約について検討しておかなければならない．第3章では，その一例として，調査者の資質と調査テーマの「相性」という問題を取り上げた．それ以外にもたとえば，調査活動に動員できるマンパワーや資金あるいは時間的制約といった条件も考慮しておく必要がある．つまり，実際に調査をおこなっていく場合には，それらの現実的な制約条件をふまえて「身の丈に合った」問いを設定しなければならないのである．

このように，調査テーマを具体的な問いのレベルにまで落とし込んでいく際には，さまざまな項目に関する検討をおこないながら作業を進めていかなければならない．時には，調査のプロセスのさまざまな局面で，新たに幾つか別の問いを立てたり，それをまた再構築したりする作業が繰り返されることになる．実際，調査の専門家のあいだでは，しばしば次のようなことが言われてきた——「リサーチ・クェスチョンが明確に出来るのは，調査が8割ないし9割方終わった段階だ」，「調査があらかた終わってしまった頃になって，ようやく自分が調べようと思っていたことが何であったのかが分かるものだ」[5]．

(3) 問題の定式化——「適切な問い」を育てる

以上のような点について，米国の社会学者ロバート・マートンは，あるところで次のように語っている．

研究対象となっている問題が何であるかについて確認したり研究課題を設定したりするのは，一見きわめて単純な作業のように思えるかも知れない．たしかに問いを発するということそれ自体はそんなに難しいことではない．実際，小さな子どもというものは，しょっちゅう大人を質問攻めにしているものである．しかしながら，一方で，これに関して科学者たちが現実に経験してきたことをひとことで言い表せば，次のような古くからの格言になる——「問題を発見し**定式化**していくことは問題を解くこと以上に難しい」（強調は引用者）[6]．

マートンが言うように，科学的なリサーチにおける問いというのは，小さな

子どもが大人に対して投げかけるような「素朴な疑問」とは本質的に性格が異なるものである．サイエンスとしての社会調査に取り組む場合には，素朴な疑問や漠然とした問題意識のままに作業を進めるのではなく，先行研究や理論文献をふまえた上で，それらの疑問を，明確な答えを出すことができる具体的な問いにまで落とし込んでいかなければならない．また，それを今後収集すべきデータの種類や形式を念頭において練り上げていく必要もある．これが，取りも直さず，上に引用したマートンの文章にも出てくる，問題の「**定式化**（formulation）」と呼ばれる手続きに他ならない．そして，社会調査において設定されるさまざまな問いの中でも，システマティックな探求のために定式化された問いのことを特に「**リサーチ・クェスチョン**」あるいは「**リサーチ・プロブレム**」と呼ぶことが多い[7]．

　こうしてみると，社会調査には，本来，**正しい答え**（現実の社会現象をより的確に説明できる答え）を導き出すための作業だけでなく，**適切な問い（筋の良い問い）** を設定していく作業という側面が含まれていることが分かる．これは，取りも直さず，「理論的にも現実的にも意味のある問題設定をおこなっていく作業」ということに他ならない．要するに，**社会調査は，問いに対する答えを求めていくだけでなく，問いそのものを「育てていく」作業**としての性格を持っているのである．

2　筋の良いリサーチ・クェスチョンの条件

　設定されたリサーチ・クェスチョンが適切な問いであるかどうか，という点について判断する際の基準には，さまざまなものが存在する．その内の幾つかのものについては，既に本章でふれておいた．ここで改めてそれらの基準について整理してみると，①実証可能性，②価値・意義，②資源的条件，という3つのカテゴリーに分けることができる．

　言葉を換えて言えば，社会調査におけるリサーチ・クェスチョンは，以下にあげる3つの「問いについての問い」の全てに対して「イエス」という答えを提示できるものでなければならないのである[8]．

①**実証可能性**——実証データにもとづいて何らかの答えを出すことが出来るか？
②**価値・意義**——答えを求めることに学問的あるいは社会的・実務的な意義や価値があるか？
③**資源的条件**——調査に動員できる資源（経費，時間，マンパワー等）という面での制約条件の範囲内で答えを求めることが出来るか？

つまり，社会調査における筋の良い問いというのは，ひと言で言えば次のようなものなのである——〈①データによって答えを出すことができ，②調べてみるだけの価値があり，③調査をおこなう者の「身の丈に合った」問い〉．

(1) 実証可能性——データによって答えが出せる問い

社会調査は本来サイエンスとしての性格を持つものである以上，その問いは，何らかの実証データにもとづいて答えが得られるものでなければならない．したがって，物事の本質に関わる哲学的な問いや「是非善悪」に関わる倫理的な問題をめぐる問いというのは，社会調査における問いとしては余りふさわしいものではない，ということになる．

たとえば，次にあげる3対の問いのうち，A1～A3は社会調査における問いとしてはふさわしくないものである．それに対して，B1～B3は，それぞれ，少なくとも実際のデータによって何らかの答えが得られる可能性がある，という点に関して言えば，リサーチ・クェスチョンとしてふさわしいものだと言える．

A1：東日本大震災にともなう福島第一原子力発電所事故をめぐる東京電力本店による一連の情報隠蔽行為は，どのような点で非難されるべきか？
B1：東日本大震災にともなう福島第一原子力発電所事故をめぐって，東京電力本店は，どのような種類の資料や情報についてどのような理由で開示請求に応じてこなかったのか？
A2：企業の活動において，社会貢献活動は収益増大を目指す活動よりも高く評価されるべきか？
B2：なぜある特定の企業は，収益のかなりの部分を費やしてまで社会貢献活動をおこなっているのか？

A3:「オンラインゲーム依存症」を生みだすようなIT関連企業の行動は、いかなる点において倫理的に批難されるべきか？
B3:なぜ、ある特定のIT関連企業は、強い社会的批判を浴びてきたにも拘わらず、「オンラインゲーム依存症」と呼ばれる行動傾向を示すユーザーを生みだすようなゲームサイトを運営してきたのか？

言うまでもなく、実証データにもとづいて何らかの答えを出すことが想定できるBグループの問いは、Aグループの問いに対する答えを求めていこうとする際に、きわめて重要な前提になりうる。しかし、Aグループの問いに対する答えを求めようとする作業それ自体は、社会調査とは基本的に性格を異にするものである。というのも、**社会調査における問いは、物事の事実関係や因果関係に関して明確な答えが提示できるものでなければならない**からである。

これは、一見、ここで改めて説明するまでもない、ごく当然の事柄であるように思えるかも知れない。しかし、実際に社会調査をおこなっていると、物事の価値に関わる個人的な見解や倫理的な判断がデータの解釈だけでなく、問題設定の段階で先入観ないしバイアスとして入り込んでしまうことがよくある。「熱いハートとクールな頭脳」という言葉があるが、サイエンスとしての社会調査をおこなう際には、あくまでも「クールな頭脳」で事実の解明につとめるべきなのである。

(2) 価値・意義――調べるに値する問い
3種類の問題関心――So what? という問いかけ

もっとも、社会調査をおこなう上で「熱いハート」が全く必要ない、というわけでは決してない。また、個人的な価値判断や社会的意義に対する関心というものが、どのような場合でも、現状認識や客観的な事実関係の把握にとって妨げになるというわけでもない。それどころか、社会的な価値や意義に対するコミットメントは、社会調査の問題設定においてきわめて重要な動機づけになる場合が多い。

上であげた3対の問いについて言えば、A1～A3の問いの背景には明らかに何らかの社会的価値に対するコミットメントが存在していると考えられる。

そして，これらの問いについての関心は，B1〜B3のような問題設定で社会調査をおこなう際の根本的な動機づけとなっている場合が多いだろう．

要するに，A1〜A3の問いは，社会調査によって具体的な答えを求めるリサーチ・クェスチョンとしてはふさわしくないかも知れないが，その重要な前提となる「問題関心」ないし「問題意識」という意味での問いとして位置づけることができるのである（「問題意識」という用語が孕む問題については，本章のコラム「『問い』の多様性」参照）．

社会調査の前提となる問題関心には，さまざまな種類のものがある．これについては，経営学者の田村正紀が『リサーチ・デザイン』という著書で提案した，以下の3分類が非常に示唆的である[9]．

・個人的関心──主として調査者個人に限定される問題関心
・産業界・社会の関心──実務上・実践上の問題解決に関わる関心
・学界の関心──新しい知識の創造に関わる問題関心

田村は，彼が「個人的関心」として分類する問題関心の典型として，学部学生が卒業論文のテーマを選択する際の動機づけを挙げている．小中学校での調べ学習のテーマなども，多くの場合はこれに分類できるだろう．2番目の問題関心の場合は，産業界や社会で重要な問題とされているものの解決を目指していくことが主な動機づけになっている．企業や官公庁あるいはNPOやNGOなどがおこなう調査研究の場合については，本来，このような問題関心が最優先されるべきであることは言うまでもない．最後の「学界の関心」の典型は，大学や研究所の関係者が抱く問題関心である．それ以外にも，シンクタンク，コンサルタント会社の研究員や企業内の企画スタッフなども同じような問題関心にもとづいて調査に関わることがあるだろう．

以上の3種類の問題関心は，調査に関わる人々がそれぞれ，もし誰かに「それが分かったからと言って，どうなるの？（どのような意味・意義があるのか？）」，つまり英語で言えば，"So what?"と聞かれた際の答えになるものだと言える．

上にあげた3つのタイプのうち2番目の問題関心については，調査研究の出発点として社会的価値に対するコミットメントがあるだけに，"So what?"と

聞かれた場合に調査の意味や意義について即答できるケースが少なくないと考えられる．それに対して，3番目の新しい知識の創造を中心とする問題関心については，"So what?" という問いかけに対して即答できない場合も多い．もっとも，その場合でも，1番目の，個人的関心のみが中心になっている調査にくらべれば，調査の意義を主張することは比較的容易であろう．

複合的な問題関心

ただし当然のことながら，調査の背景には必ずしもこれら3種類の問題関心のどれか1つのみがあるわけではない．むしろ，複数の関心が同時に存在している場合の方が多い．

この問題関心の重複という点について考える上では，田村の図解をもとにして作成した右ページの図式（図5.2）が参考になると思われる．

この田村の図式からも見て取れるように，特定のリサーチ・クェスチョンが，どのような価値や意義を持つかは，〈その価値・意義について，誰が，どのような観点から判断するか〉という点に依存する部分が大きい．つまり，問題設定に関する "So what?" という問いかけに対する答えは，立場によっても，また観点によってもかなり異なるものになりうるのである．

たとえば，田村が「おたく型」と呼ぶタイプのリサーチにおいて設定される問いに対する答えは，調査者個人の趣味的な興味関心や知的欲求を満足させるかも知れない．しかし，社会に対する貢献という点では，それほど意味が無い場合が多い．たとえば，小中学校での調べ学習や大学における卒業研究の一環としておこなわれる社会調査は，児童生徒や学生個人にとってのトレーニングとしての価値は大いにあるだろう．しかし，その調査の知見が新しい知識や情報の提供という点で社会的な価値を生みだすことは滅多にない．

それに対して，「実務型」や「象牙の塔型」に分類される問題関心に沿ったリサーチ・クェスチョンは，それぞれ，産業界や社会一般あるいは学界という場において価値が認められ得るものである．したがって，少なくともその範囲では，「調べるに値する」問いであると言える．もっとも実務型の場合には，業務の上での貢献度は高いかも知れないが，既存の知識や技術の比較的単純な応用に終わることも多い[10]．一方，純粋な象牙の塔型の問題関心による調査は，

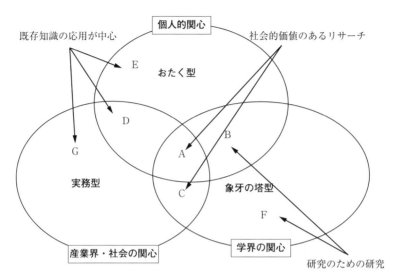

図 5.2　問題関心の領域

出所：田村（2006: 10）の図をもとに作成

「研究のための研究」に終わりがちである．したがって，学界内では高い評価を受けるかも知れないが，実践的な意義という観点から見た場合には些末な問いでしかない例も多い．

　その意味では，真の意味で「調べるに値する」問いは，何らかの形で複数の問題関心がオーバーラップする領域に属するものであると言える．たとえば，図 5.2 で C の領域に属する問題関心である．この場合は，新しい知識の創造に貢献するだけでなく，その知識が実務に応用されることによって大きな社会的価値を生みだすことが期待できる．そして最も理想的なのは，言うまでもなく，A の領域に属する問いである．すなわち，革新的で社会的にも意義のあるリサーチ・クェスチョンであり，かつその問いが個人的な問題関心にも支えられている，という場合である．実際，リサーチ・クェスチョンが個人的な関心に裏付けられていることは，長期にわたる調査で意欲を持続させていく上で不可欠の条件になる．

　コラムでとりあげるロバート・パットナムの『孤独なボウリング』は，まさしく，この図で言えば A 領域に属する問い，すなわち，学界の関心・社会の

第 5 章　問いを育てる　93

> Column 『孤独なボウリング』に見られる各種の問いの組み合わせ

　2000年に米国で刊行され，その後各国語に翻訳されて世界的なベストセラーとなった『孤独なボウリング（*Bowling Alone*）』のサブタイトルは，「米国におけるコミュニティの崩壊と再生」というものである．著者である政治学者のロバート・パットナムは，同書で，米国社会のさまざまな領域において，「社会関係資本（相互信頼にもとづく社会関係）」が崩壊していった経緯とその原因についてさまざまな統計資料を駆使して分析を加える．そして，その分析を踏まえて，米国における社会的絆の再生の道を探っていく．
　同書の第Ⅰ部からⅤ部までのタイトルを示すと，以下のようになる．

　第Ⅰ部　序論
　第Ⅱ部　市民参加と社会関係資本における変化［What?］
　第Ⅲ部　なぜ？（Why?）
　第Ⅳ部　それで？（So What?）
　第Ⅴ部　何がなされるべきか？（What Is to Be Done?）

　上に見るように，『孤独なボウリング』では，第Ⅲ部からⅤ部までのタイトルそれ自体が疑問文の形式をとっている．また第Ⅱ部についても，その冒頭の部分では，次のような疑問形の文章によって，同書における基本的な問題関心が示されている——「米国コミュニティにおける市民・社会生活に，それに続いて［1960年代以降には］一体何が起こったのか」（強調は引用者）[11]．これによって，読者にとっては，この本を貫く基本的な問題関心と，同書全体の構成が容易に見て取れるようになっている．
　『孤独なボウリング』の原著は，およそ540ページ（訳書は約700ページ）にも及ぶ．このような大著であるからこそ，WHATとWHYの双方の問いについて十分な議論が展開できたのだ，という見方も出来るだろう．一方，掲載スペースに関して厳しい条件が課される論文の場合には，さまざまな種類の問いについて十分に議論を尽くすことには，おのずから制約がある．また，調査に動員できる資源の制約から言っても，WHATとWHYのどちらか一方に関して一定の結論を出すことが出来るだけでも十分であると言える．
　しかし，WHATとWHYの双方の問いに関して論じ尽くすことは事実上不可能であるにしても，次のような問題については常に念頭に置いておいて調査の作

業を進めるべきだろう——〈それらの報告がより広い文脈の学術的・実践的な問題関心の中では，どのような WHAT および WHY の問いに対する答えの一部になっているか〉．実際，個々の論文における議論を，そのような大局的な構図（ビッグ・ピクチャー）の中に位置づけることができない場合には，論文というのは，各論だけを延々と論じていくような営みに終わりかねない．それは喩えて言えば，ジグソーパズルの全体的な図柄を把握することなく，特定の部分のピースを埋める作業を際限なく繰り返すようなものである．

なお，『孤独なボウリング』では，第IV部と第V部で "So What ? " と "What Is to Be Done?" という問いかけがなされていることにも注目したい．

要するに，第IV部では，同書にまとめられた調査研究の背景にある社会関係の衰退に関して著者が抱いている社会的な問題関心に関する再確認がなされており，さらに第V部では，その動向に対する処方箋が膨大な量の知見をもとにして提案されている．つまり，この第V部において提示されている，調査結果が持つ実践的インプリケーションを問う問いは，WHAT および WHY の問いに対する答えを踏まえた上での「How to の問い」としての性格を持っているのである．

関心・個人的関心が交差するところにリサーチ・クェスチョンが設定された社会調査の典型であると言える．

(3) 資源的制約条件——身の丈に合った問い

以上で見てきたように，リサーチ・クェスチョンは，実証データによって答えが出せるものであり，また，誰かにとって何らかの意義を持つものであることが望ましい．

社会調査においてリサーチ・クェスチョンを設定する際には，これら2つの条件に加えて，先にあげた3つめの条件がクリアされていることが1つの理想となる．つまり，現実的な制約の範囲内で比較的明確な答えが出せるレベルにまで問題が絞り込まれていなければならないのである．これは，調査者の「身の丈に合った」リサーチ・クェスチョンを設定していく，ということに他ならない．

リサーチ・クェスチョンの設定に際して考慮すべき現実的な制約条件の中で最も重要なものの1つに，時間的な制約がある．つまり，最終的な結論を得る

までにかけられる時間に関わる制約である．たとえば，卒業論文や修士論文の作成のためにおこなう調査の場合であれば，論文の提出期限が重要な時間上の限定条件になる．また，調査専門会社やシンクタンクなどが調査を請け負っている場合には，クライアントに対する調査報告書の「納期」が最も重要かつ切実な時間的制約になるだろう．

　調査に投入することが出来る経費やマンパワーも，調査プロジェクトを実際に遂行していく上での重要な限定条件になる．また，大量データを扱う必要があるような場合には，そのデータを処理するためのハードウェアやソフトウェアが利用できるかどうか，という点も大切なポイントになるだろう．さらに，自分自身でデータを収集するのではなく，主として既存の資料や統計データを利用して分析をおこなう場合には，自分の調査目的にぴったり合った「お誂え向き」のデータセットが存在しているかどうかという点も考慮に入れなければならない．

　そして，第3章で解説した，調査者の資質や適性も，特定の問題関心を追求し，またリサーチ・クェスチョンを設定する上で決定的な制約条件の1つになる．言うまでもなく，マンパワーについては単に「頭数」が揃っているだけでは十分ではない．それに加えて，たとえば，〈資料やデータの収集や分析をおこなう上で必要となる能力を持っているか〉あるいは〈調査対象に関する「土地勘」があるか〉という点について確認しておかなければならない．

　この点については，第3章で取り上げた，「企業経営者のリーダーシップ・スタイル」というテーマを例にとって考えてみると分かりやすいかも知れない．第3章でも述べたように，この問題を中学生が調べ学習のテーマとして選んだ場合，どのようなリサーチ・クェスチョンを設定したとしても，それは，身の丈をはるかに超えた「大それた問い」になってしまうに違いない．しかし，もし同じテーマを，たとえば組織研究や人事労務管理論の第一人者が十分な資質を持ったスタッフから構成された調査チームを組み，また十分な時間的余裕や調査資金を前提として取りかかるとしたら，どうであろうか．その場合は，身の丈に合ったリサーチ・クェスチョンを設定し，また所定の時間内に一定の結論（答え）を得ることが期待できるだろう．

> **Column** 問いを疑問文形式で書き出してみる

　経営学者である藤本隆宏の『能力構築競争』の副題は，次のようなものである——「日本の自動車産業はなぜ強いのか」．このように，リサーチにおける基本的なテーマを疑問文の形式で簡潔に表現しておくことは，社会調査における問いのエッセンスを凝縮した形で示す上できわめて効果的である．同様の点が，調査報告書や論文のタイトルについても指摘できる．

　もっとも，このような単独の文章だけでは，社会調査を進める際に「調査者にとっての問い」を明確にしていく上では明らかに不十分である．また，1つの疑問文だけでは読者に対しても不親切である．これらの目的のためには，むしろ個々のリサーチ・クェスチョンに対応する複数の疑問文による表現が役に立つ場合が多い．

　たとえば『能力構築競争』の第1章では，以下の7つが具体的なリサーチ・クェスチョンとして示されている．

① 日本の自動車産業の競争力の本質的な部分はどこにあったのか．
② なぜ，他の産業ではなく自動車産業で，日本の製造企業の国際競争力が長期間にわたって発揮されたのか．
③ なぜ，日本の自動車企業は，20世紀の最後の4半世紀，世界をリードする競争力を持つに至ったのか．なぜ，差がつくまで外国のライバルは気がつかなかったのか．
④ 企業間の協調（戦略提携など）や紛争（貿易摩擦など）は，こうした企業間の競争のあり方にどのような影響を与えてきたか．
⑤ なぜ，外国企業は，日本企業の生産・開発パフォーマンスになかなか追いつけなかったのか．アメリカ企業はどのような「対日追い上げ」を仕かけたのか．
⑥ 日本企業の，開発・生産面での死角はどこにあったのか．それをどう克服したのか．
⑦ なぜ，日本の自動車企業は，開発・生産面では強いのに，最終損益では優位ではなかったのか．日本企業はどうすべきか．

　『能力構築競争』における基本的なテーマを要約すると，「能力構築競争という観点から見た日本の自動車産業の国際競争力の源泉（強さの秘密）」というものに

なるだろう．上にあげた7つの疑問文形式の問いは，そのテーマないし調査課題を疑問文形式の一連の文章として「パラフレーズ」したものだと言える．

このように基本的な問いを一連の疑問形の文章で表現してみることは，何よりもまず，〈社会調査というものの本質は，何らかの問いに対する答えを求める作業である〉という点について再認識する上で効果的である．また，基本的な問いを一連の疑問文にパラフレーズしてみることは，それぞれのリサーチ・クェスチョンに対応する「仮の答え」である仮説の骨子を明確にしていく上でも必須の手続きとなる．さらに，疑問文の形式で問いを文章化していく際にその主語を明示することは，〈どのような種類の行為主体（プレイヤー・アクター）に焦点をあてて分析を進めていくのか〉という点を明らかにする上でも効果的である．つまり，それによって，誰あるいは何（市場，組織，地域社会，集団等）が社会現象の「主役」と「脇役」であるかを明確にすることができるのである．

同様の点は，調査報告書や論文を最終的にまとめていく際についても指摘できる．つまり，問題関心を一連の疑問文の形式で論文や報告書の冒頭に近い部分に提示することは，読者に対して，調査報告で示されている内容についての方向性を示す上で非常に効果的なのである[12]．

3　問いのかたち

繰り返しになるが，以上を要するに，社会調査においては，次の3つの条件を満たす問いを設定していくことが1つの重要な目標になるのである．――〈①データによって答えを出すことができ，②調べてみるだけの価値があり，③調査をおこなう者の「身の丈に合った」問い〉．

もっとも社会調査における問題設定の「筋の良さ」は，単に個々のリサーチ・クェスチョンの適切さだけで決まるわけではない．それに加えて，基本的な性格や形式が異なる複数のリサーチ・クェスチョンのあいだの組み合わせという点もきわめて重要なポイントになる．これに関しては，特に以下の2点について配慮しておく必要がある――①問いの内容（記述の問いと説明の問い），②問いのレベル（総論的なリサーチ・クェスチョンと各論的なリサーチ・クェスチョン）．

(1) 問いの内容——WHAT（記述の問い）とWHY（説明の問い）
事実関係を問う問いと因果関係を問う問い

社会調査におけるさまざまな種類の問いは，以下の2つに大別することができる．

- **WHAT の問い**（「どうなっているのか？」）——事実関係に関わる問い・物事についての**記述**に関わる問い
- **WHY の問い**（「なぜ，そうなっているのか？」）——因果関係に関わる問い・物事についての**説明**に関わる問い

WHAT の問いは，事実や実態について問う問いである．すなわち，実態や事実関係の詳細を明らかにすることによって，社会現象に関する詳細で精確な**記述**をおこなうことを目的として設定される問いである．一般に「実態調査」ないし「実情調査」などと呼ばれるタイプの調査は，もっぱら，この WHAT の問いに対する答えを求めるためにおこなわれる．

WHAT の問いは，そのほとんどが，次に挙げるいくつかの例のように，「どうなっているのか？（あるいは，どうなっていたのか？）」という疑問文の形式をとることになる（下記の大文字（T）と小文字（t）は問いのレベルの違いに対応している．これについては，次節で解説する）．

T1：1980年代の小学生の平均学力は，どのようなレベルにあったか？
t1：1980年代の時点では，算数と国語の平均学力という点で，関西（関東）地域の公立小学校と私立小学校の児童のあいだにはどの程度の違いがあったか？
T2：現在の日本の小学生の学力は，どのようなレベルであるか？
t2：現在時点では，算数と国語の平均学力という点で，関西（関東）地域の公立小学校と私立小学校の児童のあいだには，どの程度の違いがあるか？

一方，**WHY の問い**は，社会現象の成り立ちについての**説明**を目的とする調査に際して設定される問いである．つまり原因と結果の関係（因果関係）を明らかにしようとする際に設定される問いである．WHY の問いは，多くの場合，

次の例に見るように「なぜ？」という疑問文形式で表現できる．

Y1：なぜ，日本の小学生の学力は過去30年あまりのあいだに，ほぼ一貫して低下傾向を見せているのか？
Y2：なぜ，1980年代から現在までのあいだに，公立小学校と私立小学校の学力面での違いが拡大していったのか？

問いの優劣をめぐる不毛な議論
　常識的に考えれば，「WHATとWHYのどちらがより重要な問いか」というのは，それ自体がナンセンスな問いであるように思える．実際，物事の実態を明らかにすることと，その実態の背景にある因果関係を明らかにすることは両方とも重要な意味を持つ．また，この2つの問いは，本来，互いに補い合う性格を持っていると言える．しかしながら，社会調査の世界では，事実関係や実態の詳細に関する情報の入手に重点を置く調査のやり方については「単なる記述に過ぎない」として，一段下に見るような傾向もある．また，「事実関係を調べるのは単なる実態調査であり，科学的分析のレベルには達していない」とするような論評すらある．
　これは特に，第2章であげた欠陥調査の類型で言えば，「書斎派型」の調査を得意とし，また第3章で解説した調査者の資質に関する分類では「サイエンス偏重」の傾向がある人々のあいだによく見られる傾向である．それらの人々の主な関心は，精緻な理論モデルを構築したり，最新のデータ解析法を使ってWHYの問いに答えたりすることにある場合が多い．すなわち，特定の社会現象の背後にある原因を解明したり，変数と変数のあいだの関係を明らかにしたりする「説明」ないし「分析」の作業に関心があるのである．
　もっとも，書斎派やサイエンス偏重型の人々には，彼らがそれらの理論モデルや解析手法によって明らかにしようとしている社会現象の実証的根拠については，かなり無頓着ないし無関心である場合が少なくない．つまり，〈因果関係を解明しようとしている社会的事実が，実際に自分たちが想定するような形で「事実」として存在しているかどうか〉という点については実にあやふやな根拠情報しか持ち合わせていない場合が珍しくないのである．

一方，これらの，WHY の問いに対する答えを求めることを重視する人々とは対照的に，もっぱら WHAT の問いに対する答えの方に重点を置く調査者も存在する．その傾向が特に強いのは，「荒削りの実態調査型」や「データ偏重型」の調査をおこないがちな人々である．第2章で指摘したように，このような立場をとる人々は，「データそれ自身に語らせる」という信条を持っている場合が多い．つまり，これらの人々は，「良質のデータを集めて実態を示しさえすれば，それだけで WHY の問いに対する答えもおのずから明らかになる」と考えてしまうのである．それもあって，データ偏重型や荒削りの実態調査型の場合には，ともすれば先行研究や理論的枠組みについての慎重な検討を怠りがちである．また，因果関係に関しては，少数の事例についてかなり詳しく記述した後で，とってつけたような解釈を加えたりする．時には，出来合いの理論や概念をあてはめるだけで済ませることもある．

　言うまでもなく，以上にあげた両極端の傾向は，両方とも決して生産的なスタンスではない．実際，「事実や実態がどうなっているか」という点が確実な証拠によって明らかにされていなければ，その背景や原因を明らかにすることは無意味な努力でしかない．ましてや，その「実態」なるものを改善するための対策を提案することなど，本来あってはならないことである（これについては，本章のコラムの「ゆとり教育」の事例を参照）．一方，社会現象における原因と結果の関係を解き明かすことができた場合には，実態についてのより深いレベルでの理解が進むことが多い．たとえば，本章のコラムで取り上げたロバート・パットナムの『孤独なボウリング』では，事実関係と因果関係に関わる問い，つまり WHAT と WHY の問いを組み合わせて，米国における「社会関係資本」の衰退の状況を明らかにした上で，その背景要因にまで踏み込んだ分析がなされている．

(2) 問いのレベル——リサーチ・クェスチョンにおける「総論と各論」

　調査を進めていく際には，WHAT と WHY の問いの組み合わせに配慮していくだけでなく，「セントラル・クェスチョン」[13] などと呼ばれる調査全体を貫く基本的な問題設定に関わる中心的な問いと，社会的事実のディテールに関わる問いとのあいだの区別についても注意を払う必要がある．つまり，問いの

> **Column** 「ゆとり教育」——間違った問題を解いてしまったケース

　ゆとり教育というのは，文部省が 1977－78 年に「ゆとりと充実」を掲げて告示した学習指導要領が 1980 年前後に全国の小学校と中学校で相次いで実施されていらい，四半世紀以上にわたって日本の小学校から高校までの教育のあり方に影響を与えてきた教育政策の総称である．

　それらの政策の基本的な前提となっていたのは，次のような問題認識であったとされる——〈過度の受験競争を背景として子どもたちの生活にゆとりが無くなっており，それがひいては，少年犯罪や家庭内暴力あるいは「落ちこぼれ」，高校からの中途退学等の問題を引き起こしている〉．そして，この問題認識は，文部省（省庁再編後は文科省）の関係者だけでなく，ある時期までは，日教組（日本教職員組合），教育学者や評論家，政治家そしてまたマスメディアの関係者など多くの人々によって共有されていた．

　ゆとり教育と総称される一連の政策の根底には，過度の受験競争や知識偏重型の教育内容（詰め込み教育）への反省があると言われているが，その問題への対応策として提案された政策は，四半世紀以上にわたる期間のあいだに幾多の変遷を示してきた．当初目標とされていた，教育内容の精選や学校生活のあり方の見直しという方針に加えて，1992 年には学校週 5 日制が導入され，さらに 2002 年からは完全週 5 日制の実施にともなって教育内容と授業時数が大幅に削減されることになった．また，同年からは新たに「総合的学習の時間」が導入された．

　常識的に考えれば，このような教育政策を立案・実施する際には，その前提として，「ゆとりの欠如」という事実に関する確固たる実証データ，つまり「エビデンス」が存在していなければならない．また，そのデータを踏まえて，〈過度の受験競争や知識偏重型の教育内容が，実際にどのような因果経路を辿ってさまざまな社会問題を引き起こすことになるのか〉という問いを設定した上で，調査研究を積み重ねていくことが当然必要とされるはずである．

　しかしながら，1998 年前後から子どもたちの学力低下をめぐってなされた議論を通して明らかになったのは，日本における教育政策の立案や実施の経緯は，そのような当然の想定からは大きくかけ離れたものであった，という事実である．つまり，実際には，ゆとりの欠如を明確に示す実証データも，また，「過度の受験競争・知識偏重型の教育→ゆとりの欠如→さまざまな社会問題」という因果関係を立証するに足るだけの調査結果もほとんど存在していなかったのである．それにも拘わらず，政府や文部省（文科省）は，「ゆとり教育」と総称されるさま

ざまな施策を推し進めていった[14]．また，日教組やマスメディアあるいは評論家等も，ある時期まではむしろ積極的にその教育政策を支持していた．（あるいは，強く支持しないまでも，特に異議を唱えることはなかった．）

　要するに，それらの関係者たちは，「子どもたちの生活の実態，特に『ゆとり』は，どうなっているのか？」という WHAT の問いにも，あるいはまた，「なぜ，子どもたちの世界にゆとりが無くなっているのか？」という WHY の問いについても本格的な検討のメスを加えることがなかったのである．それにも拘わらず，ゆとりの欠如やその背景要因としての受験競争ないし「詰め込み教育」は自明の前提とされ，また，それらの問題を解決するための方策に関わる問い——つまり，How to の問い——が立てられ，その問いに対応する答えにもとづく政策が実施されていったのであった．言葉を換えて言えば，それらの人々は，「クールな頭脳」を持つことなく見当違いの「熱いハート」を持って教育改革に臨んでいったのだと言える[15]．

レベルに関する区別である．そして，レベルの異なる問いが含まれている場合は，それら複数の問い同士の相対的な関係に目配りしておかなければならない．

　たとえば，「ゆとり教育の功罪」というようなテーマを掲げて調査を企画する場合には，先にあげた T1 から Y2 までの 6 つの問いのうち，T1，T2，Y1，Y2 の 4 つはあきらかに，調査全体にわたる中心的な問いだと言える．それに対して，t1 と t2 の 2 つは，ディテールに関する問いであると言える[16]．

　この 2 つのレベルの問いの関係は，議論における「総論」と「各論」のあいだの関係に喩えることができる．議論の場合と同様に，社会調査におけるこれら 2 つのレベルの問いは，どちらが欠けても不毛な結果に終わる可能性がある．実際，セントラル・クェスチョンが曖昧なままに，社会現象のディテールに関する情報をただひたすら収集するだけでは，調査の作業全体を通して明らかにしようとしている大筋の議論が見えてこない．たとえば，データ偏重型や荒削りの実態調査型の欠陥調査がその典型である．これらのタイプの調査では，各論にあたる細部の記述だけが強調されているために，総論にあたるセントラル・クェスチョンの筋が見えなくなってしまっているのである．

　一方，総論的な問題設定だけは非常に明瞭に示されているのだが，調査対象の現状についての具体的で詳細な情報が得られていない場合は，空疎な理論モ

デルづくりに終わってしまう[17]．これは，書斎派型の調査の場合に陥りがちな傾向である．つまり，大上段に構えた問題設定だけが突出しており，それが確実な実証的根拠によって補強されていないために，空疎で貧弱な理論的主張だけが目立つものになってしまっているのである．

　基本的な問題設定に関わるセントラル・クェスチョン（総論）とディテールに関する問い（各論）とを区別していくことは，調査をおこなっていくだけでなく，その結果を最終的に論文や報告書としてまとめあげていく際にも重要なポイントになる．というのも，実際にデータの収集や分析などの作業を進めていく中では，さまざまなレベルの問いが提起され，またそれに対応してさまざまなレベルの答えが提示されていくことになるからである．調査のどこかの時点でそれら複数の問いのあいだの関係を整理しておかないと，調査報告をまとめる際に収拾のつかない事態になってしまうことが多い．

4　問いの主体
―― 著者（調査者）のための問い・読者のための問い

　上で解説した「問いの内容」と「問いのレベル」という2点は，主として調査の企画段階で問いを定式化していく際に配慮すべきポイントである．実際に調査の作業を進めていき，また調査報告書や論文をまとめあげていく段階では，それに加えて，次の2点に関する配慮が必要になってくる――①問いと答えの往復運動，②著者のための問いと読者のための問い．

(1) 問いと答えの往復運動

　前章で述べたように，社会調査においては，〈最初の段階で設定した問いに対する答えが新しい問いを生み出し，さらにその新たな問いに対応する答えが次の問いへと結びついていく〉という形で，問いと答えのあいだで往復運動が繰り返されていく場合が珍しくない．また，その，「問いを育て，仮説をきたえ上げていく」プロセスを経て，分析のレベルがより深いものになっていく．そして，問いと答えの往復運動の典型的なパターンの1つには，次のようなものがある――〈実態調査を通して現状がある程度明らかになった段階で，次の

> **Column** 大文字の WHAT・WHY と小文字の what・why

　本書では主として社会調査における問いを，事実関係の「記述」に関わる WHAT と因果関係の解明を中心とする「説明」に関わる WHY の 2 つに大別している．一方，実際の社会調査では，「どうなっているか」および「なぜ」という 2 つ以外の疑問文形式（たとえば，「誰が」「いつ」「どこで」）で表現できる無数の問いが浮上してくることが多い．それらの問いは，調査においてそれぞれ重要な役割を果たすことになるが，文章の表面的な形式だけにとらわれていると，個別の問いが持つ本質的な性格を見誤ってしまう可能性がある．

　たとえば，作文の授業やニュース報道の心得について解説したマニュアルなどには，よく「5W1H」に関する説明がある．これは，事実に関する正確かつ詳細な記述を目指す際には，「When（いつ）Where（どこで）Who（誰が）What（何を）How（どのように）Why（なぜ）したのか」という 6 つの要件を漏れなく押さえた報告を心がける必要がある，という点を強調したものである．この「5W1H」には 6 種類の疑問詞が含まれている．しかし，調査全体を貫くセントラル・クェスチョンという点から見れば，これらの問いは全て，事実関係の把握に関わるものであるという点で，WHAT の問いに集約することができる．

　一方，心理学者の牧野達郎が指摘するように，因果関係に関わる幾つかの問いについては，What タイプの問いと How タイプの問いの 2 つに大別できる．前者は，主として〈行動や現象を規定する条件（原因）は**何か**〉という点を明らかにしようとするものである．一方，後者の場合は，〈それぞれの条件が**どのように**行動や現象を規定するか〉という点に関する，詳細なメカニズムの解明が中心になる[18]．実際，WHY の問いに対する答えを求めていく際には，この両面，つまり①重要な要因（変数）の確定（「何と何とが重要な要因であるか」）と②要因（変数）間の関係（「それらの要因はどのような形で相互に関係しているか」）の解明，という 2 つの面からアプローチしていく必要がある．

　以上のように，WHAT と WHY の問いには，それぞれ文章形式だけから見れば別の種類の疑問形で示すことができる複数の問いが含まれている場合が多い．そのような個別の問いと「セントラル・クェスチョン」と呼ばれる，調査の根幹の部分に関わる問いとを明確に区別しておいた方がよい．その点を考慮して，本書では，その，樹木で言えば幹の部分に該当する問いを大文字の WHAT と WHY によって示しているのである．

ステップとして，その実態を成立させている条件について詳しく検討していき，それがさらに実態を問う新たな問いへと結びついていく〉．

たとえば，「小売店の立地条件と売上高の関係」という比較的明快な問題設定のもとに質問表によって実態調査をおこなった場合を想定してみよう．

予備調査の結果として，想定外の意外な事実が判明したとする．つまり，当初の想定に反して，特定の小売りチェーンの場合には，明らかに不利であると思われていた立地条件の店舗がむしろ逆に非常に高い売上高を示していたのである．その一見不可解な事実について明らかにするために，今度はその小売りチェーンに属する数店の事例研究をおこなってみた．すると，当初の想定とは違って，ある種の立地はむしろ有利な条件になっているという可能性が浮かび上がってきた．もっとも，さらに詳しく検討してみると，同じチェーンに属し，かつよく似た立地条件にあるはずの複数の店舗のあいだで売り上げに顕著な差が見られていたとする．その場合，今度は，同じチェーンの複数の店舗のあいだで詳細な事例研究をおこなう必要が出てくるかも知れない．そして，その結果として，立地条件以外の何らかの要因が売り上げに関して非常に大きな意味を持っていたという可能性が出てくるかも知れない．

これは，WHATとWHYの問いを組み合わせることに加えて，WHYの問いを何度か繰り返すことによって問題を掘り下げていった事例であると言える．つまり，「なぜ，○○チェーンでは不利な立地にも拘わらず，好調な売り上げを示している店舗が多いのか」という問いが「なぜ，同じチェーンに属し，しかも同じ立地条件にある店舗のあいだで売上高が異なっているのか」という問いを経ることによって，さらに深められているのである．

(2) 読者のための問い──ゴールにたどり着いてからスタートラインを引き直す

以上のような問題との関連で，ここで改めて確認しておきたいのは，〈調査者あるいは著者にとっての問いと読者にとっての問いは，本質的に異なる2種類の問いとして考えなければならない〉という点である．「調査者（著者）にとっての問い」というのは，調査の作業を進めていく途中で設定されるさまざまなレベルの問いのことである．一方，「読者にとっての問い」は，最終的

Column 「なぜを5回」

トヨタ自動車工業の副社長だった大野耐一は，いわゆる「トヨタ生産方式」の基本的なアイディアを体系化し，また社内で強力に推進していった立役者として知られている．大野は，その著書の中で，同社の自動車生産現場では「なぜを5回繰り返す」ことが奨励されていたとしている．彼は，その実例として次のようなものをあげている[19]．

① 「なぜ機械は止まったか」→「オーバーロードがかかって，ヒューズが切れたからだ」
② 「なぜオーバーロードがかかったのか」→「軸受け部の潤滑が十分ではないからだ」
③ 「なぜ十分に潤滑しないのか」→「潤滑ポンプが十分にくみ上げていないからだ」
④ 「なぜ十分にくみ上げないのか」→「ポンプの軸が摩耗してガタガタになっているからだ」
⑤ 「なぜ摩耗したのか」→「ストレーナー（濾過器）がついていないので，切粉が入ったからだ」

この例に見られるように，WHY（なぜ）の問いの繰り返しをおこなう際には，一つひとつの問いに対して確実に実態を把握した上で慎重にその原因を探索していく，という作業が前提されている．実際，問いの繰り返しというのは，そのような作業を踏まえて次のステップに進むことによって初めて意味を持つものだと言える．また，それによって，単なる対症療法的な対策を越えた，より根源的な原因の究明と「根治療法」的な解決策へと結びついていくことが期待できる．

逆に言えば，それぞれの段階で実証データにもとづく確実な答えを提示せずに，単調にWHYを繰り返すだけでは，分析のレベルは一向に深まっていかない．この点については，以下に引用する，ある評論家の著書にあげられていた，「なぜ（why）を5回」の例と上のトヨタ生産方式の例とを比べて見ると理解しやすいだろう．

① 「なぜ，日本は変化対応力が弱く保守化したのか」→「老人の支配力が強いからだ」

②「なぜ，老人が支配するのか」→「老人が60歳を過ぎても，仕事に固執するからだ」
③「なぜ，老人が仕事に固執するのか」→「日本の老人は海外先進国に比べると，とてつもなく不安で，孤独だからだ」
④「なぜ，不安で孤独なのか」→「家族や地域社会に必要とされないからだ」
⑤「なぜ，家族や地域社会に必要とされないのか」→「それは定年までの間，あまりにも長い時間を会社に使いすぎて，会社以外に居場所がないからだ」[20]

　これは，「日本において「シルバー資本主義（老人が会社を経営し，老人が政治を取り仕切る社会体制）」が蔓延している状況の真の原因を明らかにする」ために「なぜ（why）を5回」という発想を適用したとされる例なのだと言う．この例では，一つひとつの問いに関する実証データの裏付けが全くといってよいほど示されていない．そのために，「なぜ」が繰り返される度にむしろ視点が拡散していき，結果として見当違いの答えが導かれてしまっている．また，この「なぜを5回」という作業繰り返しは，そもそも，「シルバー資本主義なる状況が日本社会において『蔓延』している」という事実関係が確認されていなければ，全くといってよいほど意味をなさないものであろう．

な報告書や論文の中で，基本的な問題設定や具体的な個々のリサーチ・クェスチョンとして提示される問いである．

　前章で述べたように，最終的に公表される調査報告書や論文では，問いと答えの往復運動のプロセスに関する記述は大幅に省略されてしまう．これは取りも直さず，論文におけるリサーチ・クェスチョンというのは，そのほとんどが著者（調査者）のためというよりは，読者のために示されるものであるからに他ならない．その読者が知りたいと思っているのは，ほとんどの場合，調査によって出された答えにもとづく最終的な結論の中でも，さらに限られた，そのエッセンスの部分である[21]．事実，論文の文面で示される問いは，調査のそれぞれの段階で設定されていく個々のリサーチ・クェスチョンではなく，むしろ，論文全体のストーリー展開に照らして見た場合に読者にとって最も分かりやすいと思われる形に編集が加えられた問いであることが多い．

　実際，論文というジャンルの文章形式の約束事からすれば，表面上のストーリー展開は，以下のAのようなものにならざるを得ないのである．

A：初めに●●という問いを立てた．調査をおこなってみたところ■■という結果が出た．したがって，最初に立てた問いに対する答えは□□というものになる

　これは，「問い（●●）→答え（□□）」という筋立てに他ならない．
　一方，上記のような，いわば「建前的」なストーリー展開の背後には，実際には，次のような，より「本音」ないし実態に近いBのような配慮が働いている場合が少なくない

B：最終的に□□という結論（答え）が出たのだから，読者にとって理解しやすくするためには，問いは●●というものでなければならない

　この場合は，表面上の「問い（●●）→答え（□□）」とは正反対の「答え（□□）→問い（●●）」という論理展開になる[22]．
　つまり，論文の筋立てを組み立てていく作業においては，最終的に得られた答えから逆算して後付け的に問いを作り直していく手続きが必然的に含まれているのである[23]．これは喩えて言えば，ゴールに到着してしまってから，その到達地点のイメージにあわせてスタートラインを引き直すようなものである．しかも，途中の道筋が実際にはどれだけジグザグに曲がりくねったものであっても，論文の上では，スタートライン（問題設定）とゴール（結論）とのあいだは真っ直ぐな1本の線で結ばなければならない．というのも，**論文というのは，必ずしも，調査者が最初に設定した問い（出発地点）から最終的に辿り着いた答え（到達地点）にいたるまでの経緯を時系列に沿って忠実に再現するものではない**からである．したがって，調査の実際のプロセスがどれだけ試行錯誤や紆余曲折を含むものであったとしても，そのような，本筋から離れた「枝葉」の部分は大幅に刈り込んでおかなければならない．
　要するに，極論すれば，調査報告書や論文というものは，(最終的な結論という)真実を読者に対して効果的に伝えるために巧みにウソをついているのである．もちろん，これは必ずしも「全ての論文にはウソが含まれている」ということを意味しない．論文が一種のフィクションとしての性格を持たざるを得ないのは，論文というものが，限られたスペースの中で調査全体の結論を読者に対し

て効率的に伝えるコミュニケーション・メディアとしての使命を担っているからに他ならない．言葉を換えて言えば，論文というものは，一種の「読者サービス」をせざるを得ないために，必然的にフィクションとしての性格を持つことになるのである（この点については，第14章で改めて詳しく解説する）．

次章で見ていくように，同様の点は，問いに対する「仮の答え」としての性格を持つ仮説についても当てはまる．つまり，仮説の場合も，調査者が実際に調査の作業を進めている際に用いるものと，最終的に論文で示されるものとのあいだに著しいギャップがある場合が稀ではないのである．

Column　「問い」の多様性
　　　——問題意識，問題関心，テーマ，リサーチ・クェスチョン……

　この章で述べてきたことからも明らかなように，本書で「問い」という言葉で総称されているものの中には実に多様なものが含まれている．また，社会調査に関する解説書やマニュアルでは，問いについての用語法が統一されずに色々な言葉が登場する例が稀ではなく，紛らわしい面も多い．そこで，ここでは，あくまでも暫定的なものではあるが，本書での使い分けを中心にして若干の「交通整理」をしてみたい．

　社会調査における問いを指す用語として使われてきたさまざまな言葉を，〈より包括的なものからより具体的・個別的なものへ〉という順序で並べてみると，おおよそ次のようになると思われる．

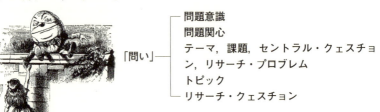

　問題意識は，正式の調査用語ではない．もっとも，日本で刊行されてきた調査法のマニュアルではこの言葉が頻繁に使用されている．そして，それらの用例には複数の意味内容が混在している場合が多い．
　この言葉についての一般的な辞書の定義は，次のようなものである——「ある現象，ある事態に対して，主体的にかかわりあうような心の持ち方，心的態度．

また，その内容」(『精選版日本国語大辞典』)．社会調査に関連して「問題意識」と言う場合にも，特定の調査対象に関する特定の問いというよりは，むしろ「社会調査に取り組む上での前提となる心構えないしスタンス」というような意味合いで使われる場合が多い．つまり，〈社会的な事実ないし社会問題を何らかの意味で解明ないし解決すべき対象としてとらえることについて明確に認識しておくことを心がける基本的な態度〉である[24]．たとえば，「常に問題意識を持って社会について考えよう」というような場合がこれにあたる．

　もっとも，問題意識という言葉は，その種の一般的な意味内容を越えて，むしろ先行研究の検討を踏まえた上で特定の社会現象を調査対象とすることの価値や意義あるいは最終的な目的に関する認識を指す場合もある．たとえば，「調査チームのメンバー間で問題意識を共有する」あるいは「問題意識を明確にする」といった使い方はその典型である．これは，本章の冒頭にあげた「問題の定式化」に近い意味内容を含んでいると言える．

　以上のように，「問題意識」は，かなり広い範囲をカバーする，やや曖昧なところのある言葉である．それに対して，**問題関心**と言う場合は，上であげた問題意識の2番目の意味に限定して使われる場合が多い（問題関心も，問題意識と同様に正式な調査用語ではない）．つまり，上の辞書の定義で言えば，「主体的にかかわりあう」際に具体的にどのような形で関与していくのか，という点をより明確にした形での用法である．本章では，田村正紀にならってそれを個人的関心，産業界・社会の関心，学界の関心の3つに分類している[25]．

　どのような問題関心を持って社会調査をおこなう場合にせよ，「いかなる社会現象を調査対象として設定するか」という点を明確にしておかなければならない．たとえば，実践的な問題関心のもとに「小売店における売上向上のための施策」を主たる調査対象として据える，というようなケースがこれにあたる．これが，**テーマ**（調査テーマ・研究テーマ）ないし**課題**（調査課題・研究課題）を絞り込んでいくプロセスになる．このように具体的な調査対象を設定する手続きを**問題設定**と言う場合も多い．また，**セントラル・クェスチョン**は主たるテーマないし課題を疑問文の形式で表現したものと見ることができる．文献によっては，このレベルの問いについて「リサーチ・プロブレム」という用語をあてている例もある．

　調査の**トピック**と言う場合には，調査テーマをより具体的なレベルの調査項目にまで落とし込んだものになることが多い．したがって，1つの調査テーマからは複数の調査トピックが設定されることも少なくない．これについては，よく「全体的なテーマと個別のトピックの関係（が明確・不明確）」などと言うことが

ある．また，「テーマ」が具体的な事例を通して，一般的かつ普遍的な問題を設定するのだとしたら，「トピック」は個別の事例について扱うものだとも言える．たとえば，小売店の売上向上に向けた施策立案というテーマであったならば，その条件となる立地や品揃えあるいは価格戦略が個別の調査トピックになるだろう．

そして，それら具体的なトピックを疑問文の形式で表現したものを**リサーチ・クェスチョン**と定義することもできる．この段階になってはじめて社会調査における問いは，それに対応する具体的な仮説あるいは最終的な答えを出せるものになるのである．

もっとも，以上はあくまでも1つの目安に過ぎない．上で述べたように，問いをめぐる用語の使い分けに関しては必ずしも統一した見解があるわけではない．実際，調査法の解説書等では，たとえば，リサーチ・クェスチョンとリサーチ・プロブレムが上で述べたのとは逆の位置づけになっていたりする例もある[26]．また，調査報告書や論文には，「リサーチ・クェスチョン」を，主としてここでいうセントラル・クェスチョンを指す言葉として使用している例も珍しくない．

したがって，実際に社会調査をおこなっていく際には，そのような用語法の混乱に神経を使うよりは，むしろ，たとえば以上の解説を1つの参考にしながら，自分なりに，レベルが異なる複数の問いのあいだの関係について考えてみた方がいいだろう．

第6章 仮説をきたえる
筋の良い「仮の答え」の条件

> 考えつく限りの可能性を考えて,「これはあてはまらない」「これでも説明できない」「この可能性はどうか」……と一つひとつ検討していく作業を,僕は,「肯定のための否定の作業」と呼んでいます.(中略)科学の研究というのはこのように,証明したい理論を徹底的に疑って,疑ってかかります.そして,「これは違う,これは違う,これも違う」と,執拗なまでの検討を重ねた末,「どうしてもこれは排除できない,認めざるを得ない」というものだけが残されていくわけです.
>
> 益川敏英[1]

前章で解説した「問いを育てていく」作業と表裏一体の関係にあるのが,「仮説をきたえていく」プロセスである.ここで言う仮説には,いわゆる「仮説命題」だけでなく,たとえば,中間報告書における暫定的結論や章立て案など,さまざまなタイプのものが含まれる.社会調査の作業を進めていく際には,〈どのようなタイプの仮説を,いかなるタイミングで,またどのような形で用いるのか〉という点について,ある程度の目安をつけておかなければならない.また,仮説は,本来,それと対立する主張を含む対抗仮説との「切磋琢磨」を通してこそ,よりパワフルな「仮の答え」としてきたえ上げられていくものである.

1 「仮説」をめぐる両価感情(アンビバレンス)

(1) 仮説信仰——仮説って,カッコイイ

「思いつきに過ぎないのだが」「当てずっぽうの推測で書かせてもらえば」——このようなたぐいの文章が調査報告書や論文の中に出てきたとしたら,も

うそれ以上読み進める気にはなれないだろう．しかし，次の言い方だったらどうであろうか——「これは，まだ仮説の段階ではあるが」．このような言い方をされると，何か非常に重要な発見事実や素晴らしいアイディアが登場してくるのではないか，という期待を持ってしまうかも知れない．

　実際には，アンケート調査で示される「仮説」には，まさに思いつきや当てずっぽうの推測に過ぎないものが少なくない．不思議なことではあるが，それでも仮説という言葉が使われているだけで，何となく科学的な作法にしたがって真っ当な調査がおこなわれているように思えてしまうものである．

　このような誤解や幻想と，次のような辞書の定義とのあいだには密接な関係があるように思われる．

> かせつ【仮説】［哲］（hypothesis）自然科学その他で一定の現象を統一的に説明しうるように設けた仮定．ここから理論的に導きだした結果が観察・計算・実験などで検証されると，仮説の域を脱して一定の限界内で妥当する真理となる．（『広辞苑』第6版）

　実際，このような定義を目にすると，仮説を設定するということは，社会調査が「サイエンス」として成立する上で不可欠の条件であるかのようにも思えてくる．その印象は，統計的調査などにしばしば登場してくる，以下のような一連の「仮説命題」を見るとさらに強いものになってくる．

仮説1　社会的不確実性はコミットメント形成を促進する
仮説2　社会的不確実性と一般的信頼のレベルが同じであれば，日本人の実験参加者とアメリカ人参加者の間には，コミットメント関係を形成する傾向に差がみられない
仮説3　社会的不確実性に直面して特定の相手との間にコミットメント関係を形成する程度は，低信頼者の方が高信頼者よりも強い
仮説4　仮説3で想定されている，一般的信頼とコミットメント関係形成の程度との関係は，日本人参加者とアメリカ人参加者との間で差がない[2]

　このように，番号を振られた仮説命題が整然と並べられているのを目にする

と，中学や高校で習った，数学の証明問題が思い出されてくるかも知れない．そういえば，証明問題についての解説には，「定理」や「命題」あるいは「系」といった言葉が出てきたりして，いかにもサイエンスという印象があったものである．

(2)「科学論文」のオーラと逃げ口上としての仮説

もっとも実際には，このような，「いかにもサイエンス」というイメージがある仮説命題，あるいは，「仮説」という言葉自体が，単なる見せかけ程度の意味しか持っていない場合も珍しくない．

上であげた4つの仮説が1つの模範例になっているように，社会調査における仮説というのは，本来，明確なリサーチ・クェスチョンに対する**仮の答え**になっていなければならない．たとえば，ここでは詳しい解説を省略するが，上であげた仮説命題は，いずれも次のような WHY の問いに対する仮の答えであると考えることができる──「社会的不確実性，一般的信頼，コミットメント関係という三者の間には，どのような関係が存在するか」（あるいは，「なぜ，コミットメント関係の形成の程度は増えたり減ったりするのか」）．

この例とは対照的に，アンケート調査などで「仮説」という言葉が出てくる時には，その仮説に対応するものとして設定されているはずの肝心の問いがどこを探しても見当たらない，という例がよくある．つまり，問いが無いはずなのに，どういうわけか答えだけが突如として登場してくるのである．

これは，学部の卒業論文や大学院生の修士論文・博士論文の場合にも，時々見られる傾向である．そのような論文の原稿を書いて持ってきた学生や院生に対して「その仮説が答えになるような問い（リサーチ・クェスチョン）を，文章として書き出してみなさい」と指示してみると，すぐには答えが返ってこないケースが多い．中には，しばらく考え込んでから，今度はまったく見当違いのリサーチ・クェスチョンを書いて持ってくる学生もいる．

そのような学生や院生には，どうしてリサーチ・クェスチョンが明確に出来ていないのに仮説命題だけ書くことになったのか，その理由について聞いてみることにしている．すると，返ってくる答えは，たいてい次のようなものである──「論文だったら，とりあえず何か『仮説』というのが必要だと思ってた

もんですから……」,「何となく仮説っぽく書いてみた方が論文らしく見えてカッコイイかなあ，なんて思ってしまって」．

　いずれの場合も，その背景にあるのは，仮説検証の手続きを科学的方法の王道と見なす通念であると思われる．また，仮説という言葉自体がまとっている一種の「オーラ」も重要な背景の1つとしてあげられるだろう．そして，そのオーラを安易に（あるいは半ば「確信犯」的に）借用しているのが，先にあげた「まだ仮説の段階ではあるが」というフレーズである．実際，アンケート調査に関してこのフレーズが使われる時には，理論やデータの裏づけも乏しく，かつ方法的にも重大な問題を抱えている調査であり，また，単に思いつき程度のことが述べられているだけに過ぎないことが多い．つまり，その場合の「仮説」には，それこそ思いつきや当てずっぽうのアイディアに過ぎないという事実を誤魔化してしまうための「逃げ口上」としての意味しかないのである．

(3) 仮説アレルギー——仮説って，何だかアヤシイ

　ある種の社会調査をおこなう人々は，上で述べた仮説信仰の例とは逆に，仮説というものに対して根本的な不信感を抱いている場合が少なくない．これは，もしかしたら，アンケート調査に関しては，上で述べたような「仮説」の誤用や悪用が後を絶たないという事実が背景にあるのかも知れない．

　この「仮説アレルギー」とでも呼ぶべき傾向は，インタビュー調査やフィールドワークのような，一般に質的調査ないし定性的調査と呼ばれる技法による社会調査を専門とし，また「アート」的な資質に恵まれている調査者のあいだに見られることが多い．たしかに，彼らにしてみれば，仮説検証型の調査というのは，複雑な社会現象をほんの数個の命題で説明し尽くしてしまおうとする，大それた試みであるかのように思えるかも知れない．また，彼らにとっては，「文化」というものに含まれる豊かな意味の世界を無味乾燥な箇条書きの文章に還元して済ませようとしたりするのは，一種の冒瀆行為のようにすら思えるだろう．

　もっとも不思議なことに，そのように命題形式の仮説に対しては批判的な調査者が書いた論文や報告書の場合でも，その最後の方に「まだ仮説の段階ではあるが」あるいはそれと基本的に同じ趣旨の文章が登場してくることがある．

そして，このような時によく使われるのが，「仮説生成型調査」という言葉である．この言葉の背後には，次のような考え方がある場合が多い——〈フィールドワークやインタビュー調査の醍醐味は，何らかの仮説を検証するというよりは，むしろ，現場で得られる豊かな情報やデータの中から，現場の状況に即した仮説や理論的枠組みそのものを立ち上げていくことにある〉．

この「仮説生成」ないし「仮説発見」という発想それ自体は，非常に大切なものである．しかし，仮説生成型の調査にもとづいて書かれたとされる調査報告書や論文の中にも，アンケート調査の場合と同じように，先行研究を十分に調べることも丹念にデータを吟味することもなく，単に思いつき程度の内容を「仮説」と称しているだけに過ぎないものが少なからず含まれている．

Keywords 定量的調査（量的調査）と定性的調査（質的調査）

本書では，定量的調査と定性的調査のそれぞれについて，以下のような暫定的な定義を採用している（なお，第8章や9章などでは，解説の都合上，統計的手法による定量的調査のことを「統計的調査」と呼んでいる）．

定量的調査（量的調査）……統計データの分析やサーベイ調査の結果をもとにした社会調査のように，数値データを中心にして分析を進め，その結果については，主にグラフや数値表あるいは数式などで表現するような調査法

定性的調査（質的調査）……主にインフォーマル・インタビューや参与観察あるいは文書資料や歴史資料の検討などを通して，文字テキストや文章が中心となっているデータを集め，その結果の報告に際しては，数値による記述や統計的な分析というよりは日常言語に近い言葉による記述と分析を中心にする調査法

以上の定義についても指摘できる点ではあるが，定性・定量という二分法には，データの性格，学問分野，報告書の文体などさまざまな観点が混在している．したがって，どうしても折衷的ないし最大公約数的な定義にならざるを得ない[3]．実際には，この二分法には収まり切らない社会調査も少なくない．また，両方の発想を有機的に組み合わせた時にこそ，筋の良い調査になることが多い．

2 仮説に関する2通りの定義

(1) 通常の定義

以上で指摘した，一見正反対のようにも見える2つの傾向，つまり，仮説というものを科学的な方法の代名詞のようなものと考えて盲信してしまう傾向と，仮説を毛嫌いする傾向の背景には，「仮説検証型アプローチ」ないし「仮説演繹法」などと呼ばれる古典的な研究法に関する誤解が共通の要因として存在しているように思われる．次の節では，それらの誤解を5つのタイプに分けて検討していく．ここではその前段階として，通常のマニュアルにおける仮説の定義に見られる特徴について解説した上で，本書における「仮説」の定義を示しておくことにしたい．

社会調査関連のマニュアルや解説書でよく目にするのは，以下のような種類の仮説の定義である（ゴシックやイタリック体は，いずれも引用者による強調．なお，イタリック体で示した「説明」や「予測」を含む仮説命題の特徴については次節で説明する）．

「経験的な事象を科学的に*説明*もしくは*予測*するために定式化された未検証な**命題**（または命題群）」（西田春彦・新睦人編著 1976『社会調査の理論と技法』川島書店 p. 59）

「正しいことが保証されているわけではないけれど，ともかく『このようになっているのではないか』と考えられている**命題**」（盛山和夫 2004『社会調査法入門』有斐閣 p. 28）

「2つないしはそれ以上の変数のあいだの，予測されるものの，まだ確定されていない関係［についての**言明**］」（Royce Singleton & Bruce Staits. 2010. *Approaches to Social Research*. Oxford University Press p. 105）

それぞれの引用についてゴシック体で示したように，これらの定義では，いずれの場合も，仮説は，比較的短い文章形式で表現される命題（proposition）ないし言明（statements）としてとらえられている．また，仮説を以上のように定義している文献では，仮説の実例として，114ページに示した4つの仮説

命題のような形式の文章を挙げている場合が多い．

　その種の仮説命題の中には，適切なデータを収集し，それをしかるべき手続きで分析すれば，その真偽ないし当否を確認することができる形になっているものが多い．実際，データによってある程度「白黒をつける」ことができるという点において，「**命題型仮説**」とでも名付けることができる短文形式の仮説は，社会調査法においてきわめて重要な役割を果たしてきた（少し紛らわしいかも知れないが，本書では，仮説命題と命題型仮説という2つの言葉を用いている．「**命題型仮説**」という場合は，主に**仮説の文章形式**を指す．それに対して，「**仮説命題**」は，そのような文章形式で表現されている**具体的な個々の仮説**を指している）．

　実際また，社会調査における問い自体が前章であげた，筋の良いリサーチ・クェスチョンのための3つの条件，すなわち，①実証可能性，②価値と意義，③資源的条件の3つを満たしていれば，それに対応する仮説命題を設定することは，社会調査をおこなっていく上で不可欠の前提条件であると考えることも出来る．

(2) 本書における定義

　もっとも，以上のような命題型仮説のイメージだけで仮説の意義をとらえてしまうと，そこからこぼれ落ちてしまうものは余りにも多い．それがまた，ある種の調査者には仮説アレルギーを引き起こす原因になっている．

　命題型仮説のみに焦点をあてた定義によって見逃されがちな仮説の意義としては，少なくとも次にあげる3つのものが挙げられる．

- WHATの問いに対応する答えとしての仮説が「事実関係」を明らかにする上で持つ意義
- 個別の調査研究における「実証仮説」の前提となる理論的な仮説が果たす役割の意義
- 命題形式の範囲を超えて語られる「物語型仮説」が持つ意義

　これら3点については次節以降で詳しく解説していくが，仮説検証法的発想が本来持っているこれらの意義を踏まえた上で，本書では，以下の定義を採用

する[4].

「まだよく分かっていない事柄について明らかにするために，既にある程度分かって
　　　　　　　　　　①
いることを前提にして調査をおこなう際に，その見通しとして立てる仮の答え」
　②　　　　　　　　　　　　　　　　　　　　　　　　　　　　　　　③

　上で，番号の付いた下線部で示したように，この定義のポイントとしては3点があげられる．①と③の部分では，仮説というものが，何らかの問いに対応する「仮の答え」であることを明らかにすることを意図している．また，特に①では，その仮の答えである仮説が，何らかの「まだよく分かっていない事柄」に関する新しい知見，すなわち「ニュース」をもたらすものでなければならない，という点を強調している．一方，②の「既にある程度分かっていること」というフレーズで強調しているのは，仮説は，何らかの実証的根拠および理論的根拠をふまえたものでなければならない，というポイントである．実際，先行研究を踏まえ，またある時期までに収集したデータを踏まえた「仮の答え」でなければ，それは「仮説」と呼ぶにはとうてい値しない，単なる思いつきに過ぎないものになってしまう．
　以上のポイントは，いずれも，第2章で解説した，リサーチ・トライアングルが満たすべき3つの条件（理論・データ・方法）を踏まえたものである．これら3つのポイントについては，以下本章で社会調査における仮説をめぐる5つの誤解について解説する中でさらに詳しく見ていくことにする．

3　仮説のかたち
　　──仮説をめぐる5つの誤解

　仮説および仮説的な発想にもとづく思考と実践は，本来，どのような種類の社会調査においても非常に重要な役割を果たしうるものである．もっとも，仮説にはさまざまな誤解がつきものでもある．それらの誤解の中でも代表的なものとして，以下の5つのものをあげることができる．

①仮説の意味の範囲をめぐる誤解──命題型仮説だけに注目して仮説をとらえてしま

う傾向
②仮説のレベルをめぐる誤解——実際の調査データによって検証される「実証仮説」とその前提となる「理論仮説」とを混同してしまう傾向
③仮説の複合度をめぐる誤解——物語形式の仮説の重要性を見落としてしまう傾向
④問いの内容をめぐる誤解——事実関係の把握を目指す調査研究における仮説の重要性を見落としてしまう傾向
⑤仮説生成型調査をめぐる誤解——「逃げ口上としての仮説」を正当化するための口実として仮説生成のプロセスの重要性を過度に強調する傾向

(1) 誤解1：意味の範囲をめぐる誤解——広義の仮説と狭義の仮説

前節で示した，本書における仮説の定義は，通常の社会調査のマニュアルに見られる定義にくらべればかなり広い意味内容をカバーしている．仮説的思考法やそのような思考にもとづく実践に関するさまざまな文献でしばしば指摘されている点ではあるが，このような広い範囲の意味での仮説は，実は，わたしたちの日常生活でも頻繁に見られるものである．また，それらの仮説は日常生活を円滑に営んでいく上できわめて重要な役割を果たしている．

これについて，料理を例にとって考えてみよう．

料理を始める前にその料理の出来上がりについて何らかの見通し，つまり広い意味での「仮説」を立てずにとりかかる場合は少ないだろう．この場合，本書における定義の「ある程度分かっていること」には，たとえば，料理の材料の味や材質，調理道具の性質などが含まれる．一方，「まだよく分かっていない事柄」には，最終的に出来上がる料理の味や色合い，盛りつけの状態などが該当する．

こういう「料理仮説」を最初に立てておけば，そうしない場合とくらべて美味しい料理ができあがる確率は格段に高くなるだろう．また，たとえ失敗ってとんでもない味の料理になってしまっても，その失敗の原因が何であったのかという点について明確にできる．そうすれば，次に同じ料理を作る時に成功する確率も高くなるはずである．

社会調査についても，同様の点が指摘できる．これについてたとえば，「仮説アレルギー」に陥りがちなフィールドワークの場合を例にとって考えてみよう．

フィールドワーカーがこれから調査に出かけようという時，調査しようと計画している土地の風習やそこに住む人々について全く白紙(ゼロ)の状態で行くことは，まずあり得ないだろう．むしろ，フィールドワーカーは，事前の準備として，その土地の社会について先人が発表した民族誌（フィールドワークの報告書）を読んだり，もっと一般的な問題を扱った社会学や文化人類学関係の文献を読んだりして，色々な予測を立てているはずである．

　この場合，先にあげた，本書における仮説の定義の「すでにある程度分かっていること」には，既存の理論や先人の調査結果が該当する．一方，「まだよく分かっていないこと」には，その理論が現実の世界にあてはめてみてどれだけ妥当性があるかという点が含まれる．また，次のような内容なども，まだよく分かっていないことに該当する——その理論の中でまだ十分に詰められていない点，先人が調べ残したこと，先人が調査した後にその社会がどのように変化したか．

　料理の場合と同じように，調査に入る前にあらかじめ以上のような問題に関する予測なり仮説なりを「仮の答え」として立てておいた方が，そうでない場合とくらべて調査はスムーズに行くことが多いに違いない．また，調査の成果を判断する時に確かなよりどころにすることができるはずである．

　こうしてみると，図6.1に示すように，広い意味での仮説には，命題型仮説，つまりこの図では「狭い意味での仮説」とした，比較的短い文章の形式でまとめられた仮説命題だけでなく，たとえば「予想」や「見通し」といったものが含まれ得ることが分かる．また，調査の初期につくる章立て案や中間段階で書く中間報告書も，〈現場調査全体の見通しを明らかにし暫定的な結論を出しておく〉という意味では，一種の仮説であると見ることができる[5]．

　このようにしてみると，およそ社会調査である以上，何らかの意味での仮説を用いない例はあり得ないようにも思える．その点では，仮説一般に対するアレルギー的反応というのは根拠に乏しく，決して前向きのスタンスだとは言えない．また逆に言えば，仮説らしい仮説も設けずに，「ここは一つアンケートでも」という程度の認識のもとに，見切り発車でおこなわれるアンケート調査などは，社会調査としては論外だとも言える．

```
                    ┌ 狭い意味での仮説（命題型仮説）
                    │ 予想
    広い意味での仮説 ┤ 見通し
                    │ インタビュー記録に調査者が書き込んだコメント
                    │ 章立て案
                    └ 中間報告書における暫定的結論     等
```

図6.1　さまざまなタイプの「仮説」

(2) 誤解2：仮説のレベルをめぐる誤解

理論仮説と実証仮説

上で解説した，仮説の意味の範囲に関する誤解と密接に関連しているのが，仮説のレベルないし仮説の抽象度をめぐる誤解である[6]．これは具体的な実証データによってその当否について確認することを目指す「実証仮説」と，その前提となる抽象的なレベルの「理論仮説」とを混同してしまうことからくる誤解である．

仮説のレベルをめぐる誤解の背景を明らかにする上では，古典的な「仮説演繹法」の発想による実証研究の手続きについて理解しておくことが必要になってくる[7]．もっとも，仮説演繹的な発想による研究の手順に関しては，実にさまざまな見解がある[8]．その中でも，本章における解説との関係では，次のようなステップ・バイ・ステップ式の説明が最も参考になると思われる（以下では，実験法を採用した場合が想定されている）．

①仮説（**理論仮説**）の設定
②その仮説からの実験観察が可能な命題（**実証仮説**）の演繹
③その命題（**実証仮説**）の実験観察によるテスト
④その結果が満足なものであれば，さきの仮説（**理論仮説**）の受容．ただしその結果が不満足なものであれば，さきの仮説（**理論仮説**）は修正または破棄される[9]

ここで**理論仮説**というのは，「何らかの問いに対する理論的・抽象的なレベルでの仮の答え」として考えることが出来る．それに対して，**実証仮説**は，「理論レベルの仮説について，その妥当性を具体的なデータによって確認していく際の手順を想定して言い換えたもの」ということになる．上では，その理

論仮説と実証仮説を含む仮説演繹の手順が，主として自然科学における実験の場合を例にして解説されている．この一連の手順について，社会調査の場合に即して改めて書き換えてみると次のようになる．

①既存の理論や既に得られているデータや資料をもとにして，社会現象に関する**理論仮説**を立てる．
②次に，その仮説を前提とした上で，〈その前提を現実の社会にあてはめてみた場合にどのような調査結果が得られるか〉という点について論理的（演繹的）に導き出した予測を**実証仮説**として立てる．
③次に，実際に調査をおこない，その**実証仮説**における予測と実際に収集したデータを分析してみた結果とを突き合わせてみて，その予測があたっていたかどうか調べる．
④予測通りの結果が得られれば，それは**理論仮説**やさらにその前提となっている大元の理論が一定の支持を受けたことになる．逆に予測とは異なる結果になっている場合は，**理論仮説**，ないし，その理論仮説の元になっていた理論が修正または破棄される．

当然のことながら，必ずしも全ての社会調査において，上のようなものとほぼ同じ手順に沿って作業が進められるわけではない．また，上の①で示したプロセスで設定される理論的前提が「理論仮説」の性格を持つものとして明確に認識されていない例も多い（この点については，次章で改めて解説する）．しかし，仮説の設定と検証の作業が含まれている調査の手続きを全体として見れば，その背後には，多かれ少なかれ上に示したような発想がある場合が少なくない．

そして，ここで改めて確認しておきたいのは，〈**具体的なデータによって直接その当否や真偽が検証されるのは実証仮説の方である**〉という点である．一方，**理論仮説**の方は，その実証仮説の検証結果を通して，いわば間接的にその当否が検証されるだけにとどまる．

理論仮説から実証仮説への翻訳

以上の点について実例に則してもう少し詳しく見ていくためには，社会学者の盛山和夫が少子化現象に関する調査の場合を想定してあげた次のような図式

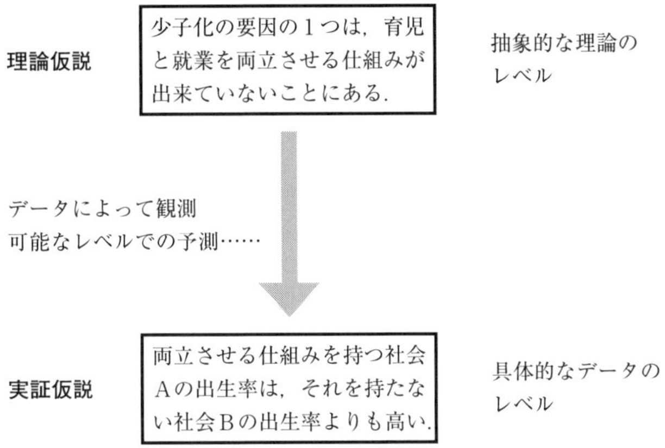

理論仮説　少子化の要因の1つは，育児と就業を両立させる仕組みが出来ていないことにある．　　抽象的な理論のレベル

データによって観測可能なレベルでの予測……

実証仮説　両立させる仕組みを持つ社会Aの出生率は，それを持たない社会Bの出生率よりも高い．　　具体的なデータのレベル

図 6.2　理論仮説と実証仮説

出所：盛山（2004: 46）をもとに作成

が参考になるものと思われる（盛山の用語法に若干の変更を加えている．これについては，127-128 ページのコラム参照）．

　図 6.2 の図式で示される調査における基本的な問いは，「なぜ少子化が生じているか」というものであると考えられる．一方，それに対応する理論的なレベルでの仮の答え，つまり理論仮説は「少子化の要因の1つは，育児と就業を両立させる仕組みが出来ていないことにある」というものになる．

　この理論仮説は，たしかに，これまで文献などで少子化の背景について指摘されてきた議論を踏まえており，ある程度の妥当性があるようにも思える．しかし，このような抽象的な理論レベルの主張のままでは，図に示した仮の答え（理論仮説）が現実の状況に照らしてみた場合に「当たっているか外れているか」という点は確かめようもない．そこで，社会調査では多くの場合，理論仮説を，実際のデータで確認できるような形の実証仮説の形式に「翻訳」した上で検証の手続きに入ることになる．図 6.2 では，これを，〈2つの社会における出生率のデータを比べてみる〉というやり方でおこなうことが想定されている．つまり，育児と就業を両立させる仕組みを持つ社会Aと持たない社会Bにおける出生率の違いに関する実証仮説と実際のデータとを突き合わせることによって検証するのである．

もっとも，たとえ A および B という 2 つの社会について収集した出生率データに実際に顕著な違いがあり，またそれによって実証仮説が支持されたとしても，必ずしもそれがそのまま大元の仮説である理論仮説に対する全面的な支持に結びつくわけではない．実際，他の社会（たとえば，社会 C，D，E，F……）のデータを検討してみた場合に実証仮説が支持されない場合もあるだろう．

　つまり，先にも述べたように，実証仮説は，社会調査が目指すべき究極の目的ないし「本丸」とも言える理論仮説の当否を検討する上で一定の役割を担ってはいるものの，理論仮説それ自体を直接的に検証する上での根拠にはなり得ないのである．

命題型仮説（実証仮説）の自己目的化

　以上の例からは，実証仮説と理論仮説は，相互に密接な関連はあるものの，本来別物として扱うべきものである，ということが分かる．また，上の例に見るように実証仮説は比較的短い命題形式で示されることが多い．

　先に指摘したように，仮説を短文形式の一連の命題群として提示していくことは，データの収集や分析における作業の基本的な方向を明らかにする上できわめて効果的である．実際，それによって，たとえば次のような点に関して明確な見通しを持つことができるようになる——〈どのような調査データを収集すればよいか．収集したデータをどのように分析すればよいか．分析結果をどのような形式で表現すればよいか〉．また，命題形式で表現された仮説（仮の答え）と，簡潔な疑問文形式で示されたリサーチ・クェスチョン（問い）とを対応させることによって，調査全体における問いと答えの対応関係を，さらに明確なものにしていくことができる．

　しかしながら，このように調査のさまざまな作業を「まとまりの良い」ものにしていく上で重要な役割を果たす命題形式の仮説には，いくつか落とし穴もある．その中でも最も重大で深刻な落とし穴の 1 つは，命題型仮説を立てて検証する作業それ自体が自己目的化してしまう，というものである．これは，特に，質問表調査をはじめとする定量系の社会調査について指摘できる．つまり，ある種の統計的調査では，実証仮説の検証結果が理論仮説にとってどのような

Column 「作業仮説」をめぐる混乱と混同

盛山は，本章で実証仮説と呼んでいる仮説を指す言葉として「作業仮説」を採用している[10]．この盛山の例に限らず，日本では，仮説検証的なアプローチについて説明する際に，理論仮説と対になるものとして「作業仮説」をあげている例が少なくない[11]．しかし，これは，誤解を招きかねない用語法である．というのも，「作業仮説」は，それらの用語法とはむしろ逆に，実証データによって真偽を確認することを想定していない理論的前提を指すことの方が多いからである．

表6.1は，その一般的な意味内容を仮に「作業仮説 α」，一方，日本で刊行されてきた一部の調査法マニュアルや事典などで作業仮説という言葉が意味するものとされている内容を「作業仮説 β」と名づけて，それぞれの特徴をまとめてみたものである．

表 6.1 作業仮説 α 対 作業仮説 β

	作業仮説 α	作業仮説 β
基本的な機能	論証の「出発点」の形成	実証データによる理論仮説の検証
作業仮説自体の真偽の検証	無し	有り
「作業」の意味	一時的，仮の，暫定的な	操作，手続き
類義語・同義語	公理・根本命題・(無条件の) 前提	実証仮説・操作仮説・調査仮説

作業仮説（working hypothesis）という言葉の最も一般的な意味内容は，上の表では作業仮説 α として示した，「論証の出発点として設定される仮の前提」というものである．したがって，この仮説の場合は，その真偽について実証データを通して検証することは想定されていない．つまり，一種の公理ないし根本命題としての位置づけがなされているのである．国語辞書等に見られる以下のような定義は，まさに，作業仮説に関するそのような通常の定義を示したものだと言える ——「十分に実証されたものではないが，研究や実験の過程で暫定的に有効と見なされる仮説」（『精選版日本国語大辞典』）．

このような意味での作業仮説（作業仮説 α）の典型的な用例の1つとして，「(新古典派) 経済学における合理的選択理論は一種の作業仮説である」というものがあげられる．これは，通常，おおよそ次のようなことを意味する ——〈経済

第6章 仮説をきたえる

学者たちが合理的選択理論の発想を採用する場合には，彼（女）らは，「個人や企業は，さまざまな選択肢の費用と便益を比較した上で，常に自己にとっての効用（ないし利潤・企業価値）が最大になるような行動を選択する」という仮定を置き，それがあたかも真であるかのように見なした上で分析を進める〉．

　この場合は，その仮定自体の真偽は問題にならない．むしろ，〈そのような仮説を基本的な前提として置くことによって，個人や企業の経済行動あるいは経済現象一般がどれだけうまく説明できるか〉という点が重視される．その点からすれば，作業仮説としての合理的選択理論というのは，その真偽はともかく，少なくとも調査や研究をおこなう上では非常に使い勝手の良い，一種の「フィクション」として扱われている，ということになる．

　「作業仮説」が日本では上の表の作業仮説βを指す用語として使われてきた経緯については，必ずしも明らかではない．1つの可能性として考えられるのは，「作業定義（operational definition）」という用語からの連想である．第9章で改めて解説するように，operational definition というのは，理論概念を定義する際に採用される1つの考え方であり，概念を，それを測る何らかの指標（モノサシ）によって定義しようという発想のことである．そして，この言葉の訳語としては「作業定義」以外に「操作的定義」というものがある．すなわち，この場合の「作業」ないし「操作」は，まさに図6.2では下向きの矢印で示した〈抽象的な概念レベルの仮説を具体的な実証データに落とし込む際の手続き〉を指しているのである．その点からすれば，実証仮説（作業仮説β）を指すものとして「作業仮説」を使うのは，それほど悪くないアイディアのようにも思えてくる．

　もっとも，作業定義の場合の「作業」の原語は operational である．つまり，作業仮説の原語である working hypothesis における「作業（working）」が指す「暫定的」ないし「一時的」とは全く異なる意味内容を示しているのである．

　このように，同じ「作業」という言葉がきわめて異なる，幾つかの点で対照的な2つの意味内容を示す訳語として使われてきたことを考えれば，作業仮説βを示す言葉として「作業仮説」を使うのは，明らかに混乱を招きかねない用法だと言える．したがって，作業仮説βを指す場合には，より混同や誤解のおそれが少ない以下のような用語を使うべきであろう――経験仮説（empirical hypothesis），研究仮説・調査仮説（research hypothesis），操作仮説（operational hypothesis）[12]．なお，本章で採用している「実証仮説」という用語は，「理論 対 実証」の対比関係を明確にする一方で，「実証研究の際に用いられる仮説」という点について強調することを意図している．

意味を持つのかが必ずしも明確に認識されていない例が目立つのである．

その結果生じるのは，理論仮説やさらにその前提となっている既存の理論の枠組みに対して直接切り込んでいくような調査研究の欠如である．また，それと表裏一体の関係にある，「ミニ理論」や「ミニ仮説」の乱発である．これは戦闘に喩えて言えば，各所の「出城（でじろ）」については果敢に攻め落としそれなりの戦果をあげているのだが，肝心の本丸はおろか「根城（ねじろ）」のどこにもまったく手がつけられていない，という状態に近い．あるいは，ものづくりの場合で言えば，個々の部品の図面（部品図）はそれぞれ実に詳細で精確なものが仕上がってきているのに，全体の構成を示す設計図が作られていない状態に喩えることが出来るかも知れない．

前章では，調査全体を貫く「本筋の問い」と「ディテールに関わる問い」との関係を総論と各論のあいだの関係に喩えた．それと同じような点が仮説についても指摘することができる．つまり，各論にあたる実証仮説の検証だけに時間やエネルギーを費やしてしまうと，第3章のコラムで取り上げた「退屈な仮説」（47ページ）や「些末な問いに対する，取るに足らない答え」を示すだけに終わりかねないのである．

> **Column** 定量系の調査研究で命題型仮説が自己目的化してしまう理由
>
> 命題型仮説が自己目的化する傾向が定量系の論文には比較的頻繁に見られる背景としては，少なくとも，以下の4つのものが挙げられる．
> ①定量系の調査の場合には，データ分析の結果についての予測を仮説命題の形式で表現することが比較的容易である
> ②論文のように限られたスペースの中で1つのストーリーを完結させる上で，仮説の構築と検証という筋立ては，論文を「まとまりの良い」ものにしていく上で，きわめて効果的である
> ③定量系の研究においては，仮説検証が研究の進め方や論文執筆の上での重要な規範の1つになっている
> ④仮説検証をおこなっていることが，学位論文の審査や投稿論文の査読の際に重要な評価ポイントの1つになっている

(3) 誤解3：仮説の複合度をめぐる誤解――「物語型仮説〔ストーリー〕」の重要性

物語型仮説とビッグ・ピクチャー（大局観）

　社会調査における仮説の役割を実証仮説の検証だけに限定してとらえてしまう傾向によって見失われがちなのは，実証仮説（各論）と理論仮説（総論）のあいだに本来形成されるべき有機的な関係だけではない．そのような狭い範囲のとらえ方をする限り，〈理論仮説というものが全体として物語のような形式をとる可能性がある〉という事実すらも，ともすれば見失われがちになってしまう．

　先に挙げたように，広い意味での仮説には，命題型仮説だけでなく，さまざまな形態のものが含まれうる．これら，社会調査のさまざまな段階に形成される仮説の中には，複数の命題型仮説が複合体のように組み合わされ，また一貫した筋立ての構造を持つ，一種の物語としての形態をとることが少なくない．本書では，このような一定のストーリー性を持った仮説群の組合せを指す言葉として，「**物語型仮説**〔ストーリー〕」を採用することにしたい[13]．先に挙げた喩えで言えば，命題形式の仮説が個々の部品の概要を示す「部品図」にあたるとするならば，物語型仮説はそれらの部品を組み合わせて出来上がる製品の全体的な構成を描いた「全体設計図」に該当する．

　物語型仮説の典型例としては，図6.1にあげたさまざまな仮説の中で言えば，中間報告書における暫定的な結論が挙げられる．特にインタビュー調査やフィールドワークのような定性的調査と呼ばれるタイプの調査の場合には，中間報告書――必ずしも公表を意図したものではなく，私的なメモのようなものであっても構わない――をまとめることは，物語形式の仮説が持つ利点を生かしていく上で非常に重要な意味を持つ．実際，調査の中間段階でそれまで収集した個々の情報やそれにもとづく考察を組み合わせて，一貫した筋立てのストーリーとしてまとめてみることは，それまでに得られた主要な知見を整理しておく上で効果的なだけではない．それに加えて，調査結果を一連の文章形式でまとめておくことは，最終的な報告書や論文全体の筋立てや結論の目安をつけていくためにも，きわめて有効な手がかりとなる場合が多い[14]．

　先に指摘したように，短い文章を羅列した命題型仮説（群）は，調査における基本的なアイディアと今後収集・分析すべきデータとの対応を明らかにする

上で，きわめて重要な役割を担うものである．一方，中間報告書のような一貫した筋立ての文章をまとめてみることは，それらの複数の命題型仮説同士の相対的な位置づけ（マッピング）について明らかにしていく上で，きわめて効果的である．つまり，物語型仮説は，次の点について明らかにしていく上で非常に重要な意味を持つのである――〈調査全体におけるさまざまな仮の答えが相互にどのように関連しあうことによって，基本的な問題設定に対する答えを形成しているのか〉．これは取りも直さず，調査全体を貫く根幹の部分を構成するセントラル・クェスチョン（中心的な問い）とそれに対応する答えの対応を示す，「ビッグ・ピクチャー（大局観）」をより明確なものにしていく作業に他ならない．

定量的調査における物語型仮説

　当然のことながら，同様の点は，定性的調査についてだけでなく定量的調査についても指摘できる．実際，主として命題型仮説を検証する作業に重点を置いて質問表調査や統計データの分析をおこなう場合でも，実証仮説の前提となる理論仮説を全体としてストーリー性を持ったひと続きの文章の形で表現してみることによって，調査全体を貫く問題設定と個々の実証仮説との関係を明らかにすることが出来る[15]．

　このような観点から図6.2を見直してみると，少し不思議に思えてくるかも知れない．というのも，ここで盛山によって理論仮説の例として挙げられている「少子化の要因の1つは，育児と就業を両立させる仕組みが出来ていないことによる」という文章は，それ自体が総論的な物語型仮説ではなく，むしろ各論的な命題型仮説に近い形式になっているからである．

　これは恐らく，筆者である盛山の本来の意図というよりは，むしろ入門書における解説の便宜のためであると思われる．事実，この文章では，就業者に対する子育て支援策の有無は出生率を左右する要因の「1つ」であると明記されている．したがって，この命題文の背景には，たとえば，「日本において少子化が生じている背景には，どのような複合的な要因が存在しているのか」という，より一般的な問いを中心とする問題設定があるものと考えられる．実際にそうであるとすれば，「育児と就業を両立させる仕組み」に関する理論仮説は，

その問いに対応する数多くの理論仮説の1つに過ぎない，ということにもなる．

　事実，日本の場合，長期的な少子化傾向の背景としては，貧弱な子育て支援策以外にも，たとえば，家族構成の変化や女性の社会進出あるいは子供に対する教育投資に関する考え方の変化などがあげられてきた．少子化傾向に関して実際におこなわれてきた調査研究においては，多くの場合，これらの要因を考慮に入れた理論的枠組みが，図6.2で理論仮説とされているものよりも，さらに上位の「仮の答え」として存在しているものと考えられる．

　そのような，個々の理論仮説のさらに上位に位置づけられる物語型仮説は，右ページの図6.3に示したように複数の理論仮説群から構成されており，それがまた，それぞれに対応する実証仮説を導いていくことになるだろう．

　また当然ながら，その物語型仮説のストーリーの内容やプロットは，その前提となる理論的枠組みが人口統計学なのか，家族社会学，あるいはまた労働経済学なのかによって大きく異なるものになる[16]．

(4) 誤解4：問いの内容をめぐる誤解——WHAT（事実関係）の問いに関わる仮説の重要性

　以上で検討してきた3つの誤解は，いずれも，社会調査に関する一般的なマニュアルにおける仮説の定義が，もっぱら命題型仮説に焦点をあてたものになっている点と密接な関係がある．次に解説する，仮説をめぐるもう1つの誤解もまた，一般的なマニュアルに見られる仮説に関する定義の仕方と深い関わりを持っている．もっとも，この誤解の場合，つまり，事実関係をめぐるWHATの問いに対する仮の答えを軽視してしまう傾向にもとづく誤解は，仮説の形式と言うよりは，その内容により深く関わるものである．

　一般的な解説書において仮説が定義される場合には，主として因果関係に関わる仮説に焦点があてられることが多い．たとえば，118ページにあげた3つの定義のうちの1つめと3つめが，その典型である．これらの定義では，「説明」「予測」「2つないしそれ以上の変数の間の……関係」という点がポイントになっており，もっぱら原因と結果の関係に対して焦点があてられている．同様の点は，たとえば，次にあげる，2つの代表的な解説書における仮説の定義についても指摘できる．

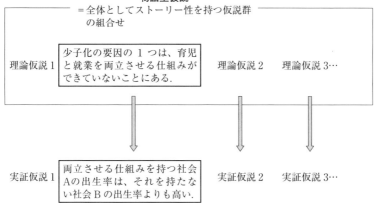

図 6.3　定量的調査における物語型仮説

「『結果』となる現象が一定の方向に変化するような条件に関する立言（statement）」
　（高根正昭　1979　『創造の方法学』講談社現代新書　p. 38）
「リサーチ・クェスチョンないしリサーチ・プロブレムに対する仮の答えであり，
　独立変数と従属変数のあいだの関係の形式で表現される」(Chava Frankfort-
　Nachmias & David Nachmias. 2000. *Research Methods in Social Sciences*（6th
　ed.）Worth Publishers. pp. 56, 518)

　上の1つめの定義では，現象に変化をもたらす条件，2つめの定義では，「独立変数（原因）と従属変数（結果）のあいだの関係」がクローズアップされている（「従属変数」「独立変数」という用語については，第7章で改めて解説する）．つまり，どちらの場合にも，仮説というものを，WHYの問い（「なぜ，そうなっているのか」という問い）に対する仮の答えとして扱っているのである．

　しかしながら，実際の社会調査では，因果関係だけでなく物事の「事実関係」について何らかの仮定や予測を立てた上で資料とデータの収集と分析をおこなう場合が少なくない．たとえば，過去の出来事や歴史的な事実について調査を進めていく際には，そのような事実関係に関する仮説がきわめて重要な役割を果たすことになる．

　また前章でも指摘した点ではあるが，社会的現象を成立させている条件，つ

まり「なぜ，その社会現象が生じているのか」という問いに対する答えを明らかにしていくためには，その大前提として，その社会現象それ自体の実態，つまり「どうなっているのか」という事実関係について詳しくかつ正確に記述しておかなければならない．そして，そのような精確な記述を目指して実態調査をおこなう際には，因果関係の解明を目指す場合と同じように，必要に応じて仮説を立てて作業を進めていくのがきわめて有効なアプローチになる．実際，前章で指摘したように，筋の良い社会調査においては，WHATとWHYの問いが有機的に組み合わされているものである．

たとえば，前章のコラムで取り上げた，米国の政治学者ロバート・パットナムによる『孤独なボウリング』では，それら2つのタイプの問いに対応する仮説群が見事に組み合わされている．また，この著作では，さまざまな統計データを駆使して，米国における社会関係資本の衰退とその深刻さに関するWHATの問い——「米国における社会関係資本は，どうなっているのか」——に対応する仮説が検証され，また，その検証の結果を踏まえて，衰退の原因に関するWHYの問い——「なぜ，米国では社会関係資本が衰退していったのか」——に対応する仮説が検証されていくのである．

(5) 誤解5：仮説生成型調査をめぐる誤解 —— 仮説生成と「育児放棄」のあいだ

社会調査における仮説の役割について，命題型仮説の「検証」のみを中心にしてとらえる見方については，これまでもさまざまな角度からの批判がなされてきた．その中でも最も有力な批判の1つに，「仮説発見」ないし「仮説生成」の意義を強調する立場からのものがある．この**仮説生成型調査**などと呼ばれるアプローチを強調する主張自体には，それなりの妥当性がある．もっとも一方で，その主張には，本章の冒頭で指摘した「逃げ口上としての仮説」を正当化する根拠として使われかねない危うさがある．

仮説生成型のプロセスを強調する側からの，仮説検証型アプローチに対する批判の骨子は，次のようなものである．

仮説検証型アプローチでは，ともすれば特定の理論の枠組みから「天下り式」に実証

仮説を導いた上でそれを検証するプロセスだけが強調されてしまう．それによって，社会調査が果たし得るもう1つの役割，つまり，データそれ自体から，社会現象に関する仮説や理論をボトムアップ的（「たたき上げ的」）に立ち上げていくプロセスが持つ役割の意義が見落とされてしまいがちである．

　この主張それ自体は，当を得たものである．たしかに，仮説検証型の調査では，ともすれば，先行研究や既存の理論の枠組みに縛られた発想になりがちである．それに対して，仮説生成型調査の発想を十分に生かすことができた場合には，斬新な仮説や理論を新たに構築していくことができるかも知れない．
　もっともその一方で，既に述べたように，仮説生成型のアプローチを採用したとされる調査の中には，具体的な根拠に乏しい，単なる思いつき程度の発想を「仮説」と称している例も少なくない．つまり，そのような調査によって新たに構築したとされる説明の枠組みと既存の理論にもとづく解釈とのあいだに，何らかの違いがあるようには到底思えないのである．また，本来，仮説生成型の研究の強みは，データそのものから仮説を「ボトムアップ」的に立ち上げるところにあるはずなのだが，実際には確実な根拠となるようなデータが示されていない例も珍しくない．
　要するに，その種の調査では，「何がまだよく分かっていない事柄であるか」という点に関して十分な検討がなされていないのである．同じように，「既にある程度分かっている（はずの）事柄」についてもおざなりな検討しかなされていない．つまり，その仮説を，まだ誰も考えたことがない斬新なアイディアだと思い込んでいるのは，調査者当人だけなのかも知れないのである．たしかに仮説には「仮の答え」としての性格がある．しかし，本格的な仮説生成型調査というのは，「仕掛品（製造途中の製品）」ないし半製品に過ぎないものを完成品と称して売りつけるようなこととは基本的に異なる営みのはずである．
　また，たしかに仮説検証型のアプローチにもとづいて書かれた論文で示されるアイディアには，「老成」し過ぎていて新味に乏しいものも少なくない．しかしながら，理論的・実証的根拠に乏しい思いつき程度の発想を仮説生成型調査によるアイディアと称して公表してしまうことは，まだ「よちよち歩き」の段階に過ぎない仮説をそのまま表に放り出してしまう，いわば育児放棄にも等

しい行為であろう．当然のことながら，調査の目的が新しい仮説を構築していくことにある場合であっても，社会調査における仮説は，手元で大事に育てあげ，かつきたえ上げた後の段階で公表すべきであろう．実際，そうすることによって初めて，社会調査を通して生み出された仮説は，後に続く調査者たちにインスピレーションを与え，またそれ自体がさらなる成長を遂げていくことが期待できるものになるのである．

4 仮説のきたえ方

仮説をきたえ上げていくためには，少なくとも次にあげる3つの作業が必要になる──①問いと答えの双方について折に触れて問いかけていく，②さまざまな種類の仮説を漸次構造化的なプロセスの中に位置づけて確認していく，③強力なライバルである対抗仮説と対決させていく．これらの作業を経て，仮説は，本筋のリサーチ・クェスチョンからすれば枝葉末節の意味しか持たない細切れの命題型仮説でもなく，また単なる逃げ口上でもない，頑健でパワフルな「仮の答え」として成長していくことになる．

(1) 問いと答えについて自問自答する
実験（調査）を始める前に論文を書いてしまう

石坂公成は，免疫グロブリンE（IgE）という，アレルギー反応において中心的な役割を果たす分子を発見したことで知られる，免疫学における世界的権威である．彼は，あるところで，「実験を開始する前に論文の草稿を書いてしまう」というやり方を，米国における師であるカリフォルニア工科大学のダン・キャンベル教授から受けた貴重なアドバイスの1つとして挙げている．

石坂は，これについて次のように述べている．

> 実験を始める前に論文を書けばどのくらい材料が必要かもはっきりするし，予想に反した結果が出た時でも，それが間違いかどうかが分かるような実験計画をたてることができる．したがって予想に反する結果が出た時でも，その実験は無駄にはならない[17]．

> **Column** 官僚制的組織の事例研究における仮説検証と仮説生成

　米国の社会学者ピーター・ブラウによる『官僚制のダイナミクス』は，組織に関するケーススタディの中でも古典中の古典といえる作品である．同書は，仮説検証と仮説生成のあいだで形成されるダイナミックな関係について考えていく上でも示唆に富むものになっている．

　ブラウによる調査の対象となったのは，州の職業安定所と連邦政府所轄の労働基準局である．彼は，それぞれの役所の事務所におよそ3ヶ月ずつ通いつめて主に現場職員の日常業務における行動パターンと組織内の人間関係のあり方について検討していった．全体の調査期間は，インタビューや文書資料の検討などを含めて1年近くに及ぶことになった．

　ブラウは，そのような長期にわたるフィールドワークを通して，官僚組織というものが必ずしも規則でがんじがらめになった固定的な組織などではなく，むしろ常に変化の要因を抱え，1つの変化が連鎖的に他の面での変化をもたらすような「ダイナミック」な側面を持つという事実を明らかにしている．また，彼は，職員のあいだに形成されるインフォーマルな社会関係がそのような組織内の変化を引き起こす最大の要因の1つであることを示唆している．

　以上のような発想それ自体は，ブラウの当初の構想にも含まれていた．実際，彼は調査現場に入る以前に官僚制的組織における変化要因について幾つもの仮説を立てていた．しかし，それらの，ブラウが現場調査を開始する以前に構築していた仮説の多くは，大幅に組み直されるか完全に捨て去られていった．その一方では，幾つもの新しい仮説が新たに構築されていったのであった．そして，彼は現場調査には，そのようなセレンディピティ的な知見を得ることが出来る機会が豊富に含まれているとしている．

　もっとも，ブラウは，そのような現場の中で生まれてくる仮説を，インタビューや現場観察だけでなく定量的なデータによって検証していくことの重要性についても強調している（『官僚制のダイナミクス』は，定性的調査と定量的調査を併用した事例研究の模範的な事例でもある）．

　この点について，ブラウは次のように述べている．

　調査のやり方について，仮説検証型と洞察を生み出すタイプ［仮説生成型］という2種類のものが明確に区別できる，というような考え方には，かなり見当違いなところがある．というのも，それぞれのタイプの典型のように見える仮

説も，実際には，その多くが，調査の最中にさまざまな形式の混合タイプとしてあらわれてくるものの両極端に過ぎないからである[18]．

いわゆる「仮説検証型」の調査では，事前に構築された仮説について集めたデータをもとにして一度だけ検証して終わり，という「ワンショット型」のデザインをとることが多い．これに対して，ブラウが採用することになった，仮説の構築と再構築を繰り返す調査のやり方は，本書でいう漸次構造化アプローチの発想を採用した調査の典型であったと言える．

『官僚制のダイナミクス』についてもう１点指摘しておきたいのは，ブラウが現場調査に入る以前の段階で，官僚制組織を対象とする調査研究における重要なリサーチ・クェスチョンに関して，かなりの量の覚え書きを作成していた，という事実である．彼が事前に作成し，また実際の調査を通して捨て去ったり練り上げていったりした仮説は，まさにそれらの大量の覚え書きの中に埋め込まれていたのである．本章でも強調している点ではあるが，このようにして命題仮説をストーリー性のある文章の中に組み込んでおくことは，物語型仮説と命題型仮説のあいだに有機的な関連を持たせていく上で，きわめて効果的である．また，それは仮説検証が後講釈型の事後解釈になってしまうことを未然に防止する上でも，重要な作業になる．

この石坂の指摘によって改めて確認できるのは，論文の草稿全体で展開されているストーリーを一種の仮説，つまり物語型仮説として考えることができる，という点である．仮説という時には，通常は上の引用で石坂が「予想」と呼んでいる，実験結果の予測に関する仮説命題を指す場合が多い．しかし，そのような命題型仮説だけでは，その仮説を検証していくため必要となる具体的な実験手続き，あるいはまた実験室における細かい作業のイメージをつかむことは容易ではないだろう．

それに対して，論文の草稿をひと続きの文章で書いてみた上で，個々の命題型仮説をその物語型仮説の中に位置づけてみた場合は，どうであろうか．その場合は，まさに石坂が述べているように，実際に得られた実験データ――たとえそれが予想に反するものであっても――について，より深いレベルで検討することができるだろう．また，その実験結果が持つ意味を，実験の具体的な操作や最初の予測と関係づけて，鮮明に浮かび上がらせることができるに違いな

い（ただし，〈実験を始める前に実験結果の予想を含めて論文を書いてしまう〉という
やり方は，仮説の想定に反する結果を無視してしまうような傾向のある人々の場合には
研究不正につながる恐れがあるので，注意が必要である[19]）．

問いと答えに対して問いかける

先に中間報告書が物語型仮説として持つ意義について述べたことからも明らかなように，以上で実験について述べたのと同様の点が社会調査についても指摘できる．つまり，調査を始める以前や調査の中間段階で何度か最終的な論文や報告書の構成を想定して文章を書いてみることは，調査の終着点に関する目安をつけたり，今後のデータ収集や分析の方針について確認して修正を加えたりしていく上で，非常に重要な意味を持つのである．

このような中間報告書的な文章をまとめていく際にきわめて重要なポイントの1つになってくるのは，以下にあげるような，問題設定と仮説についての問いかけおよびそれに対する答えを念頭において作業を進めていくことである．

問題設定（問い）に関する問いかけ

「この問題については，先行研究ではどこまでが分かっているとされているのだろうか？　通説に『穴』はないだろうか？」
「分かっていないのは，どのような点についてなのだろうか？」
「この問題設定は，理論的に意義があるものなのだろうか？」
「これは，現場の人々にとってもリアリティのある問題なのだろうか？」
「これまで分かってきたことをふまえてみた場合，問題設定そのものを見直してみる必要はないのだろうか？」

仮説（仮の答え）に関する問いかけ

「調べようと思っている問題は，これまでの調査で，どの程度明らかになったのか？」
「どういう手順で，また，どういう根拠（データ）でそれが『明らかになった』といえるのか？」
「明らかになったことは，当初の予想や仮説と同じだったか？　違っていたとしたら，どのように違っているのか？　なぜ，そのような違いが出てきたのか？」
「調査を始める前には思いもよらなかったような発見は無かったか？」
「まだよく分かっていないことはどのようなことなのか？　それを明らかにするに

は，どのようなデータをどのような手順で集めればいいのか？ そうした場合，どのような結果が出ると予測できるのか？」

　以上のような問いかけを常に念頭におき，また必要に応じてそれに対する答えをひと続きの文章の形式でまとめてみることは，仮説をきたえ上げるだけでなく，問いそのものを育てていく作業にもなる．また，そのような作業を通して問いと答えの対応関係はより明確なものになっていくはずである．さらに，それは，調査が理論とデータのあいだの乖離が目立つ「分離エラー型」になってしまうことを未然に防ぐ上でも，きわめて効果的だろう．

(2) 漸次構造化的プロセスの中に仮説を位置づける
著者にとっての仮説，読者にとっての仮説

　以上のように，問いと答えの対応について何度となく確認するということは，取りも直さず，漸次構造化アプローチにおける一連の手続きの中に仮説の構築と検証の作業を位置づける，ということに他ならない．また，この手続きとの関連で重要なポイントになるのは，**仮説検証は必ずしもワンショット（1回限り）のプロセスではない**，という点について認識しておくことである．

　これまで繰り返し指摘してきたように，社会調査においては，さまざまな仮説が構築されまた再構築されていく場合が少なくない．一方で，最終的に発表される調査報告書や論文からは，以下のような印象を受けることが少なくない——「調査をはじめる前の段階ですでに文章や数式の形できれいに整理された仮説命題が出来上がっており，1回や2回の調査をおこなえば白黒がはっきりとした明快な結果が出て，その仮説命題が支持されたり否定されたりする」．また，社会調査に関するある種の教科書には，仮説の構築および検証が常にそのようなワンショットのプロセスで終わるものであるかのような印象を与える記述が見受けられることがある．

　しかし実際には，先にあげた石坂の文章からも明らかなように，自然科学の場合ですら，このようなスッキリとした形で仮説とその検証がワンショットないし，ごく限られた回数のサイクルで完結することは稀である[20]．むしろ，現実におこなわれる実験や調査では，何度も繰り返し仮説の検証と再構築がなさ

れる.また,問いそれ自体に関する見直しがおこなわれることも多い.最終的に公表されるのは,その,試行錯誤を経て練り上げられた「上澄み」としての問いと答えだけなのである.一方,思い通りの成果が出なかった,いわば「失敗」した実験や調査の結果が日の目を見ることは滅多にない.

つまり,前章で解説した問いの場合とまったく同様に,わたしたちが論文や報告書を通して目にすることができるのは,あくまでも読者に読んでもらうための仮説なのである.言葉を換えて言えば,論文という表舞台に現れてくるのは,最終的に到達した中心的な問い(セントラル・クェスチョン)であり,またそれに対応する,「中心仮説」とでも呼ぶべき仮説である[21].その舞台裏で試作された,数多くの,ディテールに関わる問いやそれらの無数の問いに対応する仮の答えは,どれだけ調査者(著者)にとって重要な意味を持つものではあっても,通常は,読者の目にさらされることは無いのである[22].

悪質な事後解釈・有意義な事後解釈

ここで,1つの疑問がわいてくるかも知れない.つまり,「漸次構造化アプローチは,社会調査にとっての禁じ手とされる『事後解釈』を含むものではないのか」という疑問である.社会調査における禁じ手としての事後解釈には,本書で「つまみ食い型」と「後講釈型」と呼ぶ2つのものがある.一方,漸次構造化アプローチでは,これらとは基本的に異なるタイプの事後解釈が,仮説生成の作業との関係で非常に重要な役割を果たすことになる.

つまみ食い型事後解釈 社会調査における事後解釈の典型には,調査で得られた結果の中でも,特に「大向こう受け」を狙えそうなものをつまみ食い的にピックアップして公表する,というものがある.これについて,社会心理学者の飽戸弘は次のように述べている.

> もっとひどいのは,無手勝流で,やたらといろいろな質問を機関銃のようにしておいて,都合のよい結果が出た質問だけを取り上げて,事後解釈をし,おもしろおかしい話を作り上げ,それが調査報告書だと思っているものが何と多いことか.こういう調査ばかりやっている人たちというのは,事後解釈について何の罪悪感ももっていない

第6章 仮説をきたえる

のだから始末に負えない[23]．

　上での引用で飽戸が「こういう調査」と評しているのは，本書でアンケート調査と呼んできたものに他ならない．つまり，「何をどこまで明らかにしようとしているのか」という点が不明確であるだけでなく，「どのような調査結果が得られるのか」という点に関する見通しも立てずにおこなわれる質問表調査のことである．その種の，「とりあえずアンケートでも」という程度の認識で始められる調査の場合は，その報告書は，まさに「事後解釈のオンパレード」のようなものになってしまいがちである．

　これは，喩えて言えば，計画らしい計画も立てずに始められた宝探しの旅のようなものである．どのような宝が見つかるかという点についての見通しが無いだけでなく，宝が埋めてある場所の地図も用意せず行き当たりばったりで旅に出るのである．それでも，その旅の資金を提供してくれたスポンサーに対しては，それに見合うだけの成果を示さなければならない．そのような場合には，たとえ実際に見つかったものが何の変哲もない石コロでしかなかったとしても，それを大きな価値のある宝石だと言いくるめなければならない．一般にアンケート調査と呼ばれている調査の中には，まさにそのありふれた石コロに近い——あるいは「ガーベージ」のような——無価値な調査結果をとりあげて，それを宝石にも等しい貴重な情報だと強弁しているようなものが少なからず含まれている．

後講釈(あと)型事後解釈

　仮説の位置づけという点から見たつまみ食い型事後解釈の本質的な問題点は，事前に仮説を設定せずに，まさに「出たとこ勝負」で調査をおこなってしまうことにある．そして，実際に出てきた結果のうちでも特に何らかの意味で都合のよいもの（センセーショナルな話題になりそうなもの，特定の政策をサポートしそうなもの，自説にとって好都合なもの等）だけを取り上げてもっともらしい解釈を事後的に付け加えることになる．

　それに対して，後講釈型の場合に事後的に捏造(ねつぞう)されるのは，結果の解釈ではなく，その結果に関する予想の方である．「後講釈」というのは，一般に，結

Column　つまみ食い型事後解釈の強靱な生命力

　アンケート調査の報告書には，つまみ食い型事後解釈の「オンパレード」でしかないものが少なくない．また，その種の事後解釈が，世間的に権威があるとされてきた大学やシンクタンクあるいは広告代理店等の民間機関がおこなった調査報告書の中に盛り込まれることによって，一種のお墨付きを与えられている例も多い．

　第1章で指摘した「数値信仰」は，このような傾向を支えてきた主な要因の1つである．実際，どのように方法論の点で深刻な問題を抱えているアンケートであっても，その結果が数値データの形でもっともらしく示されていれば，それが奇妙な説得力を持ってしまうことが多い．

　その種の数値信仰は，マスメディアの関係者，特に，「埋め草」的な記事の作り手にとっても非常に魅力的であるに違いない．というのも，アンケート調査では物事を極端に単純化した説明がなされることが少なくないが，その種の一見きわめて単純明快な説明は世間一般の通念や偏見との共通点が多いからである．したがって読者や視聴者には，ごく短い時間で理解して「消費」してもらえるはずである．同様の点は，マスメディアによる報道だけでなく，中央省庁や行政機関等で採用される調査データについても指摘できる．実際，アンケート調査自体はどれだけ方法論的に問題があったとしても，少なくともその結果が数値データにもとづくグラフや表あるいはそれを絵解きしたいわゆる「ポンチ絵」的な図解（ポンチ絵については，第14章のコラム参照）で表現されてさえいれば，政策立案や予算要求の資料づくりにとっては非常に好都合であるに違いない．かくして，つまみ食い型事後解釈を乱発するタイプのアンケートは，これまで良心的な研究者や調査関係者たちによって何度も厳しい批判を浴びてきたにも拘わらず，さまざまな分野で命を永らえてきたのであろう．

　その点からすれば，谷岡一郎が『「社会調査」のウソ』（文春新書 2000）で主張しているように，社会調査に関しては，その質を評価するための第三者機関を設けるべきであると思われる[24]．また，少なくとも公的資金を使用しておこなわれる統計調査については，少なくとも以下にあげる種類の情報の公開を義務づけるべきであろう——サンプリングの方法，質問表の詳細，個人情報を除くサーベイ・データ．実際，それによって，第三者が二次分析を通して調査の方法やデータの解析結果，そしてまた最終的な結論の妥当性について検証することが，少なくとも現在よりは容易になるに違いない．

果が判明してからあれこれともっともらしい理屈をつけて説明することを指す．後講釈型事後解釈の場合には，それに加えて，仮説をいわゆる「事後予言」の手口に近い形で提示することになる．

事後予言というのは，ある出来事が実際に起きてしまった後の時点で，それについてまるで事前に予測していたかのように偽装した「予言」を捏造する行為のことである．それと同じように，後講釈型の場合は，最終的なデータ分析の結果が判明してしまってから，その結果にとって都合の良い内容の仮説命題を，まるでそれが最終的な結果が出る以前の時点で想定されていたものであるかのように仕立て上げて，論文や報告書の中に盛り込むのである（勝負の趨勢が明らかになってから，有利な方の「手」を出すという点では，「後出しジャンケン型」と呼ぶこともできる）．

つまり，宝物らしき物（調査結果）は一応見つけることはできたのだが，その発見に成功したのは，必ずしもその宝が事前に想定されていた場所にあったからではない．実は，最初の想定とは全く違った場所から，しかも当初想像していたものとは似ても似つかぬ種類の宝物が出てきたのである．それでも，腕利きのトレジャー・ハンターのような社会科学者（サイエンティスト）としての体面を維持するためには，あたかもその場所や宝物の種類について最初から予見していたかのように振る舞う必要がある，というわけである．

事実，後講釈型事後解釈は，学術ジャーナルに掲載される論文にもしばしば見られるものである[25]．これは，つまみ食い型事後解釈が，どちらかと言えば，報道機関や調査会社が主体となっておこなう調査報告などに多く見られるのとは対照的である．そして，学術論文における事後解釈は，マスディアで紹介されるアンケート調査におけるつまみ食い型事後解釈よりもさらに悪質であるとも言える．というのも，その種の論文の場合は，仮説命題としてあげられているものが実は事後予言に過ぎない，という点が読者にとって分かりにくくなっている例が非常に多いからである．

漸次構造化型の事後解釈

以上のように見てくると，あらゆる事後解釈が欺瞞に満ちたいかがわしい行為であるかのように思えてくるかも知れない．しかし実際には，「事後解釈」

と一般に呼ばれているものの中には，文字通りの禁じ手ではなく，むしろ筋の良い社会調査にとって重要なカギになりうるものが含まれている．これが，漸次構造化的なアプローチの中に半ば必然的に含まれている事後解釈のプロセスである．

この場合は，仮説における想定とは異なる結果が出た時には，仮説自体をその結果に合わせて作り替えてしまうことはしない．むしろ，当初の仮説とデータを慎重に突き合わせることによって，次の調査につなげていくことを目指す．その際には，仮説の再構築がおこなわれることもある．もしかしたら，データの収集や分析の仕方について再検討した上で，それらに関する改善が加えられるかも知れない．ある場合には，それらの作業は，1つの調査プロジェクトの中で完結することはなく，事後解釈であることを明記した上で，次に続くべき調査における課題として提案されることもある．そして，そのような良質の事後解釈の結果として提案される仮説の中には，真の意味で「仮説生成型調査」の成果と呼ぶにふさわしいものが含まれている．

このようなプロセスについて，飽戸は，先に引用した文章の続きで次のように述べている．

> もちろん，「仮説検証的アプローチ」で調査をしても，予想外のデータが得られるということは当然起こり得る．そういう場合は，事前の予想がつかなかったのだから「事後解釈」をせざるを得ない．……しかしそういう場合は，これはあくまでも「仮の解釈」であり，これを立証するためには，こういう仮説を立て，こういう調査を次にやって，こういう結果が出るならば，この仮の解釈も科学的に検証することができるであろうという提言を必ずつけるように心がけるべきである[26]．

要するに，良い事後解釈であるか悪い事後解釈であるかは，次の3点にかかっているのである——①事後解釈であるという点を自覚しているか，②事後解釈であるという事実を読者（口頭発表の場合には聴衆）に対して率直に認めているか，③事後解釈の内容が，社会現象の理解という点で何らかの貢献を果たしているか．

(3) 強力な対抗仮説と対決させる
好敵手(ライバル)との戦いを通してきたえる

競技スポーツにおいては，好敵手というものの存在が，記録を飛躍的に伸ばしたり技術を向上させたりする上できわめて重要な意味を持っている．それと同じように，社会調査では，単に仮説を設定するだけではなく，その一方で，その仮説とは異なる主張や予測を含む「**対抗仮説**」[27]を想定することによって，自分が本来主張したいと思っている仮説をより強力なものにきたえ上げていくことができる場合が多い．

対抗仮説との対決ないし「切磋琢磨」を通して仮説をきたえ上げる作業というのは，調査の概要について報告した際に「その仮説以外に，このような解釈も成立するのではないのか」という指摘がなされることを想定して，その一つひとつに対してきちんと反論できるように準備しておく，ということである．それは，取りも直さず，主張したいと思っている仮説に対して自分自身が批判者の視点に立ってみた上で自問自答を繰り返すということでもある．

たとえば，先にあげた，出生率と就業者に対する育児支援制度との関係に関する仮説（図6.2）の例で言えば，たまたま社会Aと社会Bとのあいだで出生率という点で顕著な差が見られたとしても，それだけでは，理論仮説を支持する根拠としてはいかにも心許(こころもと)ない．実際，たとえば「その２つの社会以外で，社会DやEについて調べてみたら，全く違う結果になるのではないか」という批判にさらされた際には，まともに反論できないかも知れない．それに対して，あらかじめそのような批判を想定して周到な反論を準備しておいた場合には，そのような批判に対しても十分な対応ができるだろう．そのような反論をおこなうための準備としては，たとえば，次のようなものが考えられる――〈なぜ特に社会AとBを特に事例として選択したのかを説明できるようにしておく〉，〈それ以外の社会について見いだされるかも知れない結果については，どのような解釈が可能かという点について説明できるようにしておく〉．

なお既に述べたように，恐らく入門書における解説の必要からではあろうが，盛山による図6.2では，かなり単純な因果モデルが想定されている．言うまでもなく，現実の社会調査においては，事例ないしサンプルの選択をめぐる批判を想定するだけでなく，因果関係のモデルそれ自体についての批判を想定した

対抗仮説を設定しておかなければならない．たとえば，就業者に対する育児支援制度に加えて，先に言及した，教育投資や教育歴が子弟の社会移動に対して及ぼす影響についての期待など，さまざまな要因を考慮に入れた複数の因果モデルを仮説および対抗仮説として想定しておくのである．その上で，それらの「ライバル」同士を競わせていけば，その切磋琢磨を通して，自分が主張したい仮説をきたえあげていくことができるだろう．

ライバルの見つけ方と育て方

仮説をきたえあげる上で重要な役割を果たしうる対抗仮説には，さまざまなタイプのものが存在する．

最有力候補の1つは，先行研究，特にそれぞれの分野で通説ないし主流の理論とされる理論にもとづく先行研究から導かれる仮説である．第2章でリサーチ・トライアングルの構成要素としての理論について解説した際には，「巨人の肩の上に乗る」という言葉を引用した．これは，先行研究について検討することの重要性について指摘したものである．この場合は，先行研究はもっぱら「お手本」としての意味を持っていた．その一方で，すぐれた先行研究は，その肩を貸してもらうだけではなく「胸を借りて」自分自身の仮説をきたえ上げていく際の好敵手になりうるかも知れない．

実際，通説的な理論の場合は，通常，その視点や基本的な枠組みに沿っておこなわれた調査研究が多数存在するものである．また，その枠組み自体についての解説がさまざまな角度からなされていることも多い．もし，それらの先行調査に理論的な面での「詰め」や，データの分析方法などという点に関して不備な点があれば，特にその部分に注目して独自の仮説を組み立てたり，データを収集・分析したりすることによって，有意義な調査をおこなうことができるだろう．

一般に通用している常識や通念も，しばしば，有力な対抗仮説としての役割を果たしうる．学術的な先行調査にくらべれば，常識や通念と呼ばれるものはその論拠がきわめて脆弱なものでしかない場合が多い．もっともその半面，常識や通念は固定観念ないし一種の「世界観」として人々の頭の中に定着しているために，実証データによって論破するのがむしろきわめて難しいことも少な

くない．しかしだからこそ，逆に，固定観念や常識というのは，主張したいと思っている仮説の論拠を明らかにしたり，主張を補強するために必要となるデータについて確認したりする上で有効なライバルになりうるのである．

たとえば，前章のコラムでとりあげた「ゆとり教育」に対する批判と関連の深い「学力低下」に関する研究の中には，まさにそのような，固定観念や通念を打ち破る画期的な調査研究としての意義を持つものがあった．この点については，第7章で実際の研究事例を取り上げる際に改めて解説することにする[28]．

「わら人形（ストローマン）仮説」の誘惑

上にあげた，〈先行研究や常識あるいは通念を手強い対抗仮説として設定する〉という例は，いずれの場合も，ライバルを見つけ出して自分の論拠をより強固なものにきたえ上げていくことを目指している．そのようなアプローチと一見似ているようでいて，実は正反対の性格を持つのが，いわゆる「わら人形仮説（straw man hypothesis：『ストローマン仮説』とも）」である．つまり，実際には誰も支持していない非常識な見解を「強敵」に仕立て上げた上で論破してみせる，というやり方である[29]．これは論点のすり替えによる一種の詭弁に過ぎず，対抗仮説としての効用は無に等しい．実際，わら人形を相手に格闘技の稽古をしても強くなるはずが無いように，わら人形仮説には，自分の主張したい仮説を強化していく上での効果はほとんど無い．

たとえば，先に挙げた例で言えば，現実には，出生率を就業者に対する子育て支援策の有無という，たった1つの要因だけで説明するような調査研究などは，ほとんど例が無いに違いない．もっとも，先行研究の中には子育て支援政策の効果を数ある要因の1つとして扱っているケースはあるだろう．そういった場合に，その種の先行調査を単独の要因を中心とする因果モデルを設定した安直な研究として扱った上で，それを統計データによって否定して見せたりしたら，それは，故意にわら人形仮説を仕立て上げた例であると言える．

もっとも，わら人形仮説は，意図的な詭弁というよりは，むしろ先行研究に関するレビューが不徹底な場合などに，いわば「うっかりミス」のようにして登場してくることもある．その典型の1つに，既にかなりの数にのぼる先行研究によって否定されているはずの，かなり以前に発表された研究を引用して，

その論点を調査データによって批判するという例がある．また，ある領域で主流となっている理論的立場については，その問題点が既に幾つもの先行研究によって指摘されている例が多い．その，いわば言い古され，使い古されているはずの批判的な見解をあたかも自分が新たに見いだしたものであるかのように言い立てるというのも，非常によく見られるパターンである[30]．

対抗仮説を否定していくというアプローチは，主張したい仮説をきたえ上げる際の重要なポイントであるだけでない．対抗仮説との違いを明らかにすることは，調査研究のオリジナリティについて強調する際にもきわめて有効な手段になることが多い．だからこそ，わら人形仮説のような架空の対抗仮説を仕立てようとしてしまう誘惑は，学術的な調査研究などの場合には特に強くなってしまうのだとも言える．

「肯定のための否定の作業」vs. 逃げ口上としての仮説

わら人形仮説が意図的な作為からだけではなく単なる不注意からも設定されてしまうことがある，という事実から浮かび上がってくるのは，本当の意味で戦わなければならない相手，つまり「真の敵」は新たに設定してみた対抗仮説などではなく，むしろ自分が主張したいと思っている仮説それ自体なのかも知れない，という点である．

実際，わたしたちは，ともすれば自分自身が作り上げた仮説に対して過剰な愛着を持ってしまいがちである．そして，その目に入れても痛くないほど可愛い「ペット」のような存在と化してしまった仮説は，いつの間にか「仮の答え」としての性格を失い，それ自体が固定観念のようになってしまうことがある．そうなると，どのようなデータであっても，それらの全てが自分の仮説を支持するものであるように思えてくる．

わたしたちが心がけなければならないのは，その「ペット仮説」に対して一定の距離を置き，その仮説自体の妥当性を徹底的に疑って，それとは異なる説明や解釈の可能性を探っていく作業である．これが，取りも直さず，本章の冒頭にあげた引用で，益川敏英（2008年にノーベル物理学賞を受賞）が強調している「肯定のための否定の作業」に他ならない．益川が言うように，自然科学では，証明したいと思っている理論や仮説を徹底的に疑いながら，その一方で他

にも成立し得る説明や解釈の可能性をできる限り「つぶして」いくことによって，最終的に自らの理論や仮説を主張していく場合がある．

　一方，社会調査の場合には，必ずしも，それと同じような形で自分自身の仮説を徹底的に疑ったり，対抗仮説との対決を通してきたえ上げていったりする作業の重要性や必要性が広く認識されているとは言えない面がある．特に，メディアや政府機関あるいは自治体がおこなうアンケート調査や実態調査などでは，対抗仮説どころか，そもそも仮説らしい仮説すら設定されずに調査がおこなわれることが稀ではない．

　実際，もし社会調査においても益川の言う「肯定のための否定の作業」が規範として定着しているとするならば，そこには「逃げ口上としての仮説」が入り込む余地などほとんど無いに違いない．また，肯定のための否定の作業が慣行としておこなわれている場合には，「まだ仮説の段階に過ぎないのだが……」という発言は，逃げ口上などでは決してなく，一種の謙遜としての意味合いを持っているはずである．というのも，その場合には，考え得る限りの可能性を検討し尽くした末に得られた結論を，むしろ謙虚に「仮説」として提示しているはずだからである．

　つまり，そのような理想的なパターンの調査研究の場合は，次に同様のテーマについて調査をおこなう者に対してきちんと「バトン」が渡されているのである．それに対して，「まだ仮説の段階」という発言が逃げ口上として使われている場合には，後に続く者など出てこないに違いない．というのも，そのような場合には，そもそも，先人の業績を踏まえて調査をおこなおうという意図も，また，後続の調査者たちにバトンないし「襷」を渡していこうという意図も，最初から存在していないからである．

　それは喩えて言えば，襷を受け継ぐというルールそれ自体が，そもそもはじめから存在しておらず，参加選手が別々の襷をかけてそれぞれ勝手に「繰り上げスタート」をはじめる駅伝競走のようなものである．言うまでもなく，そのような不条理な駅伝競走など存在するはずはない．しかしながら，これから第8章や本書の第Ⅲ部で実例をあげて解説していくように，社会調査の場合には，そのような不条理な事態がしばしば生じてきた．

　その種の欠陥調査に関する解説に入る前に，次章では，これまで扱ってきた

問いと仮説と理論・データ・方法などが，実際の調査においてどのように組み合わされて「リサーチ・デザイン」というものを構成するか，という点について見ていく．

> **Column** 箇条書きスタイルの効用と限界
>
> 　図 6.1 からも明らかなように，広義の仮説には，箇条書き形式の命題型仮説だけでなく，中間報告書における暫定的結論などのように物語の形式をとるものまで，実にさまざまなタイプのものが存在する．ここで注意しておきたいのは，仮説の場合に限らず，箇条書き形式というのは，議論の要点を簡潔な文章形式で示す際にはきわめて有効である半面，論文や報告書全体で展開されていくストーリーラインを明確にしていく上では限界がある，という点である．
>
> 　実際，たとえば，箇条書き形式の章立て案を作ってはみたものの，実際に書き始めてみると，その章立て案が全く使い物にならないことも多い．同様の点は，PowerPoint（Microsoft 社）や Keynote（Apple 社）などのプレゼンテーション・ソフトウェアで作成したスライドや箇条書き形式の「レジュメ」についても指摘できる．それらの資料を使って口頭発表した時には，自分自身の考えがきれいに整理できたように見える．また，聞き手にも理解してもらえたようにも思える．しかし，いざそれを文章として書き起こしてみると一向に筆が進まない，というようなことがよくある．したがって，調査をおこなう際には，折りにふれて，中間報告書やワーキングペーパーのような比較的長めの文章を書いてみるようにしたい．というのも，それによって，それぞれの段階における発見事実をまとめたり，次におこなう作業の方針について確認したりしていく上で効果的であることが多いからである（これらの点については，第 14 章で改めて解説する）．

第7章 リサーチ・デザイン
社会調査における計画と創発

> **計画する**（plan *vt.*）偶然の結果を達成する最善の方法について頭を悩ます．
>
> アンブローズ・ビアス[1]

　社会調査を企画していく際には，セントラル・クェスチョンと中心的な仮説を絞り込む作業と並行して，具体的な調査の手順について詰めておく必要がある．調査における設計図である「リサーチ・デザイン」の策定にあたっては，どのような理論的枠組みを採用し，またどのような概念をキー・コンセプトとして設定するか，という点が重要になってくる．これに加えて，仮説を実際のデータによって検証していくためには，概念を「変数」としてとらえ直した上で，調査対象となる事例を選定していく際の方針を確定しておかなければならない．

1　リサーチ・デザイン

(1) 社会調査の設計図と工程表

　長年の夢がかなって，自分の家を建てられることになった．ある建設会社に設計と施工を依頼したのだが，その会社の担当者が持ってきたものといえば，手書きのスケッチのような紙切れ1枚だけである．しかも，その担当者は，あくまでもその図面で工事を進めるのだと言い張って，こちらの抗議を聞き入れようとはしない．

　もしこんなことが現実に起きたとしたら，これほど理不尽な話はないだろう．

　もっとも社会調査の場合には，実際にこのような理不尽かつ不条理な事態が何度となく生じてきた．その典型が，前章で指摘した，「つまみ食い型事後解

釈」を乱発しがちなアンケート調査である．その種のアンケート調査は，リサーチ・クェスチョンや仮説はおろか，調査の目的すら曖昧なままに，いわば見切り発車で開始される場合が少なくない．

　当然のことながら，家をつくる際には，通常，詳細な設計図と工程表を作成しておく必要がある．また，工法，建材，それぞれの作業に必要となる人手など，さまざまな点についてきちんとした計画を立てた上で作業にとりかからなければならない．同じように，社会調査をおこなう時には，調査の全体的なデザインと手順に関する詳細なプランとスケジュールの策定が必要になる．

　このような，調査の基本的な構想や計画・企画については，よく「リサーチ・デザイン」という言葉があてられる[2]．ちゃんとした設計図が無ければまともな家が建つはずがないように，明確なリサーチ・デザインが策定されていなければ，調査現場における作業は「出たとこ勝負」ないし「行き当たりばったり」のものになってしまうだろう．

　もっとも，家の建築と社会調査とでは，計画ないしデザインが果たす役割という点に関して，大きな違いもある．建築の場合には，事前に策定された設計図や工程表にしたがって作業を進めていくことが大前提となる．それに対して，社会調査をおこなう際には，実際の作業を進めていく中でリサーチ・デザインに対して大幅な変更が加えられていく場合が少なくない．

(2) リサーチ・デザインに関する「計画と創発」[3]
リサーチ・デザインの「計画」としての側面

　リサーチ・デザインが果たす役割について理解する上では，図7.1が1つの手がかりになる．

　社会調査の解説書などには，これと同じような図が，調査全体の基本的な手順を示す一種の工程表としてあげられている場合が多い[4]．たしかにこの図にあるように，社会調査は，全体として見れば，次のような一連の手順を経ておこなわれるものであると見ることも出来る――〈リサーチ・クェスチョンの設定に続いて，詳細なリサーチ・デザインが策定され，その全体的な構想と具体的な作業手順の計画にもとづいて事例が選択され，ついでデータの収集と分析がおこなわれ，最終段階では論文や報告書が作成される〉．つまり，調査全体

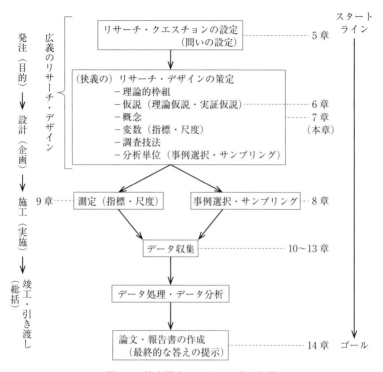

図7.1 社会調査における一連の作業

の構成については，これを，問いの設定がスタートライン，答えの提示がゴールとなる直線的な形式のものとして考えることができるのである．建築の例に喩えて言えば，これは，図の左端に示したように〈発注→設計→施工→竣工・引き渡し〉という一連の流れに該当する．

　さらに図の右側に示したように，本書の第5章以下における構成も，全体としては，上の図に示した作業の手順に沿ったものになっている．その点で，図7.1は，調査全体の流れを大づかみに把握するためには，ある程度有効な図式であると言える．

リサーチ・デザインの創発的な側面

　もっとも，社会調査においてリサーチ・デザインが実際に果たす役割をこの

ような図だけで理解しようとすると，とんでもない誤解をしてしまう可能性がある．というのも現実の社会調査では，必ずしもこの図にあげられている一連の手順がそれぞれ1回限り（ワンショット）の作業として完結するわけではないからである．たとえば，第4章で解説したように，実際に作業を進めていく中で，仮説やリサーチ・クェスチョンそれ自体が大幅に組み替えられていく例は決して珍しくない．また，調査現場で見出されたセレンディピティ的な発見事実や，当初の想定と矛盾する分析結果を柔軟に組み入れながら調査を進めていった方が，最終的には実り豊かな成果に結びついていく場合が多い[5]．

　こうしてみると，リサーチ・デザインは，必ずしも初期の段階で一度だけ作成されるものではなく，調査におけるさまざまな時点で何度となく作り替えられていく可能性があることが分かる．したがって，調査の初期段階で最初の設計図であるリサーチ・デザインを策定する際には，一見相反するようにも見える2つの点に目配りしていかなければならないことになる．つまり一方では，当然，文字どおりの「デザイン」として，明確な計画としての性格を持つ調査企画を立てる必要がある．しかし，他方では，創発的な側面を組み込むことができるような柔軟なリサーチ・デザインを心がける必要もあるのである．

　そして当然のことながら，その「計画性と創発性の相対的な比重」は，調査のタイプによって大きく異なってくる．たとえば，ワンショット・サーベイなどと呼ばれるタイプの質問表調査の場合には，調査初期の企画段階で，全体の手順とそれぞれの作業の詳細に関して周到な計画を立てておかなければならない．これに対して，フィールドワークのように，実際に調査現場に入ってみなければ分からないことが多い調査法の場合には，創発的な要素を念頭において企画を立てていく必要がある[6]．

(3) リサーチ・デザインの構成要素[7]

　ここで，広い意味でのリサーチ・デザインを構成する主な要素としては，表7.1に示した6つのものを挙げることができる（図7.1では，便宜的にリサーチ・クェスチョンの設定と狭い意味でのリサーチ・デザインの策定作業とを区別して示したが，広義のリサーチ・デザインには，その両者が含まれることになる）．

　リサーチ・デザインを策定する際には，この表にあげた6つの項目に関する

表 7.1　（広義の）リサーチ・デザインの構成要素

- **リサーチ・クェスチョン**——どのような問題関心にもとづいて，どのような**問い**を設定するのか
- **仮説**——どのような理論仮説と実証仮説をリサーチ・クェスチョンに対する**仮の答え**として設定するのか
- **理論**——問いに対する答えを求める上で，どのような**理論的枠組み**を採用するのか
- **概念・変数**——採用した理論的枠組みに含まれるさまざまな概念の中でも，特にどの概念を**キー・コンセプト**に設定し，また，それをどのような**変数**として操作化した上でデータを収集するのか
- **事例・分析単位**＊——調査データを収集する際の**事例**ないし**基本的な分析単位**として，どのような対象（個人，集団，組織等）を設定するのか
- **技法**——データの収集と分析をおこなう上で，どのような**調査技法**を採用するのか

＊「事例」と「分析単位」の区別については，本章のコラム参照

　基本的な方針を明確にしていかなければならない．また，最終的に作成される論文や報告書の中でも，著者がこれら6つの点に関してどのような構想を持って調査に臨んでいたか，という点を読者に対して明示する必要がある．

　以上の6つの要素のうち，〈**リサーチ・クェスチョン**と**仮説**がそれぞれどのような性格を持ち，また調査全体のプロセスにおいていかなる役割を果たしうるか〉という点については，既に第5章と6章で解説しておいた．また次章では，**事例**の選択法としての**サンプリング**の手続きについて見ていく．さらに本書の第Ⅲ部では，代表的な4種類の**データ収集法**について解説する（第1章でふれたように，本書ではデータ分析法に関する解説は割愛した）．

　本章では，それらの章であまり詳しくふれられていない項目を中心にして解説していく．以下ではまず，社会調査において**理論**と**概念**が果たす役割について解説する．続いて，調査の進め方について構想していく際に重要な意味を持つと思われる，最終的な集計表や一覧表の構成について「**事例‐変数マトリクス**」という視点からとらえる．また，それを，統計的調査と事例研究の場合とに分けて見ていく[8]．なお本章では，第5章でも取り上げたロバート・パットナムの『孤独なボウリング』を，折にふれて研究事例として参照しながら以上の点について解説していく．

2 理論

(1) 社会調査における「理論」の役割

　第2章で述べたように，本書では，「理論」を，主としてリサーチ・トライアングルの構成要素の1つとして位置づけている．また，その一般的な定義としては，次のものを採用している——社会現象を分析し理解する際に，その説明や解釈の根拠として用いられる一定の視点（28ページ）．つまり，本書では，「理論」を，社会調査を進める上での基本的な根拠ないし前提となる分析フレームを指す言葉として使用しているのである．

　第2章で「巨人の肩の上に乗る」という言葉を引用して解説したように，筋の良い社会調査では，研究テーマに関連する先行研究で採用されている分析フレームを，みずからの調査における理論的な根拠として採用する場合が多い．また，特定の先行研究やその理論的枠組みを踏まえて調査計画を立てていくことは，〈現在企画している調査がどのような点で新しい知見（「ニュース」）を提供し得るものであるか〉という点を明らかにする上でも不可欠の作業となる．

　たとえば，前章で挙げた少子化に関する調査の例で言えば，少子化現象を研究テーマとして過去におこなわれた調査にもとづく論文を参照する一方で，家族社会学や人口統計学あるいは経済学などの理論を参考にしながらリサーチ・デザインを策定することになる．それによって，リサーチ・クェスチョンと仮説を筋道だったものにすることが出来る．また，それらの理論的枠組みは，論文や報告書をまとめる時にも，基本的なガイドラインになる．

　一方，筋の悪いアンケート調査の場合にともすれば欠如しがちなのが，まさにこの，確実な理論的根拠という要素である．実際，アンケート調査では，先行研究を検討することもなく，また特定の理論的枠組みも参考にしていない例が多い．アンケート調査では，「つまみ食い型事後解釈」が頻繁に見られるが，その主な理由の1つも，そのような，理論的根拠の欠如にあると考えることができる．

　もちろんアンケート調査ではあっても，中には，同じようなテーマについて過去におこなわれた調査を参考にしている例もある．しかし，それらの先行調

査それ自体が理論的根拠に乏しいものである．つまり，その種のアンケート調査が「乗っかって」いるのは，分厚くてがっしりとした巨人の肩などではなく，同じようなアンケート調査の貧相な肩の上なのである．

(2) 2つの理論——答えの前提としての理論，答えそのものとしての理論

リサーチ・デザインを策定していく際には，ここで言う「理論」には少なくとも2つの意味がある，という点について認識しておく必要がある．1つは，上で解説した，調査を進めていく際のよりどころとなる既存（出来合い）の分析フレームという意味での理論である．もう1つは，調査の最終的な結論として示される見解，つまり「リサーチ・クェスチョンに対する答え」という意味での理論である．

前者を仮に「理論1」，後者を「理論2」と名づけるとすると，これら2つのタイプの理論は，国語辞典などにあげられている，以下のような2通りの定義にそれぞれ対応している[9]．

「個々の事実や認識を統一的に説明することができる普遍性をもつ体系的知識」
　——理論1
「ある問題についての特定の学者の見解・学説」——理論2

先にあげた例で言えば，少子化に関する調査において援用される家族社会学や経済学あるいは人口動態一般に関する理論は，この区別で言えば理論1にあたる．一方，特定の社会における少子化傾向に関する調査を経て論文に盛り込まれていく結論は，理論2だということになる．また一般に，「調査を通して理論構築をおこなう」あるいは「ある現象に関して自分なりの理論を組み立てる」と言うことがあるが，このような場合の「理論」は，ここで言う理論2に他ならない．

こうしてみると，社会調査で「理論」と言う場合には，少なくも2つのケースがあることが分かる．つまり，答えの前提となるもの（理論的根拠）を指す場合と，その前提が1つの重要な根拠となって最終的に導き出された答え（結論）を指す場合とである．言葉を換えて言えば，「理論」は，調査をおこなう

上でのスタートラインとなる理論的前提を指すこともあれば，最終的な結論，つまりゴールを示す言葉として使われる場合もある，ということになる．

(3) あらゆる「理論」は仮説としての性格を持つ

同じ「理論」という用語が，ある意味で正反対の性格を持つ2つの対象を指す言葉として使われているという事実には，混乱や混同を招きかねない面もある．もっとも，このように理論という言葉が多様な意味を持っている重要な背景には，理論というものに関する1つの重要な考え方がある．

近代以降の科学観では，理論というものは絶対的な教義ないし「ドグマ」のようなものとして見るべきではない，という点が強調される場合が多い．つまり，理論については，〈常に新しい発見事実や斬新な発想によって乗り越えられていく可能性がある，オープンエンドな性格を持つものとしてとらえるべきだ〉という主張がなされてきたのである．その点からすれば，全ての理論は仮説，すなわち「仮の答え」ないし暫定的な結論としての性格を持つことになる．

もっとも，言葉の上では同じように「理論」としてくくられている，さまざまな説明の枠組みの中には，本質的な性格という点で相互にかなり異なるものが含まれている．一方には，広い範囲の支持を得られており，また実証研究をおこなう際にほぼ無条件の前提にすることが認められている，「定説」や「通説」あるいは「パラダイム」などと呼ばれているものがある．他方には，特定の学問分野では一定の支持を得られてはいるものの，他の有力な理論と競合しており，未だ定説や通説と呼ぶことができない理論的枠組みも多い．この場合は，理論的根拠としての性格はやや弱く，むしろ暫定的な仮説としての性格がより強いものになっている．

実際，同じように「理論」という言葉で呼ばれているものを，理論的根拠あるいは暫定的な仮説（仮定）としての性格というものを軸にして整理してみると，図7.2のように図示できる．

(4) 理論の一般性——何をどこまで明らかにするのか

リサーチ・デザインを策定していく際には，図7.2にあげたさまざまな種類の「理論」と基本的なリサーチ・クェスチョンとの関係について明確に把握し

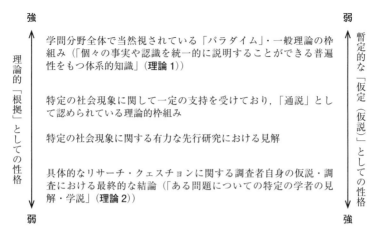

図7.2 さまざまな「理論」の位置づけ

ておく必要がある．特に，理論的根拠として採用しようと思っている分析フレームが，図7.2で言えばどの辺りに位置づけられるのか，という点を確認しておくことが重要なポイントになる．というのも，それによって調査を通して判明した事実の一般性や普遍性について，ある程度の目安がつけられるからである．

実際，ある場合には，特定の社会現象の事例それ自体について記述したり説明したりすることに主な関心があるのかも知れない．その場合は，図でいえば下から2つめにある，「有力な先行研究における見解」という意味での理論を分析フレームとして用いることが多いだろう．たとえば，〈先行調査の枠組みを主な根拠として採用して，日本の特定地域で観察される少子化の背景について，子育て支援策の充実度を軸にして明らかにすることを目指す〉というような場合である．

もっとも別の場合には，もう少し範囲を広げて，個別の調査から得られた知識や情報を通して，より一般的な問題に対する示唆を明らかにしようとすることもある．その際には，調査を通して得られた情報が，より抽象度の高い理論や「パラダイム」に含まれている理論的主張にとって持ちうる意味について検討していくことになる．たとえば，少子化現象を1つの切り口にして，資本主義社会において，子どもを中心とする家族内での非経済的な原理を中心とする

親密な関係が持ちうる意味や意義について掘り下げて検討していくことが考えられる．この場合は，経済学や社会学における一般理論が分析フレームとして重要になってくる（第13章のコラムで取り上げる『聖なる子どもの値付け法』（ヴィヴィアナ・ゼライザー著）では，実際にそのような問題設定がなされている）．

また場合によっては，既存の理論的枠組みを適用するだけでは，リサーチ・クェスチョンに対する満足な答えが得られないこともある．その場合には，リサーチ・トライアングルで言えば「理論（的根拠）」よりはむしろ「データ」の側に比重を置いて，理論生成型と呼ばれるアプローチを採用する必要が生じてくる．つまり，データそのものの中から新たに独自の理論的枠組みを立ち上げていく，いわばボトムアップ的なアプローチが要求されるのである．

いずれの場合にせよ，社会調査をおこなう上で説明の根拠として採用したり，あるいはまた，自ら立ち上げていったりする理論的枠組みがどのような性格を持つものであるかについて認識しておくことは，リサーチ・デザインの策定にあたって非常に重要なポイントになる．というのも，それによって，「何をどこまで明らかにしようとするのか」という点を明確にしていくことが出来るからである．

3　概念

(1) スポットライトとしての概念[10]

社会調査において何らかの理論的枠組みを参考にしていく際には，上で述べた，その枠組みの一般性のレベルという点に加えて，もう1つ考慮しておかなければならない大切なポイントがある．それは，その理論を構成している概念の中でも，目下のリサーチ・クェスチョンに対する答えを求めていく上で特に重要なカギになると思われる概念を絞り込んでおく，ということである．また，幾つかの「キー・コンセプト（鍵概念）」を設定した場合には，それら複数の概念のあいだの関係についても明確に把握しておかなければならない．

一般に「理論概念（theoretical concept）」ないし「構成概念（construct）」という時には，調査対象に見られる特徴や属性を特別の言葉や記号を使って抽象的に表現したものを指す場合が多い．これまで本書で取り上げてきた調査研究

で言えば，たとえば次のようなものが，分析をおこなっていく上で重要な切り口となるキー・コンセプトの例としてあげられる——社会関係資本，一般的信頼，社会的不確実性．

　これらの理論概念には，複数の調査対象が持っている色々な属性の中でも特定のものに焦点をあてることによって，それらの対象が共通に持っている特徴を明瞭に浮かび上がらせることができる，という機能がある．つまり，理論概念にはスポットライトのような性格があるのである．

　たとえば，パットナムの『孤独なボウリング』では，「社会関係資本」が，最も重要なキー・コンセプトになっている．パットナムは，この概念を効果的に使って，さまざまな地域社会や集団あるいは組織が持つ多くの属性のなかでも，特に，成員同士のあいだに形成される信頼感や相互扶助的な関係性にもとづく社会的な絆に対して焦点をあてている．それによって，その絆が果たす機能やそれが失われることによって生じるネガティブな影響を鮮やかに浮かび上がらせることに成功している．

(2) 概念の絞り込み

　概念がスポットライトのような性格を持つものである以上，社会調査を企画する際には，〈どのような概念を使って，調査対象の持つどのような側面に対して焦点をあてていくのか〉という点に関して，ある程度明確な方針を立てておかなければならない．実際，焦点を絞り込みすぎた場合には，調査で得られる情報や知識は非常に狭い範囲に限定されてしまうことになる．しかし，その一方で，調査で用いる概念をあらかじめ精選しておかないと，「あれもこれも」と欲張って手当たり次第に情報を収集した挙げ句に，焦点がぼやけた調査になりかねない．

　たとえば，前章で解説したように，特に命題形式の仮説を中心とする調査では，重点を置く概念の範囲はかなり限定される場合が多い．そのようなアプローチは，データの収集や分析の範囲を明確に設定していく上では効果的である．もっとも，その半面，それらの仮説命題でカバーしきれない側面については視野の外に置かれてしまいがちになる．

　それとは逆に，フィールドワークや聞き取り調査などの場合には，カバーで

きる範囲はかなり広くなる．しかし，その半面，ともすれば「ベタな記述」に終始しがちである．つまり，そのような調査では，核となるべき概念を明確にしておかないと，「何をどこまで明らかにしようとするのか」という点が曖昧になり，平板な実態調査に終わってしまうことが多いのである．

同様の点は，方針らしい方針も立てずに，とりあえず思いつく限りの質問項目を並べ立てただけでおこなわれたアンケート調査についても指摘できる．そのような調査にもとづく報告書でよく見られるのが，項目別に回答の頻度や割合を示しただけのグラフや表を羅列する，というやり方である．それぞれの図表には一応簡単な説明（たとえば，「〇〇に関する質問項目に関して賛成の意見を表明した人の割合は〇％で……」等）が添えられてはいる．しかし，そのような集計結果を通して報告書全体で何をどこまで明らかにしようとしているのか，という点が一向に見えてこないのである．

これは演劇で言えば，舞台であまりにも多くの箇所にスポットライトがあてられているために，散漫な印象になってしまった公演に喩えることができる．そのような公演では，誰が主役で誰が脇役なのか，また，ストーリーの焦点がどこにあるのかも分かりにくくなっている．

(3) 日常語による汚染

概念が持つスポットライトのような機能を十分に生かしていくためには，概念の絞り込みという問題に加えて，日常語による「汚染」に対しても慎重な配慮が必要になる．というのも，社会調査で使われる用語には，日常語との連想によって意味が曖昧になってしまっているものが少なくないからである．

「学力」は，そのような，日常語による汚染にさらされてきた概念の代表格である．第9章で改めて見ていくように，1990年代から2000年代後半にかけて日本全体で大きな論争を巻き起こしていたいわゆる学力（低下）問題は，不毛な水掛け論に終わることが少なくなかった．このような状況の背景には，「学力」が日常語としても広く通用している言葉であることからくる混乱があったとされている．同様の点は，1990年代末から2000年代前半にかけて盛んに論じられた「格差社会」をめぐる議論についても指摘できる．この場合も，「格差」という言葉の曖昧さが，大きな混乱を招く主な原因の1つになってい

た.

　このような混乱が引き起こされるより一般的な背景としては，社会科学では，専門用語と日常語との区別が不明確な場合が多いという点を挙げることができる．もちろん，中には，たとえば「社会関係資本」のように，明らかに専門用語であることが見て取れる概念もある．しかしその一方で，「学力」や「格差」のように，一見しただけでは日常生活で使われている概念や言葉との区別がつかないものもかなり多いのである．

　したがって，日常生活でも使われている言葉や概念を使って社会調査をおこなう場合には，日常語との類似点と相違点を念頭においた上でその用語の定義を明確にしておかなければならない[11]．先に述べた，理論的根拠を明らかにしていくという手順においては，この，概念規定の明確化という点が非常に重要なポイントの1つになる．また，調査をおこなう際に鍵となる主要な概念の定義を明確にしておくことは，自分の調査の結論と先行調査の見解とを同じ土俵の上で比較していく上でも必須の条件である[12]．

(4) サーチライトとしての概念

　上で解説した，概念が持つスポットライトとしての機能を十分に生かしていくためには，調査の初期段階でカギとなる概念を絞り込み，また，それらの概念について明確で厳密な定義をおこなうことが必要となる．特に質問表調査のような場合には，この点に関する配慮が非常に重要である（逆に言えば，多くのアンケート調査などで決定的に欠けているのが，まさにこの点についての配慮なのである）．

　もっとも，さまざまな種類の社会調査の中には，リサーチ・デザインの策定段階というよりは，むしろ調査を進めていく過程で，徐々に概念の意味内容を明らかにしていくことの方が重要な意味を持つものもある．そのような種類の調査でクローズアップされてくるのが，ある種の概念が持つ「サーチライト」としての機能である．つまり，調査の結果を踏まえて斬新な概念を作り出していくことは，既成の概念ではとらえ切れなかった側面を浮き彫りにしていく上できわめて効果的なのである．これは，サーチライトの照射角度を変えることによって，それまで暗闇に隠れて見えていなかった場所や物が照らし出されて

> **Column** 目隠し（ブラインダー）としての概念——ペットコンセプト，キーワード，ジャーゴン

　理論概念や構成概念の中には，使い方次第によっては，スポットライトどころか，むしろ目隠しのようなものとして機能してしまうものがある．その種の概念の典型例に，**ペットコンセプト**，**キーワード**，**ジャーゴン**という3つのものがある．

　ペットコンセプト（お気に入りの概念）というのは，調査者が強い愛着を持つあまり，目に入れても痛くない可愛いペットのような存在と化してしまった概念のことである[13]．お気に入りの概念の中には，定説や通説と呼ばれる理論的枠組みに由来するものもあれば，流行の理論に含まれている目新しい概念もある．いずれの場合にせよ，特定の概念に対する思い入れがあまりにも強いものになっているために，あらゆる社会現象がその概念によって説明できるように思えてきてしまうのである[14]．また，他の概念や理論的視点による解釈の可能性が目に入らなくなることもよくある．

　キーワードも，しばしば目隠しとして作用することがある．もっとも，キーワードについては，ペットコンセプトとは違って，それほど深い思い入れがない場合も多い．むしろ，調査での発見事実を何かひと言で表現できるように思える言葉が見つかったりすると，すぐにそれに飛びついて，「ここでのキーワードは○○（「学び」，「気づき」，「価値観の多様化」，「生き抜く力」……）というものです」などと主張してしまうのである．したがって，調査の中間報告会などで「ダメ出し」を受けたりして旗色が悪くなると，さっき提案したばかりのキーワードをあっさりと取り下げて，今度は別の言葉を持ち出したりする．そのキーワードは，先行調査に由来するものもあれば，調査現場でその現場の人々が使っている言葉のこともある．いずれの場合にせよ，特に文献を深く読み込んだり，「現場発」の概念と理論概念とを突き合わせたりするような手続きも経ていない場合が多い．したがって，そのキーワードを使った分析は，かなり表面的なものに留まることになる[15]．要するに，キーワードとキー・コンセプトは，言葉の外見こそよく似てはいるものの，その内実はまったく別物なのである．

　ジャーゴン（隠語）の場合には，現場発のキーワードとはむしろ逆に，限られた専門家の仲間内だけに通用する難解な理論概念を分析上のキー・コンセプトとして使用することになる．これもペットコンセプトやキーワードと同じように，目隠しとして機能してしまうことが多い．

　第Ⅲ部で詳しく見ていくように，社会調査というのは，現場の言葉，すなわち

現場の人々が使う言葉を理論の言葉，つまり専門用語に置き換えて理解していく作業としての側面を持っている．しかしその半面で，実際に質問票法や聞き取りによって調査をおこなう際には，理論の言葉を現場の言葉に「翻訳」していかなければならない．すなわち，社会調査というのは，本来，**現場の言葉と理論の言葉のあいだの往復運動を含むものなのである**．ジャーゴンを多用しておこなわれる調査は，いかにもサイエンスとしての社会調査をおこなっているようにも見える．しかし，ジャーゴンを乱用していると，現場の言葉との接点を見失って，抽象的な理論の言葉にもとづく観点だけから社会現象を眺めてしまうという，きわめて独善的な調査に終わってしまう可能性が高くなる．

いくことにも喩えられる．同じような点は，従来から使われていた概念に対して調査を通して得られた情報を通して新しい意味を付け加えていくことが持つ効果についても指摘出来る．

この点に関しても，パットナムの『孤独なボウリング』のケースは，きわめて示唆的である．実は「社会関係資本」という用語自体は，パットナム以前にも既に何人かの実践家や研究者によって提唱されていたのである．しかし，『孤独なボウリング』では，この概念が，米国におけるコミュニティの崩壊と再生に関する調査研究において効果的な形で使用されている．それによって，同じような意味を持つ他の概念（たとえば，社会的絆や信頼関係）だけでは必ずしも明確に把握することが出来ていなかった社会現象を解明していく上で有効であることが示されたのであった．

実際たとえば，社会関係資本という用語に含まれる「資本」という言葉は，それが経済的資本の場合と同じように蓄積・投資・再投資されうるものであることを示す上できわめて効果的である．また，この用語によって，社会関係資本の形成と維持において主導的な役割を担う，社会関係資本の「起業家」や「資本家」が果たす役割が鮮明に浮かびあがってくるのである[16]．

(5) 概念の使用における「計画と創発」

こうしてみると，社会科学において考案される斬新な概念ないし用語は，自然科学の分野における新しい観測器具と同じような機能を果たす場合があることが分かる．自然科学では，新しい測定器具や観測器具（望遠鏡，顕微鏡，電子

顕微鏡等）が開発されることによって，それまで見えていなかった自然の姿が明らかにされることが多い．それと同じように，社会科学の場合には，新たに考案された概念によって，社会現象を全く新しい視点や角度から見つめ直す視点が提供されることがある．

そして，斬新な概念は，調査プロジェクトを開始した時点から既に明確な形で提示されているというよりは，むしろ調査を進めていく中で創発的に見いだされていく場合が少なくない．実際，最初からその場所に有望な事実やデータがありそうだからということで，狙いを定めた上で概念の光をあてて画期的な発見にいたる，という例は意外に少ない．むしろ探索的な調査の結果として思いがけない発見事実があった場合に，それを何とか概念化できるような言葉を探り当て，それがまた新たな発見に結びついていく，というような経緯を辿る場合が少なくない．

先に挙げた，〈リサーチ・デザインを策定する際に概念を明確に定義した上で調査にあたる〉というやり方は，社会調査における「計画」の長所を生かしていくアプローチであると言える．それに対して，調査の作業を進めていく中で既成の概念を修正していったり，全く新しい概念を作り上げていったりすることは，社会調査における「創発」的な要素を柔軟に取り込んだアプローチであると言える．

言うまでもなく，概念の使用における計画性と創発性，あるいは概念のスポットライト的機能とサーチライト的機能は，2つのうちのどちらか一方のみを選択しなければならない，というものではない．実際，すぐれた調査研究の中には，一方では既存の概念を明確に定義した上で活用し，他方では，分析作業を通じてその概念に対して修正を加えたり，新しい概念を生み出していったりした例が少なくないのである．

4 変数

(1) 変数＝数値で表現できる概念

変数としての概念

本章で見てきたように，概念というのは，調査をおこなう者の頭の中に形成

Column 造語癖とバズワードの誘惑

　概念が持つサーチライトとしての機能を活用しようとする際に特に注意が必要となるものに，「造語癖」と「バズワード（専門用語もどきの流行語）」の安易な使用という2つがある．

　ここで**造語癖**と呼ぶのは，気の利いたキャッチフレーズのような響きを持つ用語を乱発してしまう傾向である[17]．目新しい言葉については，それまで見えていなかったものを鮮やかに見せてくれる魔法の言葉(マジックワード)のような効果を期待したくなってくることがある．しかし，多くの場合，それは単なる幻想に過ぎない．実際，新奇な言葉には，従来から使われてきた別の用語でも十分に説明できるはずの現象や傾向について，単に言い回しを替えて表現しただけに過ぎないものであることが多い．つまり，一見斬新に見えるのは用語の外見だけであり，そのレッテルの下にあるのは，きわめて古めかしい発想でしかない場合が多いのである．

　その典型例を，ビジネスの世界における新造語乱発の傾向に見ることができる．よく知られているように，ビジネスの世界では，斬新な発想にもとづくとされる経営手法や「マーケティング（営業）の秘訣」などを示す概念や用語が次から次へと生み出されていく．しかし，その「賞味期限」は，非常に短いものが多い．これは，1つには，そのような戦略や秘訣なるものが（少なくとも言葉としては），コンサルタントやビジネス書あるいは新書などを介して瞬時に普及していくために，結果として戦略的な独自性や優位性が喪われていくことにもよるだろう．もっとも，それ以上に重要な要因として考えられるのは，傑出した斬新な発想とされるものの根拠がそれほど確固たるものではない，というものである．

　根拠に乏しく，賞味期限が短いタイプの新造語の中には，**バズワード**と呼ばれるものもある．バズワードというのは，専門語風の響きを持つ流行語のことである．また，バズワードの中には，もともとは専門用語でありながら，決まり文句やキャッチフレーズとして頻繁に使われているうちに陳腐化してしまった例も多い．つまり，何となく専門的で「気が利いた」言葉としての印象があるということで多用されていく中で，いつの間にか，その意味内容が曖昧なものになってしまっているのである．中にはあまりにも多くの対象に適用されることによって，ほとんど意味不明になってしまっているものさえある．

　調査の企画段階や論文執筆の段階でバズワードを使ってみることは，「斬新な発想にもとづいて企画された調査」という印象を与える上では，たしかに一定の効

> 果がある．しかし，実際には，そのようなバズワードの多くは既に「手垢がついて」いるものであり，サーチライト的な機能の大半が喪われてしまっている場合が多い（バズワードとしての「エスノグラフィー」については，第12章のコラム参照）．
>
> 　新しい用語を考案してみたり，狭い意味でのアカデミズムの範囲を越えて流布している新奇な概念を適用したりする試みそれ自体に問題があるわけではない．しかし，それはあくまでも，確実な理論的根拠やたしかな実証データによる裏付けが存在している場合の話である．そうでない限り，新造語の場合と同じように，それは単に，従来からある概念の単なる焼き直し，あるいはまた古めかしいアイディアに目新しいレッテルを貼り付けただけのものに過ぎない場合が多い．

されているイメージのようなものとして考えることができる．その頭の中のイメージについて，日常語とは区別できる専門用語によって厳密に定義しておくことは，調査で使用する概念の守備範囲を明確にし，また，調査全体の見通しをつけていく上で重要な意味を持つ．また，概念定義を明確にしておくことは，論文や報告書において調査の知見について明快な文章で報告したり，その報告内容をめぐって生産的な議論をしたりしていく上でも不可欠の前提条件となる．

　実際に調査データを収集したり分析したりする作業の際には，概念を「変数（variable）」として扱うことが多い．英語のvariableは，vary（変わる）ないしvarious（さまざまな）とable（し得る）の2つの部分から構成される名詞ないし形容詞である．名詞として使われる場合には，「値が変わり得るもの」あるいは「さまざまな値をとり得るもの」という意味になる．そして，社会調査で変数と言う時には，通常，調査対象が持ついくつかの属性のうち，特に重点を置いて検討していこうとする属性に数値をあてはめて考える場合の，その属性のことを指す場合が多い（第9章では，概念や変数をデータとして処理していく作業の基本的な発想について解説する）．

　つまりこの場合，変数は「数値を持った概念」だということになる[18]．そして社会調査で用いられる変数の中には，社会関係資本の場合のように，スポットライトあるいはサーチライト的な機能を持つ理論概念に対応するものもあれば，性別や年齢あるいは年収などのように，それほど抽象度が高くない記述的な変数もある．

変数化された概念の事例——社会関係資本

ここでもう一度『孤独なボウリング』の例をとりあげて，この点について考えてみよう．この本で著者のパットナムは「社会関係資本」を，集団や組織あるいは地域社会のメンバー同士のあいだで形成される信頼感や相互扶助的な関係性にもとづく社会的絆，あるいはまたそれによって生み出される豊かな社会的価値を示す用語として明確に定義した上で用いている．また同書では，この概念をキー・コンセプトとして用いて，米国のさまざまな局面でコミュニティのつながりが失われていった状況について各種の統計データを駆使して描き出している．

たとえばパットナムは，「リーグ・ボウリング」（仲間同士でチームを組んで地域のリーグで対戦するボウリング）をおこなうための団体の成人会員数が，第二次大戦後しばらくのあいだは増加傾向にあったのが，1960年代初め以降は一転して急激な落ち込みを見せているデータを示している．彼は，これを，米国における社会関係資本の衰退という事実関係（WHATの問いに対する答え）を示すデータとして扱っている．つまり，この場合，社会関係資本は，何らかの原因によって（経済的な「資本」の場合と同じように）その量が増えたり減ったりするものとして概念化されているのである．

この例からもうかがえるように，リサーチ・デザインの策定にあたっては，〈どのような理論的枠組みに沿ってどのような概念をキー・コンセプトとして採用するのか〉という点に加えて，以下の2点も非常に重要なポイントになってくる．

① キー・コンセプトとなる概念をどのようなタイプの変数として扱い，またそれぞれの調査対象の変数の値をどのようにして測定していくのか
② リサーチ・クェスチョンと仮説を，どのような変数の組み合わせとして表現していくのか

この2点のうちの①については，第9章で社会調査における「測定」について見ていく際に改めて説明する．以下では，主として②の点を取り上げ，具体的な問いの形式と変数の組み合わせのあいだの関係について解説していくこと

にする．

問いの形式と変数の組み合わせ①——WHY（因果関係）の問い

　前章で仮説について解説した際に述べたように，社会調査で変数と言う場合には，WHYをめぐる問い，つまり「なぜ」という問いとそれに対応する仮説が議論の中心になっている例が多い（132ページ）．また，そもそも仮説についての定義自体，原因に該当する変数である「独立変数（independent variable）」と結果に相当する変数である「従属変数（dependent variable）」の関係が中心になっている例が多い．たとえば，前章で紹介した，仮説に関する幾つかの定義の中では，次のものがその典型例だと言える——「リサーチ・クェスチョンないしリサーチ・プロブレムに対する仮の答えであり，独立変数と従属変数のあいだの関係の形式で表現される」[19]．

　この「独立」「従属」という言葉には，少し分かりづらいところがあるかも知れない．これは，変数の「数値の変わり方」のパターンに見られる違いから来ている．つまり，原因側である独立変数は結果側である従属変数の値とは独立に特定の値をとることができる．これに対して，従属変数の方は独立変数の値の変化に左右されて，つまり独立変数の値の変化に従属する形でその値が変わる，というところからきている．

　これを，前章であげた「社会的不確実性はコミットメント形成を促進する」という仮説命題（114ページ）の例で見ると，この命題では，一方の社会的不確実性が独立変数，他方のコミットメント形成が従属変数として想定されている．つまり，「社会的不確実性（原因）→コミットメント形成（結果）」という方向性の因果関係である．この場合は，たとえば，仮に社会的不確実性の程度が5から10に変化したことに従って（=従属して）コミットメント形成の傾向を示す値が30から45に変化し，かつその逆のパターンが見られないのだとしたら，とりあえずは前者を原因，後者を結果と見なすことが出来るだろう．

　『孤独なボウリング』の例について言えば，同書の第13章では，テレビの視聴時間と公的会合や地域組織あるいは請願署名への参加度合いの減少を示すデータにもとづいて，「テレビ視聴への依存傾向が社会関係資本の衰退をもたらした重要な原因の1つである」と主張している．この場合は，会合・組織・誓

願への参加を社会関係資本の指標として見なした上で,「テレビ視聴（独立変数）→社会関係資本（従属変数）」という因果関係を想定していることになる．またこれは,「なぜ,米国社会において社会関係資本が衰退しているのか」というWHYの問いに対する1つの答えとして提示されたものだと言える．

　これら2つの例に見るように，WHYの問いとそれに対応する仮説（仮の答え）の関連を中心に据えたリサーチ・デザインの場合には，複数の変数のあいだの「共変関係（covariation）」ないし「相関関係（correlation）」に焦点をあてて，原因と結果の関係を説明していくことが基本となる．つまり，一方の変数の値が変化した際に他方の変数の値が「どのように共に変化するか」（あるいは変化しないか）という点に着目していくことになる（因果推論の基本的な原理やルールについては，第10章の後半で改めて解説する）．

問いの形式と変数の組み合わせ②——WHAT（事実関係）の問い

　一方，WHATの問い，すなわち事実関係に関する問いに焦点をあてて調査を進める場合には，それぞれの調査対象が持つ属性の変数値を確定したり，その値の時系列的な変化をとらえたりして，精確に記述していくことに重点が置かれることになる．

　たとえば，第5章のコラムでも解説したように，『孤独なボウリング』の第Ⅱ部では，「1960年代以降になって米国の市民・社会生活には何が起きているのか」というWHATの問いが基本的なテーマになっている．そして，その問いに関連する具体的なリサーチ・クェスチョンとして扱われているのは，たとえば次のような一連の問いであると考えることができる——「米国社会において，社会関係資本はどのような変遷を遂げてきたのか」，「本当に米国社会において社会関係資本は衰退していると言えるのか」，「衰退しているとしたら，その傾向は，特にどのような地域や階層あるいは生活局面で顕著に見られるか」．

　これら一連のリサーチ・クェスチョンに関する調査においては，米国社会全体あるいはその中における特定の地域社会や階層が持つさまざまな属性のうち，特に社会関係資本に関わる変数の値に対して焦点があてられていることになる．つまり，それらの変数の値がそれぞれどのような変動パターンを示しているのか，という点を明らかにすることが調査における作業の中心になっていくので

ある．

　そして，当然のことながら，そのような WHAT の問いに対する答えが明確なものになってこそはじめて，「な‎ぜ，社会関係資本にはそのような変動パターンが見られるのか」という WHY の問いが意味を持つことになる．逆に言えば，事実関係が明らかになっていないにも拘わらず因果関係の問いに対する答えを求めていくようなリサーチ・デザインは，致命的な欠陥を抱えているのである（実際に，筋の悪いアンケート調査には，そのような例が多い）．

5　事例 – 変数マトリクス
　　　──集計表や一覧表のイメージで考えてみる

(1) 事例 – 変数マトリクスの構成

　WHY と WHAT の問いをどのような形で組み合わせていく場合にせよ，キー・コンセプトに該当する変数同士の関係を常に念頭に置いておくことは，調査におけるセントラル・クェスチョンとそれに対応する仮説の関係を明確にしていく上できわめて重要な意味を持つ．それはまた，調査のプロセス全体に「メリハリ」をつけていく上でも欠かせないポイントの１つである．

　そして，実際に調査データを収集していく際には，特定の人々や集団あるいは組織を一定の方針に沿って**事例**ないし**サンプル**として選んだ上で，それぞれの事例について，その変数の値を測定していくことになる．たとえば，『孤独なボウリング』の第13章では，テレビ視聴への依存傾向が社会関係資本に対して与える影響を示唆する膨大な数の統計的調査が引用されている．それらの調査におけるサンプルサイズは，いずれも数百から数千程度である．また，パットナムは1997年から慈善団体の理事長らとともに，全米の地域社会や企業などを対象にしてコミュニティ再生のケーススタディをおこなっている．この場合の事例数は12である（そのケーススタディの結果をまとめたものが，すぐ後で取り上げる『一緒の方がいい（*Better Together*）』である）[20]．

　事例やサンプルを選択していく際の手続きについては次章で，一方，変数の測定方法については，第９章で改めて詳しく解説する．リサーチ・デザインの策定作業との関連で特に本章で指摘しておきたいのは，変数同士の関係や調査

表7.2　事例-変数マトリクスの基本的な構成

	変数1	変数2	変数3	……
事例1				
事例2				
事例3				
……				

　対象となる事例と変数の関係について目安をつけていく上で重要な考え方の1つに「事例-変数マトリクス（case variable matrix）」というものがある，という点である．事例-変数マトリクスというのは，表7.2のように，変数を縦の列，調査対象となるそれぞれの事例を横の行に配置した表のことである（行と列の関係は，多分に便宜的なものである．たとえば事例の数がきわめて少なく，一方変数の数が多い場合には，事例を縦の列，変数を横の行の側に配置しても一向に差し支えない）．

(2)（大量サンプルによる）統計的調査の場合
集計表のイメージをもとにして調査を企画する

　主に統計データによって記述や分析をおこなう調査では，事例-変数マトリクスは，表7.3に示すような，いわゆる「集計表」の形式になっている場合が多い．

　表7.3は架空の例であり，学力と階層の関係が基本テーマである調査において，三千数百名の生徒に関するデータを個人毎に集計した場合を想定している．データ収集にあたっては，国語や算数の成績については学力テスト，階層や家庭環境については，それとは別個に質問表調査を実施したものと仮定する．

　言うまでもなく，具体的な数値が入った集計表は，本来，現実に調査データが収集された後で作成されるものである．しかし，実際にテストや質問表調査をおこなう**以前の段階**で，リサーチ・クェスチョンと特に関連の深い変数が中心となっている集計表の構成について想定してみることは，リサーチ・デザインの策定において重要な意味を持つ場合が少なくない．事実，表7.3のような集計表や，それを元にした統計分析のポイントについての構想を事前に練っておくことは，調査全体の作業をメリハリのあるものにしていく上できわめて効

表7.3 「集計表」の例

	国語の点数	算数の点数	……	世帯の収入区分	親の最終学歴
生徒1	85	73	……	5	3
生徒2	75	90	……	4	2
生徒3	61	55	……	3	3
……	……	……	……	……	……
生徒3365	55	83	……	4	4

果的である．

反面教師——筋の悪いアンケート調査の場合

　この点について理解する上で一番の早道は，上で述べたような手順とは正反対のケースについて考えてみることである．つまり，基本的な集計や分析の方向性について何ら明確な方針を立てることもなく，思いつきの質問項目を並べただけでアンケート調査や意識調査をおこなった場合などである．

　その種の社会調査では，インターネットなどを介して集めた手頃なサンプルから一定量のデータは集められたものの，それをどのような形で分析すればいいのか全く見当もつけられずに四苦八苦してしまう場合が多い．とりあえずは，全ての質問項目に対する回答を表計算ソフトのデータ形式で入力してはみたのだが，その膨大な数値群の中から何か意味のある結論が出せるようには到底思えない．苦しまぎれの手段としてよく採用されるのが，ほとんど全ての質問項目の回答の頻度や比率を棒グラフや円グラフあるいは小数点入りの数値が入った表などに加工した上で，それらの図表を並べ立てて報告書を作成してお茶を濁す，というやり方である．

　現在では，通常の表計算ソフトでもこの程度の集計や作表・作図であれば簡単に出来てしまう場合が多い．また，一見意味のありそうなグラフや表として提示できるので，「サイエンスとしての調査」という体裁を整える上でも効果的である．さらに，「ページ数が稼げる」ということもあって，いかにも充実した調査がおこなわれたように見せかけることも出来る．しかし，実際には，どれだけ膨大な表やグラフが盛り込まれていたとしても，その種の調査報告書には，せいぜい，本格的な分析をおこなうための原材料程度の意味しかない．

先に第3節でふれた，概念の絞り込みを怠った調査というものの典型例が，まさしくこのような調査である．

　このような種類の調査は，学部学生が卒業論文作成の一環としておこなった調査などによく見られる．もっとも現実には，マスメディアや企業や行政機関あるいは大学関係者が実態調査や意識調査と称しておこなってきた社会調査の報告書にも，同様の傾向が見られることが決して稀ではない．その多くは，学生の場合と同様に，調査の手続きに不慣れであるという事情によると思われる．しかし中には，いわば「確信犯的」につまみ食い型事後解釈をおこなっているとしか思えない例も少なくない（特に，第14章のコラムで解説する，薄手の「ファスト新書」には，そのようなタイプのものが多い）．

　いずれにせよ，その種の社会調査では，リサーチ・クェスチョンや仮説が十分に練り上げられていないままに「見切り発車」で調査が開始されている場合が多い．つまり，これらの調査は，以下のような点が曖昧なままに，いわば「出たとこ勝負」で調査がおこなわれているのである——「何をどこまで明らかにしたいのか」，「調査の結果，どのような結果が出てくると予想できるか」，「それらの予想は，どのような根拠にもとづいて立てられるのか」．

集計表への「翻訳」と試行錯誤のプロセス

　以上のような例とは対照的に，筋の良い統計的調査では，通常，事前に明確なリサーチ・クェスチョンと仮説が設定されている．これに加えて，次のような点に関する見通しがリサーチ・デザインの中に織り込まれている場合が少なくない．

- どのような構成の集計表を想定して数値データの収集をおこなっていくか
- その数値データに対してどのような統計解析をおこなったらよいか
- 統計解析の結果がどのようなものであった時に，当初設定していた仮説が支持されたと言えるか

　表7.3の例で言えば，もし当初の仮説が「階層と学力のあいだには正の相関関係がある」——階層が上であるほど成績が良好——というものであったのな

らば，当然，集計表の中には，「階層」および「学力」という概念に対応する数値データがそれぞれの事例の変数値として盛り込まれているはずである．また，それら2つの変数間の関係について割り出す上で最適と思われる統計解析法についても，調査の企画段階で決めておく必要がある．さらに，その解析結果に関する見通しについても，仮説命題の形でリサーチ・デザインの中に組み込まれているはずである．

　以上は，いずれも変数同士のあいだの関係，つまり事例−変数マトリクスにおける縦の列同士の関係に関わるポイントである．集計表の構成を軸にしてリサーチ・デザインを策定していく際には，それに加えて，マトリクスにおける横の行同士の関係にも配慮しておかなければならない．つまり，調査対象となる事例を選択していく際の基本的な方針を明確にしておく必要があるのである．たとえば，調査の主な目的が特定の地域社会における子どもたちの学力と家庭の階層の関係を明らかにすることにある場合と，より一般的な問題関心にもとづいて全国の子どもたちの階層と学力の関係を明らかにしようとしている場合とでは，当然，調査対象の範囲は全く違うものになるだろう．また，調査で得られた知見をどこまで一般化したいかという点によって，調査対象として扱うべき事例の数は違ってくる．

　筋の良い社会調査の場合には，以上のようにして，リサーチ・クェスチョンと仮説の関係が，リサーチ・デザインの策定段階で「データの基本的な構成とその分析結果に関する見通し」として読み替えられていくことになる．言葉を換えて言えば，リサーチ・デザインというのは，「**実際のデータ収集およびデータ分析を念頭に置いて，問いと仮説を具体的な変数間の関係に翻訳していくプロセス**」であると考えることができるのである．

　その翻訳作業にあたっては，試行錯誤のような手続きが必要になることも多い．つまり，どのような事例と変数をマトリクスに配置すれば調査における基本的な問い（セントラル・クェスチョン）に対する答えを求めていく上で最も効果的であるかという点について，予備調査などを通して確認していく必要が生じてくるのである．

　質問表調査の企画段階でおこなわれる「**プリテスト**」は，そのような目的でおこなわれる予備調査の典型である．第11章で改めて解説するが，プリテス

トは，質問表全体の構成の適切性や，個々の質問文が調査者の意図通りに回答者に受け取られているかどうかという点について確認するためにおこなわれる場合が多い．先行研究がそれほど多くはない，比較的新しい分野の調査などの場合には，何度かプリテストを繰り返した上で，概念に対応する変数の数や種類について最終的に決めていくこともある．場合によっては，特定の属性を持つ対象者の回答を検討してみた結果を踏まえて，事例の選択方針を修正していく必要が生じてくることもある．

　大量サンプルに対する「本番」の質問表調査は，このようなプリテストの手続きを経て，最終的な集計表のイメージが明確になった後の段階でおこなわれることになる．

総論的なストーリーラインとの関係
　集計表のイメージを手がかりにしながらリサーチ・デザインを練っていく際には，注意しておきたいポイントが1つある．それは，総論的な位置づけになるセントラル・クェスチョンおよびそれに対応する仮説と，各論の部分に相当する無数の集計表との関係を見失わないようにしなければならない，という点である．

　筋の悪いアンケート調査で際限なく作られていく無数の集計表は論外であるにしても，統計的調査の場合には，データ分析の過程で作成される集計表やそれにもとづくグラフや図は，かなりの数にのぼる例が珍しくない．また，既存の統計的資料を利用して二次的な分析をおこなう場合も，多種多様な統計データが二次資料として利用されるケースが多い．たとえば，既に何度かふれたように，『孤独なボウリング』の場合には，膨大な量の統計資料が，米国社会における社会関係資本の衰退とその影響を描き出すための二次分析の対象として利用されている．

　それらの膨大な統計資料に対応する集計表のほとんどのものは，第5章で「ディテールに関わる問い」と呼んだ，いわば「各論的」なリサーチ・クェスチョンに対する答えを求めていくために作成される．一方，5章で「セントラル・クェスチョン」と呼んだ，中心的な問いに対する答えに対応する幾つかの集計表とその解析結果については，調査全体における最終的な結論，つまり，

「総論」として提示されることになる．

　リサーチ・デザインの策定にあたっては，各論的な問いに関わる個々の集計表のイメージを明確なものにしておくことも，当然，重要なポイントの1つになる．ただし，ディテールに関わる問いのレベルに留まっている限りは，いつまで経っても問題の全体像（ビッグ・ピクチャー）が明らかにならず，「木を見て森を見ず」という事態に陥りかねない．したがって，統計的調査をおこなっていく際には，折に触れて，〈各論的な分析の結果は，全体としてどのような形で調査全体を貫く総論的なストーリーラインに集約されていくのか〉という点について掘り下げて考えていく必要がある．

(3) 少数事例研究の場合
一覧表の基本的な構成

　以上で解説してきたのは，大量サンプルから得られた数値データをもとにして分析をおこなうことを目指す，「統計的調査」ないし「定量的調査」などと呼ばれる社会調査において作成される事例－変数マトリクスの構成である．社会調査のタイプ分けにはさまざまな方法があるが，いわゆる「事例研究」は，この統計的調査と双璧を成すものとして見なされてきた．事例研究では，比較的少数の事例を詳しく分析していくことを目指す場合が多い．

　統計的調査とは対照的に，典型的な事例研究の場合には，数値データよりは，文字テキストが大部分を占める資料の方が重要な意味を持つことが多い．というのも，事例研究では，文書資料（内部資料，新聞・雑誌の記事等）やインタビューの内容を書き起こしたテキストなどから貴重な情報が得られるからである．

　このように，主として言語情報を使って分析を進める調査研究のリサーチ・デザインについて構想していく際にも，統計的調査の場合と同じように，事例－変数マトリクスが重要な手がかりになることが少なくない．もっとも，この場合の事例－変数マトリクスは，集計表というよりは，一般に「一覧表」と呼ばれているものに近い形式を取ることになる．

　表7.4には，その，一覧表的な性格を持つ事例－変数マトリクスの実例を，架空の作例によって示した（表にはいくつか空欄があるが，その点についてはすぐ後で解説する）．

表 7.4 一覧表の例（「一緒の方がいい」より）

事例	事例の概要	所在地	…	ストーリーの役割	橋渡し型と結束型の社会関係資本	
(事例1) ヴァレイ・インターフェイス	教会と公立学校の連携による極貧地域における社会的絆の形成	テキサス州リオ・グランデ・ヴァレイ	…	生活史をめぐる語りによる相互理解		← 1番目の事例を中心とする分析の方向
(事例2) シカゴ市図書館分館	図書館がコミュニティセンターとして果たす役割	イリノイ州シカゴ	…	同じ本のストーリーを共有することによる共感の醸成		← 2番目の事例を中心とする分析の方向
(事例3) 造船所プロジェクト	芸術活動（ダンス）によるコミュニティの再生	ニューヨーク州ヤンカーズ、マサチューセッツ	…		白人中心の富裕地域と黒人中心の貧困地域の橋渡し	← 3番目の事例を中心とする分析の方向

(事例 4～9 [省略])

(事例10) UPS宅配サービス	職場内に形成されるコミュニティと社会関係資本	米国各地にあるUPSの支所	…		職種の違いを越えた社会的絆の形成	← 10番目の事例を中心とする分析の方向
(事例11) Craigslist.org	インターネット上のコミュニティを介した社会関係資本の構築	カリフォルニア州サンフランシスコ	…	ネット上の「会話」の真意と対面的コミュニケーションの欠如が孕む問題点		← 11番目の事例を中心とする分析の方向
(事例12) ポートランド市	1970年代以降でも住民活動が健在であり、むしろ社会関係資本が拡大していった例外的事例	オレゴン州ポートランド	…		住民運動に対する行政府の積極的な関与とサポート	← 12番目の事例を中心とする分析の方向

↑ 1番目の項目（変数）を中心とする分析の方向　↑ 2番目の項目（変数）を中心とする分析の方向　↑ N番目の項目（変数）を中心とする分析の方向　↑ N＋1番目の項目（変数）を中心とする分析の方向

（パットナムらのこの本にここのような表が掲載されているわけではない）

出所：Putnam & Feldstein (2003) をもとに作成。

この表は，『孤独なボウリング』の姉妹編である『一緒の方がいい（*Better Together*）』（パットナムとルイス・フェルドスタインの共著）で紹介されている，全米 12 の地域における非営利組織や企業の事例に見られる特徴を一覧表の形式で整理してみたものである[21]．統計的調査における集計表の場合と同じように，この一覧表の横の行には，それぞれの事例が持つ特徴が項目別に記載されており，縦の列を眺めると，個々の項目（変数）について，複数の事例間の共通性や違いが見て取れるようになっている[22]．

一覧表の情報にもとづいて調査を設計する
　ここでは，この表に盛り込まれた個々の事例や項目の内容に関する解説は省略するが，この表からもうかがえるように，同書で扱われている 12 の事例は相互に異なる点が多い．たとえば，所在地にしても，米国西海岸から東海岸までさまざまな地域が含まれている．活動の拠点という点に関しても，学校や教会を中心とする団体から企業組織が中心になっているものまで多岐にわたる．
　もっともその一方で，これら 12 事例のあいだには，社会関係資本の特質やその形成・維持のメカニズムという点に関する共通点も多い．たとえば，右端の 2 つの項目の記載内容からは，対面的なコミュニケーションをおこなうことや，住民たち自身が抱えている問題をストーリーとして語ることが，人々の相互理解を深め，また社会的絆を形成していく上で効果的である，という事実が浮かび上がってくる．
　実際におこなわれる事例研究の場合，このような一覧表は，調査も最終段階に入って，調査全体の知見をまとめて示す目的で作成される場合も多い．しかし，統計的調査における集計表の場合と同じように，むしろ比較的初期の段階で，二次資料などを通して得られた情報にもとづいてこのような一覧表を作成してみることは，調査の基本的な方向性について確認していく上で有効な手がかりになる場合が多い．
　たとえば，本格的な調査に入る前に，それまでに入手できた情報をとりあえずこのような形で「マッピング」してみることは，複数の事例の相対的な位置づけについての目安をつけていく上で効果的である．また，そのようなマッピングの作業を通して，検討すべき項目間に重複があるという点が明らかになる

こともある．あるいは，逆に，当初の構想には入っていなかった新しい項目を追加することが必要になってくる場合もある．つまり，統計的調査の場合の集計表と同様に，少数事例研究における一覧表もまた，リサーチ・クェスチョンと仮説を踏まえた上で，〈どのような調査対象について，特にどのような項目に着目して調べていくべきか〉という点について深く掘り下げて検討していく上で重要な役割を果たすことが多いのである．

一覧表（マトリクス）の「進化」と漸次構造化アプローチ

一方，一覧表は，調査を進めていく中でリサーチ・クェスチョンや仮説を修正したり再構成したりしていく際にも，重要な役割を果たすことがある．これは，事例研究というものが長期にわたっておこなわれる場合が多いという点と関係が深い．

統計的調査，特に質問表調査などでは，質問表を回収してしまった後で質問項目の不備に気づくようなことがあったとしても，あらためて調査をやり直すことが難しいケースが多い．したがって，集計表の構成なども含めて，事前に調査の詳細をしっかりと「固めて」おいた上でデータ収集に取りかかることが，リサーチ・デザインの策定における最も重要なポイントの1つになる[23]．

それと対照的なのが，比較的少数の事例を対象として事例研究をおこなうような場合である．この場合には，それぞれの事例に関する情報を収集していく中で，一覧表に盛り込まれる項目を徐々に修正していったり事例を追加したりすることが，むしろ重要な意味を持つ例が多い．つまり，事例研究では，調査を進めていく中で浮かび上がってくるアイディアを臨機応変に取り込んでいけるように，リサーチ・デザインを十分に柔軟性があるものにしておく必要があるのである．

実際，幾つかの事例についての知見を一覧表形式で整理してみた結果として，当初は想定していなかった事柄が，新たな検討項目として浮かび上がってくる場合がある．そして，その項目を一覧表に追加していくことによって，既に第一段階の分析を終えた事例についても，別の観点から再検討できるようになっていく．

また，幾つかの事例の特徴を一覧表形式で整理してみたり，その分析結果を

中間報告書やワーキングペーパーのような形でまとめてみたりする作業を進めていく中で，事例にバリエーションを持たせてみる必要性が明らかになってくることもある．たとえば表7.4について言えば，当初は組織形態や所在地のバリエーションに重点を置いていたのに対して，途中でインターネット上のコミュニティと地域社会との関連が重要な分析項目として浮かび上がってきたとする．そしてそのような検討の結果として，表では下から2番目に出ているCraiglist.orgのような事例を追加していくような場合があるかも知れない．

　以上のような作業は，取りも直さず，**漸次構造化アプローチの発想を，一覧表の作成と修正という具体的な作業を通してデータ分析の際に生かしていく**ということでもある．そして，そのようなプロセスを通して，一覧表形式の事例−変数マトリックスは，より洗練された分析フレームとして「進化」していくことになる．

ディテールに関する問いと仮説

　以上で見てきたように，事例研究の場合には，そのリサーチ・デザインが，素描（デッサン）のような段階から徐々に精密な設計図に近いものに仕上げられていくことも多い．これは，質問表調査のような統計的調査では，初期の段階で詳細な設計図のようなリサーチ・デザインを策定した上で実際のデータ収集と分析の作業にあたる場合が多いのとは，きわめて対照的である．つまり，**統計的調査におけるリサーチ・デザインは，「計画」の側に比重が置かれているのに対して，事例研究の場合には，むしろ「創発」の側に重点があるのだと言える**．

　そして，リサーチ・デザインのあいだに見られるこのような違いは，これら2種類の調査における仮説の位置づけと密接に関連している．

　前章で述べたように，どのようなタイプの調査であっても「後講釈型仮説」は明らかな禁じ手である．それは特に，統計的調査の場合について言える．実際，質問表調査のような統計的調査については，分析結果にあわせて後付け的に仮説を組み立てることは，事後予言にも等しい一種の不正行為であるとさえ言える．それに対して，事例研究の場合には，むしろ，事例分析を進めていく中で浮かび上がってきた新たな問いに関する「仮の答え」や「予想」を広い意

Column 事例と「分析単位」——生態学的誤謬と還元主義的誤謬

　事例 – 変数マトリックスのようなデータ構造を想定して調査を企画していく際には，事例と分析単位という，2つのものを混同しないようにする必要がある．この場合，**事例**というのは，データを収集したり集計したりする際の単位を意味する．一方，**分析単位**は，データの集計や分析の結果を踏まえて理論的な解釈をおこなう際の単位である[24]．この2つのものを混同してしまった際に生じがちなのが「**生態学的誤謬**」と「**還元主義的誤謬**」である．

　生態学的誤謬（ecological fallacy）というのは，本来は個人単位で収集されたデータによって明らかにすべき問題について，地域や集団などを単位にして得られたデータから計算された相関関係（「生態学的相関」と呼ばれる）にもとづいて結論を下してしまう，という誤りである[25]．生態学的誤謬の例としては，黒人の人口比率が高い地域の犯罪率が高いことを示す統計データだけを根拠にして「黒人は犯罪率が高い」という結論を下してしまう，というような場合があげられる．その種の，地域を単位として集計されている犯罪率データに関しては，当然まったく別の解釈も成立しうる．たとえば，黒人比率が高い地域における犯罪率の高さは，実は，黒人が罪を犯す確率が高いからではなく，むしろ黒人居住区に住んでいる白人の犯罪率の方が高いことによって生じているのかも知れないのである[26]．

　この生態学的誤謬の例は，個人を事例の単位とするデータで明らかにすべき問題（人種別の犯罪率）を地域レベルの集計値（地域の犯罪率）で分析してしまうことによる誤りである．それとは逆に，地域や集団を単位とするデータで分析すべき問題について個人ベースのデータによって分析してしまう誤りも存在する．これが，**還元主義的誤謬**（reductionist fallacy）ないし個人データ偏重の誤謬（individualistic fallacy）と呼ばれる誤りである．たとえば，2つの国で個人を対象としておこなわれた世論調査の結果だけをもとにして，「民主主義に対する支持率の高い国の方が低い国にくらべて，より民主主義的な政治がおこなわれている」という結論を出したような場合には，還元主義的誤謬を犯している可能性がある[27]．たしかに，国民一人ひとりの政治的態度と国家の政治体制のあり方（法制度，選挙制度，意思決定システム等）とのあいだには，ある程度の関係はあるかも知れない．しかし，両者は，本来，異なる次元に属する問題である．実際，非民主的な政治体制であるからこそ，人々のあいだで民主主義への渇望と熱狂的な支持があるという可能性は十分に考えられる．

論文や報告書を発表した際には，しばしば「分析レベルを取り違えているのではないか」とか「それとこれとは次元の違う話ではないか」というコメントが与えられることがある．これは，分析単位の設定において誤りを犯していることによる場合が少なくない．そのようなコメントをもらった時には，一度データを事例－変数マトリクス形式で整理してみることが１つの解決策になりうる．たとえば，本章の表7.2では，個人が基本的な分析単位である．それに対して，表7.3では，地域社会が基本的な分析単位になっている．これらの表と同じようにして，既に収集したデータあるいは今後集めようと思っているデータをマトリクスの形式で整理してみると，自分自身がどのような分析単位を設定して調査をおこなおうとしていたのか，という点について改めて確認できる場合がある．

味での仮説として生かしながら，それ以降の作業を進めていくことが非常に重要な意味を持つ場合が少なくない．

　表7.4では，幾つかの欄を空白にしている．これは，そのような，調査を進める途上で浮上してくるリサーチ・クェスチョンと仮説が持つ機能を例示するために架空の例として設定したものである．たとえば，3番目の事例として挙げられている「造船所プロジェクト」は，地域全体を巻き込んだダンス・プロジェクトの企画と実行をめぐる活動がコミュニティ再生の重要なきっかけとなった事例である．この事例については右端の2つの欄が空白のままになっている．これは，まだ本格的な事例研究がおこなわれる以前の段階を想定して仮に空欄としたものである．

　実際の調査では，〈この空欄がどのような内容の情報で埋められていくか〉という点が最も重要なリサーチ・クェスチョンの1つになり，それに対応する予測が1つの（各論的な）仮説として設定されていく．そして，その空欄を埋めていく作業においては，社会関係資本に関する一般的な理論や他の11事例を相互に比較検討した結果から得られた総論的な知見が，個別の事例を理解する上での理論的・実証的根拠として生かされていくことになるだろう．

(4) 調査を始める前に論文を書いてしまう

　以上で解説してきた，〈比較的早い時期に，仮のデータを想定して事例－変数マトリクス（集計表・一覧表）を作った上で，リサーチ・デザインの目安をつ

けていく〉という手続きは，前章で紹介した「実験（調査）を始める前に論文を書いてしまう」というやり方と，基本的に同じ発想にもとづいている．もっとも，単に想定される事例－変数マトリクスの構成を図表として描いてみたり，それについて簡単な箇条書きのメモを書いてみたりするだけでは，明らかに不十分である．というのも，そのような断片的なスケッチ程度の覚え書きだけでは，リサーチ・クェスチョンと仮説の関係や，実際に調査をおこなう際の具体的な手順の詳細について見通しをつけることは出来ないからである．

　リサーチ・デザインを策定する際には，もう一歩踏み込んで，事例－マトリクスに実際に数値データや事例研究の文字テキストが組み込まれた状態を想定して，調査報告書や論文の草稿を書いてみる，という手続きが有効である場合が多い．もちろん，その種の草稿は，文字通りの「原稿」というよりは，かなり粗い下書きや素描程度のものに過ぎない．しかし，その種のごく粗いデッサン程度のものであっても，比較的初期の段階で一貫した筋立てでひと通り文章を書いてみることは，リサーチ・デザインを，具体的な作業手順に即した計画として練り上げていく上で効果的である．

　そのような，「物語（ストーリー）としてのリサーチ・デザイン」に盛り込んでいくべき要素の中でも最も重要なものの１つに，〈どのような調査対象をどのような基準で選択していったらよいか〉という点に関するものがある．これは，取りも直さず事例－変数マトリクスの横の行にどのような事例を配置していくか，という問題でもある．次章では，この点について，サンプリング（標本抽出）という観点から解説していく．

第8章 • サンプリング

標本調査のサイエンス&アート

> 東京で高校生の男女100人に聞きました．答え（は）6つ．「お金が儲かりそうなので，こんな仕事がしたい．さて，それはどんな仕事？」(* 番組の中で示された「正答（回答者数）」：医者（18），政治家（15），芸能人（15），水商売（14），不動産屋（12），弁護士（6））
>
> 『クイズ100人に聞きました』最終回より

> 回也，聞一以知十．賜也，聞一以知二[1]．
>
> 『論語』公冶長 第五

　社会調査では，「一を聞いて十を知る」こと，すなわち，限られた数の調査対象（者）から得られた情報にもとづいて物事の全体像を明らかにすることを目指す場合が多い．そのような調査では，全体的な傾向や特性の出来るだけ正確な縮図となるような事例群を選び出していくことが非常に重要なポイントになる．統計的調査における事例選択に関しては，「サイエンス」としての確率論の原理にもとづくサンプリング（標本抽出）が鉄則とされる場合が多い．もっとも実際の社会調査において現実的な制約を考慮に入れながらサンプリングの作業を進めていく際には，「アート」と「クラフト」の素養が不可欠となる．

1　一を聞いて十を知る．百人に聞いて，何を知る？

(1) クイズ番組のケース

『クイズ100人に聞きました』は，1979年から1992年までの約13年間にわたって続いていた人気テレビ番組である．番組の基本的な構成は，次のようなものであった．まず，一般の視聴者5人ずつ（通常は家族・親族）の2チームが，

100名を対象としておこなわれたアンケート調査で多かった回答について推測して解答し，その正答数で得点を競う[2]．最終的な勝敗は，一連の問題に対する解答で獲得した得点の合計で決められる．次の段階では，勝った側のチーム・メンバー5名の一人ひとりに対して，やはりアンケート調査の結果に関するクイズがそれぞれ1問ずつ提示される．そして，それらの問題に正解したメンバーには，番組の賞品であるハワイ旅行の特典が与えられる．

この『クイズ100人に聞きました』には，ある種のアンケート調査が持つ，エンタテイメントとしての性格がきわめて明確に示されている．また同番組は，アンケートのような社会調査が事例の選択法という点で抱えている問題点について考えていく上でも重要な手がかりを与えてくれる．

娯楽(エンタテイメント)としてのアンケート調査

ここで「事例の選択法に関わる問題」というのは，前章で解説した事例－変数マトリクス（集計表）で言えば，〈横の行に配置される事例をどのように選び出していくか〉という点をめぐる問題である．この「事例の選び方」の善し悪しは，次章で解説する「概念の測り方」の適切さと並んで調査データの質を左右する決定的な要因の1つである．実際，どれだけ精度の高い尺度(モノサシ)によって変数値が測定されていたとしても，いい加減な方針で事例が選ばれていたとしたら，集計表は単なる無意味な数字の羅列に過ぎなくなってしまう．

もっとも，それはあくまでも「サイエンス」としての調査を目指す場合である．それ以外の目的でおこなわれる調査となると，事情は全く違ったものになる．たとえば，アンケート調査が単なる話題提供や一種の娯楽のためにおこなわれていたとしたら，どうであろうか．その種の調査では，そもそもリサーチ・クェスチョンと呼べるようなものが最初から設定されていない場合が多い．したがって，答えの正しさが真剣に議論されるようなことはほとんどない．したがってまた，事例の選択が適切になされているかどうかなどが問題になるはずもない．

本章の冒頭にあげたのは，『クイズ100人に聞きました』の最終回（1992年9月28日放映）で出された問題の1つである．この問題には，娯楽のためのアンケート調査の特徴が典型的な形で示されている．実際，この問題に対する「正

答」の真偽が問われることはまずあり得ない．また，このクイズ問題のためにおこなわれたアンケート調査の際にどのような基準で「東京の高校生男女100人」が選ばれたのか，という点について詮索することにはほとんど意味がないだろう．

というのも，娯楽としてのアンケート調査の場合に最も重要なのは，調査結果が何となく「もっともらしく」見え，かつ一般受けするものであるかどうか，という点だからである．当然のことながら，調査法の厳密さや適切性などはほとんど問題にならない．事例の選び方という点に関しても，〈事例がどれだけ全体的な傾向を示すものであるかと〉いうよりは，むしろ，〈とりあえず頭数を揃える〉ことに重点が置かれることのほうが多いだろう．

100人に聞いて何を知る？①──事例の代表性についての疑問

それとは対照的に，同じようなテーマについて本格的な社会調査をおこなう場合には，当然のことながら，事例の選択に関する慎重な配慮が必要になってくる．実際，一般的な傾向からかけ離れた属性を持った特異な調査対象しか選ばれなかったとしたら，それらの対象から得られた情報を社会全体にあてはまるものと見なして一般化できるはずもない．その，**事例の代表性**という基準を適用して判断するならば，クイズ番組で取り上げられるアンケート調査における事例選択の方法は，たいていの場合，明らかに失格である．

たとえば，上にあげた『クイズ100人に聞きました』で出題されたアンケート調査が，仮に，高校生一般の職業志望に見られる傾向について調べるためにおこなわれたものだと想定してみよう．その場合，この調査における事例の選び方に関しては，少なくとも次のような疑問がわいてくるに違いない．

- 「高校生の男女100人」とは言っても，男女それぞれ何名ずつなのか？
- 東京の高校生に聞くだけで十分なのか？
- どのようなタイプの高校に通っている100人なのだろう？　高校の種別（定時制・全日制，普通科・専門教育学科・総合学科等）によって答えは違ってくるのではないか？
- 全部で何人に聞いた内の100人なのだろうか？　回答しなかった高校生には，何か

回答を拒否したくなるような特別な理由があったのではないか？
・100人に聞くだけで十分なだけの情報が得られるのか？
・それにしても，なぜ「100人」なのか？

100人に聞いて何を知る？②——「100人」の根拠

　ゴシック体で示した最後の疑問に対する答えについては，比較的簡単に見当をつけることができる．というのも，『クイズ100人に聞きました』は米国の人気番組 *Family Feud*（家族対抗クイズ合戦）[3] を番組企画上のモデルにしていたからである．その *Family Feud* の軸となっていたのも，100名を対象とするアンケート調査にもとづくクイズ問題である．

　この，日米の2つの番組で採用されていたように，「100人の内の何人」という結果の示し方は，視聴者に，百分率（パーセント）という，日常生活でもなじみの深い数値データのイメージを持ってもらえるという点で非常に効果的である．もっとも，当然ではあるが，〈その100人から得られた回答が何らかの意味や価値のある情報を含んでいるか〉という点に関しては，大いに疑問が残るところである．

　要するに，娯楽性の強いクイズ番組の一環として調査がおこなわれるような場合には，かなりご都合主義的な方法であっても一向に差し支えないのである．したがって，事例の選択法をはじめとして，その種の調査が抱えている方法論的な問題を取り上げるのは，明らかに的外れの批判の仕方だと言える．

　もっとも第1章で指摘したように，現実には，アンケート調査や意識調査の場合には，「サイエンス」と娯楽との区別が必ずしも明確ではないものが多い．実際，一見サイエンスとしての社会調査であるかのような印象を与える社会調査ではあっても，本質的には『クイズ100人に聞きました』の場合とほとんど変わらない，非常におざなりな方法で調査対象となる事例の選択がなされているケースが少なくないのである．

(2) 選挙予測のケース——ギャラップ社の成功と失敗

　事例の選び方の善し悪しについて見分けていくためには，〈サイエンスとしての社会調査にとってふさわしい事例選択法のポイントは，どのようなもの

か〉という点について理解しておかなければならない．ここでは，その点に関する解説に入る前に，少しだけ遠回りになってしまうが，1930年代から40年代にかけて米国でおこなわれた大統領選挙に関する調査の例を幾つか取り上げてみることにしたい．というのも，これらの調査をめぐって流布されてきた物語（ないし一種の神話）は，社会調査における事例選択法の重要性が広く認識される上で重要なきっかけとなったからである．実際また，これらの例には，統計的サンプリングの基本的なポイントについて理解する上で重要なヒントが幾つか含まれている．

240万人に聞いて何を知る？——『リテラリー・ダイジェスト』誌の失敗[4]
「数頼み」の調査の限界　クイズ番組のためにおこなわれるアンケート調査の場合はともかく，本格的な社会調査の場合には，回答者数を100人に設定する合理的な理由は存在しない．それどころか，後で解説するように，100人だけのデータではほとんど何の情報価値もない場合が多い．

それでは，対象者や事例の数を増やせば増やすほど，より正確な情報が得られるのだろうか．常識的な発想で考えてみれば，全員について調べた場合に得られたデータが究極の「真実」なのであるから，対象者の数を増やしていけばそれに応じて調査の精度が上がっていくようにも思える．つまり，100人よりは200人，200人よりは1000人，さらに1000人から1万人……という具合にして数を増やしていくにつれて，より実態に近い正確なデータが得られるようにも思えるのである．

しかし実際には，単に対象者数を増やしただけでは，精度の高い推定ができるわけではない．それどころか，やり方によっては，より少ない対象者数のデータを用いたほうが，はるかに効率的で精度の高い推定ができる場合が多い．この点を鮮やかに示しているのが，1936年の米国大統領選に関しておこなわれた2つの調査の失敗と成功である．一方の調査は200万人以上のデータが入手できたにも拘わらず選挙結果を予測することに失敗した．それに対して，他方の調査は，その40分の1以下に過ぎない5万人程度のデータをもとにして，的確に勝者を予測することができた，とされている．

2組の勝者と敗者　1936年の米国大統領選の勝者は，第一期目の任期を終えて再選を目指していた民主党のフランクリン・ルーズベルトであり，一方の敗者は，カンザス州知事で共和党候補となっていたアルフ・ランドンである．実は，この選挙戦をめぐっては，もう一組の勝者と敗者がいた．勝者は，大統領選の前年の1935年に設立されたばかりの調査会社のギャラップである．一方の敗者は，創刊以来40年以上の歴史を持つ主要週刊誌『リテラリー・ダイジェスト』であった．

表8.1に見るように，この時ダイジェスト誌は，一般投票においてランドンがおよそ54%の得票率で勝利するだろうと予測した．しかし実際には，現職のルーズベルトが6割以上の票を得て大勝したのであった[5]．一方，ギャラップ社はこれらの2人の候補についてダイジェスト誌とはほぼ正反対の得票率になることを見込んで，見事に勝者を言い当てることになった．

ダイジェスト誌の敗因とギャラップ社の勝因　ダイジェスト誌の主な敗因は，調査対象者の選び方にあったとされる．この時ダイジェスト誌が採用した方法は，電話帳・自動車登録簿・自誌の定期購読者リストなどをもとにして選ばれた調査対象者に対して往復葉書を使った模擬投票形式の質問票を送って回収する，というものであった．ダイジェスト誌は，それ以前にも，同じような方法で調査をおこなっており，1920年から1932年までの大統領選では，4回とも勝者をかなり高い精度で正しく予測していた．今回も，質問票を送った約1000万人もの対象者のうちおよそ240万人の人々から回答を得ることができていた．しかし，これだけ多数の回答があったにも拘わらず，ダイジェスト誌は予測を大きく外してしまったのである．

この選挙予測における失敗の原因の1つは，当時電話や自動車を持つことができた人々の大半は富裕層であり，彼らの多くがランドンに投票したのに対して，調査対象から漏れた貧困層の大多数はルーズベルトを支持していたことにある，と言われている．それに加えて，回収率の低さによるバイアスを重要な敗因の1つとしてあげる場合もある．つまり，「240万」というのはたしかに大きな数字ではあるが，むしろ回答しなかった750万人以上の人々の動向の方にこそ，選挙戦の行方をうらなう上で重要な手がかりがあったのではないか，

表 8.1 1936 年の大統領選——得票率の予測と実際

	得票率		質問票回収数
	ルーズベルト	ランドン	
ダイジェスト誌の予測	41% <	54%	約 240 万件
ギャラップ社の予測	54 >	43	約 5 万件*
実際の選挙結果	61 >	37	

出所：Freedman et al（1978: 303），盛山（2004: 122）等を元に作成

* 社会調査の解説書の中には，ギャラップが選挙予測で用いた標本数を 3000 としている例が少なからずある[6]．しかし，実際には，3000 件というのは，ギャラップ社が，ダイジェスト誌がおこなうであろう「予測」それ自体について予測した際に用いたサンプルサイズであると見られる．また，5万件というサンプルサイズについても，若干不明な点がある．これらの点については，本章の第 7 節で改めて解説する．

というのである．

　一方，ギャラップ社が調査対象者を選択する上で採用したのは，「**クォータ・サンプリング（割当法）**」と呼ばれる，有権者の多様性に十分に配慮した方法であった．つまり，ギャラップ社は，全有権者を性・年齢・社会階層・人種等によって幾つかのセグメントに分けて，それぞれのセグメントの人口比に応じて調査対象者となる人々の割合を決定していたのである．ギャラップ社は，このクォータ・サンプリング法を採用することによって，調査の回答者が特定の層に偏ってしまうような事態をかなりの程度回避することができたのであった．

　なお，ダイジェスト誌は，選挙予測に失敗したことが 1 つのきっかけとなって，その後まもなくして他誌との統合を経て最終的には廃刊の憂き目にあうことになる．娯楽としてのアンケート調査の場合には，たとえその調査法がいい加減なものであっても，大きな問題になることは少ない．しかし，このダイジェスト誌のケースのように，不適切な方法でおこなわれた社会調査の結果は，時として，組織の浮沈に関わる深刻な事態を招いてしまうことがあるのである[7]．

5 万人に聞いて何を知る？——ギャラップ社の失敗

　デューイがトルーマンを下して**第 33 代大統領に**？　ダイジェスト誌が以上のよう

図 8.1　シカゴ・トリビューン紙の大誤報を掲げるトルーマン大統領

＊見出しには「DEWEY DEFEATS TRUMAN（デューイ，トルーマンを破る）」とある

な運命をたどったのとは対照的に，ギャラップ社の方は，1936年の大統領選の予測に成功したことで一躍その名を知られるようになった．そして，その後世界的な調査会社へと成長を遂げていった．またギャラップ社は，その後，1940年と1944年の大統領選でも予測を的中させていた（勝者は，いずれもルーズベルト）．

　しかし，その同じ会社が1948年の，ハリー・トルーマン（民主）対トマス・デューイ（共和）戦では予測を外してしまった．ギャラップ社の「トルーマン44％ 対 デューイ50％」という予測とは逆に，実際におよそ5割の得票率で大統領選を制したのは，現職のトルーマンの方だったのである．この時は，他の主要調査会社2社も，ギャラップ社同様に予測に失敗していた．クロスレイ社の場合は「トルーマン45％ 対 デューイ50％」，ローパー社にいたっては「トルーマン38％ 対 デューイ53％」，つまりデューイ圧勝という予測を出していたのである[8]．

　上に挙げたのは，勝利をおさめたトルーマンが，選挙予測にもとづいて世紀の大誤報をしてしまったシカゴ・トリビューン紙（米国中西部の主要紙）の一面を誇らしげに掲げている写真である．

ギャラップ社の敗因　実は，この時ギャラップ社が採用した方法は，前3回の

大統領選の場合と基本的に同じものであった．つまり，同社は，1936年のルーズベルト対ランドン戦の時と同じように，1948年の大統領選でも，クォータ・サンプリングによって選び出した約5万人の有権者を対象にして調査をおこなっていたのである．しかし，前2回は有効であったはずの方法がこの時の大統領選では通用しなかったのであった．

　ギャラップ社の失敗の原因は，調査の実施手順における問題とクォータ・サンプリングという方法それ自体に含まれる問題の2つに分けて考えることができる．

　調査の実施手順をめぐる問題に関しては，比較的早い時期に調査を終了してしまったために，それ以降の有権者の動向を把握しきれなかった，という点が指摘されている[9]．また，調査対象を有権者全体の人口比で割り当てる際の根拠にしたのが，選挙時点からかなり前におこなわれた1940年の国勢調査データだったという点がギャラップ社の敗因の1つだったとされる場合もある．

　以上は主として具体的な手順に関わる問題である．ある意味でそれにも増して重要な問題として指摘され，また，その後の選挙予測調査の方法を大きく変える契機になったのは，クォータ・サンプリングという方法それ自体が抱える問題である．この問題については，すぐ後で改めて解説するが，主要なポイントは次の2点である——①どれだけ有権者の属性（性，年齢など）を細かく設定して人口比を推定したとしても，そこから抜け落ちてしまう属性がある．②クォータ・サンプリングは，調査スタッフの恣意的な判断が加わる部分が多く，有権者全体を代表するようなサンプルを獲得する上で必ずしも有効な手法ではない．

3000人に聞いて何を知る？——標本抽出法の進化

　以上のような経緯を経て，選挙結果の予測に関する調査や統計的調査一般における事例選択の方法については，さまざまな改良が加えられてきた．その結果として，ある時期からは，数千人の回答結果からでも，かなり高い精度で各種の選挙結果が予測できるようになっている．

　たとえば，ギャラップ社の場合，1948年の大統領選挙では約5万人のサンプルを使用したが，その次の1952年の大統領選では5400人足らずのサンプル

によって4.4%程度の誤差で結果を的中させたとされている．さらに1976年の選挙では，3500人程度のサンプルによって予測をあてており，その際の誤差は1.6%に過ぎなかった．また，2008年の，バラク・オバマ（民主）対ジョン・マケイン（共和）の対決となった大統領選挙では，（恐らく選挙終盤の最終的な予測調査では）10を越える機関が1～2%の誤差で勝敗を的中させているが，その際の回答者数については2000人以下というケースもあった[10]．つまり，これらの世論調査では，ほんの数千人のデータから数千万人ないし1億数千万人もの有権者の投票意向に関する推測をおこなうことに成功した，とされているのである．

　本章では，これ以降の幾つかの節で，このように，驚異的とも言える成果をあげてきた統計的調査における事例選択法の基本的な発想を中心にして解説していく．もっとも，ここで注意しておかなければならないのは，大統領選の予測調査というのは，サンプリングとその効果ないし「威力」という点に関してはむしろ特殊な部類に属する調査である，という事実である（また，「サイエンス」としての統計的サンプリングが持つ，一種魔術的な威力については，これまでやや誇張気味の解説がなされてきた）．

　実際の社会調査においては，選挙予測の場合とは違って，予測や説明の当否について明快を示すことがそれほど容易ではないことの方がむしろ多い．また，事例研究の対象となる事例を選択していく際は，統計的調査におけるサンプリングとは本質的に異なる発想にもとづく検討が必要になってくる場合が少なくないのである．

　それらの点に関する詳しい議論に入る前に，ここではまず，サンプリングにおける基本的な考え方について解説しておくことにしたい．

2　統計的サンプリングの基本的な発想

(1) 標本調査の概要
基本的な概念と用語

　対象者数が2000人であろうが，その1000倍以上の240万人であろうが，選挙予測調査の最終的な目標は，限られた数の有権者に関するデータをもとにし

て全ての投票予定者に関する情報について推測することにある．このように，直接の調査対象となった事例から得られたデータにもとづいて全ての事例に関する情報を推測することを目指す社会調査のことを**標本調査**（sample survey）と呼ぶ．言葉を換えて言えば，標本調査の基本的な目的は，「部分」から得られた情報にもとづいて「全体」の特徴や傾向を推測することにあるのだと言える．

「標本調査」という名称の由来は，実際にデータ収集の対象となる事例──「個体」とも言う──やその属性の集合のことを**標本**ないし**サンプル**（sample）と呼ぶことから来ている．一方，調査者がそのサンプルについて得られた情報をもとにして，その特徴や傾向を推定しようと考えている対象やその属性の集合は**母集団**（population, universe）と呼ばれる[11]．**サンプリング**というのは，母集団からサンプルを選び出していく作業を指し，訳語としては「**標本抽出**」があてられることが多い．

1936年の大統領選挙の例で言えば，当時の全米の数千万人の有権者全員が母集団となる．一方，そこから240万人（ダイジェスト誌）ないし5万人（ギャラップ社）のサンプル（標本）を選び出す作業がサンプリング（標本抽出）の手続きだということになる．

全数調査と標本調査

社会調査の中には，標本調査とは対照的に，調査対象となる全ての事例に関するデータの収集を目標としている調査もある．これが，**全数調査**（「悉皆調査」とも）などと呼ばれるタイプの調査である．国勢調査はその典型的な例であるが，その他には，たとえば，それぞれの大学で卒業予定者全員の就職内定状況について知るためにおこなわれる調査なども，全数調査の一種である．

この，全数調査と標本調査の基本的な発想の違いを図解すると，201ページに示した図8.2のようになる．

図8.2Aに見るように，全数調査の場合，基本的な発想それ自体はきわめてシンプルである．この場合の目標は，調査対象となった一群の事例の全てに関してできるだけ正確な情報を得ることにある．

一方，標本調査では，調査対象となった事例群に関する正確なデータの収集

> **Column** 人間の「標本」を「抽出」する？
>
> 「標本」や「サンプル」あるいは「標本抽出」という言葉には，どうしても無機質な印象がつきまとう．実際，「あなたは，今回のアンケート調査の標本（サンプル）として選ばれましたので，どうかご協力お願いします」などと言われたら，どのような気持ちになるだろうか．自分がまるで動物（「昆虫標本」「剥製標本」）や石ころ（「鉱物標本」）か何かとして扱われたように思えてくるのではないだろうか．同じように，標本集団に含まれる事例のことをよく「個体」などと言うが，この用語をうっかり調査対象となった人々の前で口にしてしまったら，その人たちからかなりの反発を買ってしまうに違いない．
>
> サンプリングに関する用語がともすれば無機質であり，時には非常に無礼であるようにも思えるのは，恐らく，これらの用語がもともと無生物ないし人間以外の動植物を対象とする自然科学の用語ないしその日本語訳が起源になっているからであると思われる．いずれにせよ，実際に調査をおこなう場合には，このような用語法と日常的な言語感覚とのギャップに対しても配慮を怠らないようにしたいものである．

> **Keywords**「サンプル」―「標本」,「サンプリング」―「標本抽出」
>
> 以下本章では，上の2対の用語については特に区別することなく，文脈や文章の調子によって大まかな使い分けをしていく．また，あまり一般的な用語ではないが，調査対象となる事例の集合を指す言葉として**標本集団**を用いる．これは，「標本（サンプル）」という用語が調査対象となる個々の事例やその属性を指すこともあれば，その集合を指す場合もあることから，両者を明確に区別することを意図している．

を目指すことは，調査全体におけるさまざまな手続きにおける1つのステップに過ぎない．事実，標本調査の最終的な目的は，標本集団に関するデータを元にして，母集団の全ての事例についてデータが得られたと仮定した場合の値を推測していくことにある．つまり，図8.2Bに示したように，標本調査の目的は，「部分」から得られたデータやその解析結果から「全体」の値について推測することにあるのである．

図 8.2A　全数調査の基本的発想

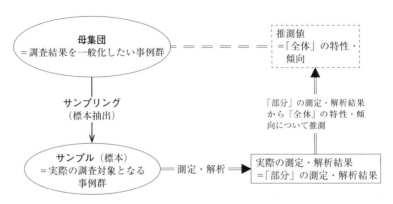

図 8.2B　標本調査の基本的発想

(2) 標本調査のメリット

　この2つの方法を比べてみると，一見全数調査の方がはるかに正確で確実な調査の方法であるようにも思える．なぜならば，全数調査では，測定値がそのまま「真実の値」になっているのに対して，標本調査の場合には，わざわざ遠回りの道を選んで不確かな情報を得ようとしているようにも見えるからである．

　しかし，これは必ずしも全ての場合について言えるわけではない．特に母集団のサイズがかなり大きな場合には，標本調査の方がむしろ全数調査よりも確実な情報が得られることが少なくない．また，現実の社会調査は標本調査としておこなわれる場合がかなり多い．

　標本調査がおこなわれることが多い最も重要な理由の1つに，全数調査とくらべてコストが格段に低く抑えられるから，というものがある．実際，国政選挙の際に全有権者を対象として調査をおこなったとしたら，その経費は天文学的なものになってしまう．一方，数千人程度の標本調査でもかなり高い精度の情報が得られるのだとしたら，あえて全数調査をおこなう必要はないだろう．

　また，直観に反するかも知れないが，標本調査の方が実は全数調査よりもむしろ精度の高い情報が得られる場合も多い．たとえば，聞き取り式で調査をお

第8章　サンプリング　201

こなうような場合に，全ての事例をカバーしようとしたら，個々の対象者の聞き取りにかけられる時間は少なくなってしまう．また，信頼できる情報を引き出せるような資質を持つ調査のスタッフを一定数確保した上で訓練するために必要となる時間・経費・手間も馬鹿にならない．そのような場合は，むしろ対象者の数を絞って，きちんとした訓練を受けた調査スタッフが丁寧な聞き取りをおこなった方がより確実な情報が得られることが多い．質問表調査のような場合も同様である．この場合も，きちんとしたトレーニングを受けたスタッフがそれぞれの回答内容を詳しくチェックしたり，適切な方法で集計したりして確実なデータを得ていくためには，標本調査の方が有利なケースが少なくない．

さらに，「旬」の情報を鮮度の高いうちに把握しようとする場合にも，標本調査には大きな利点がある．実際たとえば，「瞬間風速」的な世論の動向を出来るだけリアルタイムに近い形でとらえたいというような場合に，全数調査などでは調査をしているあいだに事態が変化してしまってデータが無意味なものになってしまうだろう．同様に，消費者の動向を調べたいと思っている時に全数調査をおこなっていたとしたら，貴重なビジネスチャンスを失うことにもなりかねない．

(3) サンプルが母集団の「縮図」となるための条件

標本調査には以上のような明らかな利点もあるが，それらの利点を十分に生かしていくためには，標本（サンプル）が母集団のできるだけ正確な縮図になるように慎重に配慮しておかなければならない．実際，1936年の大統領選ではリテラリー・ダイジェスト誌が，一方1948年の選挙ではギャラップ社がそれぞれ予測を外したのだが，これは，有権者のサンプルが全米の有権者という母集団の構成を忠実に反映する縮図になっていなかったからに他ならない．

一般に，統計的調査におけるサンプリングに関しては，以下の3つが最低限満たすべき条件として挙げられてきた．これらは，いわば母集団の正確な縮図をつくるための必要条件だと言える[12]．

①**母集団についての明確な定義**——どのような対象を母集団として想定するのかを明らかにする．「標本集団から得られた情報をどこまで一般化したいのか」という点

を明確にしておく．
②**確率的サンプリング**——母集団から特定の事例がサンプルとして選ばれるのが等しい確率になるように配慮する．標本抽出作業において偏りが無いようにする．
③**適正なサンプルサイズ**——母集団の特性や傾向について知るために必要かつ十分なだけのサンプルサイズ（「標本サイズ」，「サンプル数（標本数）」あるいは「n 数」などと言う場合もある）を確保する．

以上の3点は，いずれも，確率・統計理論を前提にした，標本調査に関するいわば「原理原則」とも言える条件である．これに加えて，質問表調査のような場合には，具体的な調査の実施手順に関して，次にあげる4つめの条件を満たしている必要がある．

④**高い回収率と有効回答率**——データとして使用できる有効な回答を得られた事例と，それが得られなかった事例とのあいだに極端な違いが存在しないことが仮定できる．

上にあげた4つの条件をまとめて言えば，次のようになる——①**ターゲットとなる「全体」についてのイメージを明確にした上で**，②**特定の部分に偏ることなく**，③**必要十分な数の事例に関するデータを**，④**出来るだけ取りこぼしの無いように集める**．換言すれば，これらの条件を満たしていない標本抽出法によって得られたデータは何らかの意味で偏りがあるものになってしまう．したがって，その偏ったデータにもとづく推測は，母集団の本来の姿を歪めて伝えることになる可能性があるのである．

以下に続く本章の幾つかの節では，筋の良いサンプリングにとっての必須条件である，これら4つの条件のそれぞれについて，具体的な例を挙げながら解説していくことにする．

> **Column** 「縮図」というアナロジーの効用と問題点
>
> 　本書の場合もそうであるが，サンプリングに関する解説においては，母集団と標本集団のあいだの関係を，原図と「縮図」の関係に喩えるアナロジー（比喩）を採用することがよくある．これは，たしかに，標本調査の基本的な発想を直感的に理解する上で非常に効果的なアナロジーである．しかし，その一方で，少なくとも2つの点において大きな誤解を招きかねない面がある．
>
> 　サンプルを縮図としてとらえる比喩が誤解を招きかねない主な理由の1つに，通常の縮図を作成する手続きと標本調査における手続きとでは，「原図」と「縮図」の位置づけが逆になる場合が多い，という点がある．たとえば縮小地図を作成する場合には，その原形となる，細部まで詳しく描き込んだ地図があらかじめ存在していることが前提となる．それに対して，標本調査の場合には，むしろ逆に，「全体」である母集団の詳しい内容が分かっていないからこそ，「部分」であるサンプルを測定した結果によってそれを推測していく，という手続きをとるのである[13]（特に確率的サンプリングの場合には，標本集団は結果として母集団の縮図になるのであって，決して，既に存在する原図に対して一定の縮小率を適用して縮図を意図的に作成するのではないのである）．
>
> 　縮図という喩えは，母集団のサイズと標本集団のサイズの関係について理解しようとする際にも誤解の元になりかねない．地図については，同じ縮尺を適用した場合，原形の大きさが大きければそれに比例して縮図も大きなものになってくる．これに対して，本章の第5節でも述べるように，サンプリングの場合には，母集団サイズが十分に大きなものであれば，推測の精度は主としてサンプルサイズに依存するのであり，必ずしも母集団の大きさに比例してサンプルサイズを大きなものにする必要はないのである．

3　母集団についての明確な定義
―― ターゲットとなる「全体」についてのイメージを明確にしておく

(1)「東京の高校生100人」は何の縮図？

　先に述べたように，クイズ番組の出題用に使われるアンケートの内容を調査の方法論という点に関してあげつらうのは，明らかに筋違いの批判の仕方であ

る[14]．もっとも，その種のアンケート調査は，標本調査に際して押さえておくべき幾つかのポイントを分かりやすく示してくれる，恰好の「反面教師」でもある．たとえば，『クイズ100人に聞きました』のような娯楽番組で使われるアンケート調査は，「母集団に関する明確な定義」というポイントについて理解する上で非常に分かりやすい事例になっている．

　この点に関して，本章の冒頭にあげたクイズ問題を例にとって考えてみよう．この問題で引用されているアンケートを標本調査として考えた場合，標本集団は当然「東京の高校生男女100人」だということになる．一方，その標本集団に対応する母集団としてどのような対象が想定されているかという点になると，必ずしも明らかではない．「高校生」という点を中心に考えてみれば，当時日本の高校に在籍していた高校生たちの集合，つまり521万8497人の生徒たち（『平成4年度文部省学校基本調査報告書』）が，この調査の場合の母集団であるようにも思える．しかし，その約522万人の内，東京都（市部を含む）の高校に在籍していた生徒の数は，全国の高校生の10分の1以下の47万1613人に過ぎない．また，東京の生徒が，日本の高校生全体に見られる傾向の縮図になっているとは到底思えない．

　ただし，調査の目的によっては，その47万人あまりの高校生を母集団として考えても差し支えないケースもある．たとえば「東京の高校生の職業志望」について調べることが調査の基本的な目的になっているような場合である．その場合は，サンプルサイズが100で十分であるかどうかは別として，東京の高校生だけに聞いたとしても特に問題はない．

　つまり，「東京の高校生男女100人」が適切なサンプルであるかどうかは，たとえば以下のような何通りかの集合のうちのどれを母集団として想定するのか，という点によるのである——全国の高校生，関東圏の高校生，東京都の高校生，「（「バブル景気」のさなかに青春時代を過ごした）今どきの若者たち」．

(2) 反面教師——街頭アンケート・読者アンケート

　母集団に関する定義の曖昧さという点では，報道企画や娯楽番組の一環としておこなわれる，いわゆる「街頭アンケート」や「読者アンケート」なども，非常に分かりやすい反面教師である．

重大な政策課題についての議論が白熱している時などに，テレビ番組では，よく街頭でそれぞれの見解に対応するコメントを集めて，それを「街の声」として放映することがある．そして，最後に「ご覧のように，多くの市民は〇〇に対して反対（賛成）しています」というようなコメントが現地レポーターやアナウンサーによって付け加えられる．

　街頭アンケートの場合には，もう少し手の込んだものになることも多い．たとえば，駅の周辺や商店街などで通りがかりの人々をつかまえて意見を聞き，2つに区切ったボードに自分の意見に近い回答のシールを貼ってもらったりする．そして，そのシールの相対的な数でどちらの意見の賛同者が多いのかを視聴者に印象づけようとするのである．

　このような街頭アンケートが，母集団を明確に定義した標本調査としておこなわれる例はほとんど無い．実際，このような調査について仮に母集団が想定できるとしても，せいぜいそれは，「特定の日にたまたま駅や商店街に居合わせた人々」あるいは「テレビに映りたがっている人々」という程度のものでしかあり得ない．

　母集団の定義という点で街頭アンケートと同じような問題を持っているものの，その点が少し分かりにくくなっている例の1つに「**読者アンケート**」などと呼ばれるものがある．つまり，週刊誌や月刊誌などの読者を対象にしておこなわれるアンケート調査のことである．

　街頭アンケートなどの場合と同じように，国論を二分するような問題が生じた場合などには，その種の読者アンケートがおこなわれることがよくある．その調査結果をもとにして，「本誌の読者〇万人にアンケート．〇割以上が反対（賛成）」というような見出しの記事が掲載されたりする．この読者アンケートの場合，街頭アンケートなどとくらべて回答者の数自体は圧倒的に多く，したがって一見国民一般の意見をより正確に反映した調査結果になっているようにも見える．しかし，当然のことながらこの場合も，アンケートの対象者は，その雑誌を購読した人に限定される．つまり，この場合も何らかの母集団として想定できるのは国民全体ではなく，その雑誌の読者層だということになる．つまり，もともと特定の雑誌の論調に対して同調的な見解を持っている人々が母集団になっていると考えられるのである．

(3)「大学満足度ランキング」のケース
大学ランキング一般の問題点

娯楽性の強いクイズ番組のために実施される調査や読者アンケートなどの場合には，サンプリングの手法に何らかの問題があったとしても，「実害」はそれほど大きくはない．というのも，その種の情報に対しては，視聴者や読者の側でもあまり真剣にとらえてはいない場合が多いからである．一方，社会調査の結果として公表されているデータの中には，調査の方法論という点で重大な問題を抱えているにも拘わらず，数字が一人歩きすることによって深刻な影響をもたらしかねないものも多い．その典型的な例に，大学などの高等教育機関に関する各種のランキングがある．

いわゆる「大学ランキング」は，その順位次第で優秀な学生や教育・研究資金の確保に深刻な影響が出かねないこともあり，大学経営者にとっては非常に大きな関心事となっている．個々の大学関係者にとっても，ランキングによって学内での予算配分が変わったり，教職員の採用や昇進，あるいはカリキュラムの内容が左右されたりすることもあるため，ランキングの順位は死活問題としてとらえられている[15]．また，受験生やその親にとっては，各種ランキングの数字が，進学の意思決定に際して大きな意味を持つ情報となっている場合もある．

しかしながらその一方で，その大学のランキングの元になる調査については，かなりいい加減な方法が採用されている例が多いことが比較的よく知られている．つまり，順位付けの基準や根拠が明示されていなかったり，公表されていたとしても方法論という点で重大な問題を抱えていたりする例が多いのである．その典型は，大学ランキングの嚆矢として知られる，米国の教育学者ジャック・ゴーマンによる『ゴーマン・レポート』である．このレポートでは，各大学およびその部局に与えられたスコアが0.01点刻みで明示されていた．しかし，そのスコアの根拠となる評価方法の詳細について公表されることは一切なかったのである[16]．

大学満足度調査の問題点①――母集団の定義

日本の大手通信教育系出版社Bの傘下にある某研究所は，1997年から2007

年までの10年間に4度にわたって「大学満足度ランキング」に関する調査をアンケート形式でおこなっていた．ご多分に漏れず，このランキング調査も方法論という点でさまざまな問題を抱えているものであったが，特に，母集団の定義という点に関しては致命的とさえ言える問題があった[17]．

　上記の調査の結果については，それぞれの年度に，満足度だけでなく，学生の自己概念や大学への適応等に関する分析結果なども含む調査報告書が公表されてきた．もっとも，報告書のタイトルは『学生満足と大学教育の問題点』というものであり，また，報告書の巻末には，「総合満足度」をはじめとして授業内容や施設設備など30項目前後の満足度において高得点を獲得した上位30校あまりがリストアップされている．つまり，この調査では満足度のランキングが大きな「目玉」になっていたのである．実際，このランキングにおける順位は，総合満足度について「上位校」となった大学の広報資料に引用された他，「大学選び」に関する，他社の刊行物に掲載されたりもしていた[18]．

　2007年度におこなわれた最終回の満足度調査で対象となったのは，全国の4年制大学125校に在籍する1年から4年までの1万779人の大学生である．

　この1万人以上という数字だけを見れば，かなり大規模で本格的な調査のようにも思える．もっとも，報告書の内容に目を通してみるとすぐに明らかになってくるのは，この調査の対象者は「ゼミレポーター」と呼ばれる学生たちにほぼ限定されていた，という事実である．ゼミレポーターというのは，B社がおこなってきた通信教育の高校講座を受講した経験があり，なおかつそれぞれの大学に進学した後にその大学に関する情報を報告している学生たちのことである．

　言うまでもなく，全国の4年制の大学に在籍する学部学生の全て——2007年当時でおよそ250万人——が高校に在学していた時期にB社の通信教育を受講していたわけではない．また，その受講生の全てがゼミレポーターになるわけでもない．したがって，このような調査については，当然，〈ゼミレポーターたちという学生の集団が，どのような点でこの調査の対象となった125校の大学の在学生たちの縮図であると見なせるか〉という点に関する最低限の説明が必要になってくる．しかしながら，この調査の報告書には，その点に関する記述は見当たらない[19]．

大学満足度調査の問題点②――サンプルサイズ

こうしてみると，この調査において想定されている母集団というのは，「それぞれの大学に在籍していたゼミレポーターたちの集合」であると考えるのが妥当であろう．つまり，この調査で測定されている「大学満足度」ないし「学生満足度」というのは，学生一般ではなく，あくまでも「ゼミレポーターたちの満足度」であると考えることができるのである．その意味では，この調査で用いられていた標本抽出の方法は，先にあげた「読者アンケート」の場合と本質的に何ら変わるところがない．

なお，報告書に明記されている調査概要についての解説によれば，調査の対象は「30名以上の回答者を集計できた大学」が125校である[20]．また学部別の項目については，「10名以上」の回答者が得られた322学部が対象となっている．サンプルの適正サイズに関しては，すぐ後で解説する．しかし常識的に考えても，ゼミレポーターという属性を持つ学生が対象になっているだけでなく，各大学や学部についてこの程度のサンプルサイズでは，満足度に関する測定誤差がかなり大きなものになることが容易に予想できる．したがってまた，そのような測定によるランキングの順位の信憑性はかなり疑わしいものになってしまう．

(4) 母集団の定義とリサーチ・クェスチョンの絞り込み

先に述べたように，標本調査の基本的な目的は，「部分」から得られた情報を元にして「全体」の特徴や傾向について推測することにある．したがって，標本調査を企画する際には，〈標本データによって推測しようとしている「全体」，つまり母集団に関して一体どのような対象を想定するのか〉という点をあらかじめ明確にしておかなければならない．この点を曖昧にしたままでおこなわれる調査によって得られるデータの情報的価値はゼロに等しい．

そして，母集団の定義を明確にすることが出来るか否かは，結局のところ，〈基本的な問題関心とリサーチ・クェスチョンがどれだけ絞り込まれているか〉という点に依存する．実際，そもそも〈何をどこまで明らかにしたいのか〉あるいは〈調査の結果得られた情報をどこまで一般化したいのか〉という点が明らかになっていなければ，母集団を定義できるはずもない．

もちろん，現実的な制約という点を考えれば，サンプリングに関する全ての条件を充足し，またリサーチ・クェスチョンにとって最もふさわしい理想的な標本データを確保するというのは「無い物ねだり」でしかない場合のほうがむしろ多い．また，代表性という点でさまざまな制約を抱えたサンプルに関するデータではあっても，リサーチ・クェスチョンを絞り込み，また母集団が明確に定義できていれば，そのデータから得られる情報の相対的な位置づけを明らかにすることが出来ることもある．

　これは，一見きわめて常識的な事柄であるように見えるかも知れない．しかし，筋の悪い標本調査では，この点がほとんど完全に無視されている．つまり，きわめて限られた範囲の調査対象から得られたデータを，そのデータが本来持っているはずの制約を超えて一般化できるものとして拡大解釈してしまっている例が多いのである．

　たとえば，上にあげた大学満足度に関する調査の例で言えば，「1万人あまりのゼミレポーターたち」というのは，明らかに，さまざまな点で制約のある標本集団である．しかし，そのサンプルが持つ特徴的な属性を慎重に検討した上で，その学生たちが寄せた回答について丁寧に分析すれば，あるいは何らかの価値がある情報が得られたのかも知れない．しかし，そのような丁寧で慎重な分析をおこなうことなく，データが本来持っているはずの制約を超えて「大学満足度ランキング」のリストを作成してしまうことは，明らかなルール違反である．実際，そのようなことをしてしまえば，データとして何ら価値がないどころか，時には重大で深刻な誤解を招く情報を流布することにもなりかねない．

4　確率的サンプリング
　　──特定の部分に偏ることなく万遍なく集める

(1) ご都合主義的サンプリング
　母集団の定義が曖昧な調査では，サンプルを選び出す際の作業についても方針らしい方針が無いままにおこなわれる場合が多い．たとえば，クイズ番組のためにアンケート調査をおこなう場合は，番組制作スタッフが何らかの伝手の

ある高校に依頼してそこの生徒100人に聞くだけでも事は足りるだろう．同じように，娯楽番組の一環としての街頭アンケートでは，たまたま駅の周辺や商店街を通りかかった人々に聞いてみる，という以外には特別の工夫が必要とされない場合が多いだろう．このような，〈とりあえず手っ取り早くアクセスできる対象者に聞いてみて頭数を揃える〉というようなやり方は，**ご都合主義的サンプリング**（convenience sampling, opportunistic sampling）などと呼ばれる．

この種の，ほとんど無方針とも言える標本抽出のやり方は，クイズ番組などを制作する場合には特に差し支えない．しかし，〈「キャリア教育」に関する政策立案の一環として高校生一般の職業志向について調べたい〉というような場合には，日本の高校生全体の縮図となるようなサンプルが要求されることになる．その場合には，当然のことながら，東京だけでなく他の道府県の高校生たちも標本集団に含まれていなければならない．また先に指摘したように，ひと口に高校生とはいっても，その中には男子生徒と女子生徒がいる．さらに学科・課程についても，普通科だけでなく専門課程もある．つまり，居住地域だけでなく性別や専攻などが，希望職種や自分の適性についての認識といった変数に関連があると想定できる場合，標本集団は，これらの属性についても高校生全体と同じ構成になるように配慮しておいたほうが，実態をより正確に反映する調査結果になるだろう．

以上のように見てくると，標本集団を母集団の正確な縮図にするためには，その両者のあいだで，調べようとしている事柄に関係のありそうな属性の比率を出来るだけ近いものにしていくことが最も重要なポイントであるように思える．また，まさにそれこそが「縮図」と呼ぶに値する標本集団を作っていく上では最善の道であるようにも思えてくる．

(2) クォータ・サンプリング（割当法）の特長と問題点——ギャラップ社の成功と失敗

クォータ・サンプリングの特長

社会調査では，実際に上で述べたような発想にもとづく標本抽出法が採用されることも多い．これが，クォータ・サンプリング（割当法）と呼ばれる標本抽出法である．先に述べたように，1936年の米国大統領選は，このクォータ・

サンプリングが持つ可能性を示す上で絶好の機会であった．つまり，ギャラップ社は，このとき，居住地域・性別・年齢・職業・人種など，投票行動と密接な関連があると思われる幾つかの属性を基準にして有権者を複数のセグメントに割り当てた上で調査対象者を選定していった．それによって，最終的にルーズベルト勝利という選挙結果を予測することに成功したのである．

　一方，ランドンの勝利を予測したダイジェスト誌が失敗したのは，同誌が，上で述べた〈特定の属性に関して母集団と標本集団の構成比をできるだけ近いものにする〉というポイントを見落としていたからだとされる．先に見たように，ダイジェスト誌がおこなった調査では，電話や自動車の登録記録などのリストを使って調査対象者に調査票を送付していた．これによって，有権者全体から見ればむしろ少数派であったはずの富裕層が大半を占めるサンプルになっていたと考えられるのである．

　この例のように，特定の属性を持った事例だけが選ばれてしまうことによるサンプルの偏りを**選択バイアス**（selection bias）ないしサンプリング・バイアスと呼ぶ．ダイジェスト誌のサンプルはそのサイズが 200 万以上ときわめて巨大なものであったが，一方でかなり深刻な選択バイアスを含んでいたために，結果として予測に失敗したのだとされる場合が多い[21]．

クォータ・サンプリングの問題点

　もっとも，クォータ・サンプリング法も万能ではない．先に述べたように，ギャラップ社は，1936 年の選挙に続く 1940 年と 1944 年の大統領選挙でも主としてクォータ・サンプリングによって勝者を正しく予測していた．しかし，1948 年のトルーマン対デューイ戦では予測を外してしまったのである．

　このときのギャラップ社の失敗に関しては，先に述べたように，選挙戦の比較的早い時期に調査を終了してしまったために，それ以降の選挙民の動向を把握しきれなかった，という問題が指摘されてきた．また，標本抽出に際して人口比による割当をおこなう際の根拠にしたのが，選挙時点からかなり以前におこなわれた 1940 年の国勢調査データだった，という点がギャラップ社の敗因の 1 つだったとされる場合もある．

　以上は，主としてサンプリングの具体的な実施手順に関わる問題である．あ

る意味でより重要な問題として指摘されてきたのは，クォータ・サンプリングという方法それ自体が抱える2つの問題である．1つは，現地で有権者の意向を聞き取っていく際に調査スタッフの主観的判断が働いてしまうという問題である．つまり，当時採用されていたクォータ・サンプリングの場合には，母集団をいったん幾つかのセグメントに分けた後は，調査スタッフがそれぞれのセグメントについて自分に割り当てられた件数のノルマを果たしてしまえば，それで構わないことになっていたのである．

　クォータ・サンプリングに関する2つ目の問題は，割当基準の設定に関しても主観的な判断が働いてしまう，という問題である．実際，どれだけ細かく有権者の属性を設定して人口比を推定したとしても，そこから抜け落ちてしまう属性がある．たとえば，現実には人種によって投票意向という点で大きな違いがあるのに対して，割当基準には居住地域・性別・年齢・階層という4つの属性しか採用されていなかったとする．そのような場合，投票行動という点に関して母集団と標本集団のあいだに大きな食い違いが生じてしまう可能性があるだろう[22]．

(3) ランダム・サンプリング（無作為抽出法）
基本的な発想

　以上のように，クォータ・サンプリングの作業には，割当基準の設定と調査スタッフの裁量的判断という少なくとも2点に関して人間の主観的な判断の要素が含まれていることになる．その結果として，サンプルが母集団の正確な縮図とはかなりかけ離れたものになってしまう可能性が出てくる．これらの理由から，クォータ・サンプリングよりも確実な方法であるとされてきたのが，**確率的サンプリング**（probability sampling）ないし**ランダム・サンプリング**（random sampling）と呼ばれる方法である．これは，〈人間の恣意的な判断や主観を排し，確率の法則に任せて，母集団の中の全ての事例についてサンプルに選ばれる確率が等しくなるように配慮する〉という発想にもとづく標本抽出法である．

　ちなみに，1948年の大統領選挙についてはギャラップだけでなく他の主要調査会社2社も予測を外したことから，米国の社会学科学評議会（SSRC）に

よって委員会が編成されてその問題についての調査がおこなわれている[23]．そして，同委員会によって1949年に刊行された調査報告書では確率的サンプリングの採用が勧告されている．これもあって，それ以降，選挙予測に関してはランダム・サンプリングが主流になったと見る場合もある．

　ここで注意が必要なのは，この場合のランダムという言葉は，「いい加減」あるいは「でたらめ」という日常的な言葉の用法からの連想とは全く違った意味合いで使用されている，という点である．日常生活では，何かを「ランダムに選んでいい」と言われたら，自分の好き勝手に選んでも構わない，という風に受け取られてしまう可能性がある．これでは，先にあげたご都合主義的サンプリングと何ら変わらないことになってしまう．

　ランダム・サンプリングという場合には，その日常的な語感とはむしろ逆に，確率の法則という明確な原理にもとづいて事例の選択がおこなわれる．実際，ランダム・サンプリングの代表的な訳語は「無作為抽出（法）」であるが，この場合の「無作為」は，まさに人間による作為や意図が介在していないという意味で使われているのである．

具体的な手続き

　ランダム・サンプリングの手続きは，たとえば次のようなものである．母集団を構成する全ての事例を網羅するような完全なリストがある場合には，それらの事例の全てに対して番号を割り振った上でそこから乱数表などを使ってサンプルを選んでいくことになる．たとえば，日本の高校生を全て網羅する名簿が手元にあり，またサンプルサイズを3000と設定した場合には，まず，高校生一人ひとりに対して1番から334万9225番（文科省学校基本調査・平成23年度確定値）までの番号を振っておく．その上で，そこから3000人ないし実際の回収率を見込んでそれよりは多めの対象を，乱数表などを参考にして選んでいくことになる（現在では，市販の表計算ソフトなどでも比較的容易に乱数を発生させることができる．また，その中から特定の数の乱数を表示させることもできる）．

　先に述べたように，ランダム・サンプリングのような標本抽出法は一般に確率的サンプリングと呼ばれる．これは，このように確率の法則に任せてサンプルとなる事例を選ぶことから来ている．そして，その手続きを経て選ばれたサ

ンプルは「**確率標本**（probability sample）」と呼ばれる．

ギャラップ社の創設者であるジョージ・ギャラップは自著の中で，この確率的サンプリングの「威力」について，彼は既に1936年の時点で認識していた，という趣旨のことを述べている．つまり彼によれば，ギャラップ社はこの時，大統領選自体の結果を予測することを目的とする本調査とは別個に，〈ダイジェスト誌がどのような予測をするか〉という点に関する予測のための調査をおこなっていたというのである．その，いわば補足調査の際に採用されたのが確率的サンプリングの発想である．この時ギャラップは，ダイジェスト誌が用いたサンプルの中から3000人を無作為抽出した上で葉書形式の模擬投票用紙を送ることによって，この「予測についての予測」をおこなったのだと言う．ギャラップの著書によれば，その予測結果の誤差は1%以下であったとされている[24]．

そして，先に見たように，ギャラップ社だけでなく他の大手の調査会社も1948年の大統領選挙の予測に失敗したことが重要な契機となって，その後，選挙予測調査や世論調査などでは確率的サンプリングの発想が本格的に採用されることになっていったのであった．

5 適正なサンプルサイズ
――必要十分な数の事例を集める

(1)「$n=100$」の意味

先に指摘したように，『クイズ100人に聞きました』の出題用として100人を対象とするアンケート調査の集計結果が使われていたのには，主に2つの理由があったと考えられる．1つは，同番組のモデルになった米国の *Family Feud* が，やはり100人に対するアンケートを題材にしていたことである．もう1つの理由は，恐らく，「100人の内の○人」という言い方が日常生活でも馴染みのある「パーセント（%）」のイメージを喚起する上で効果的だったからであると思われる．しかし，アンケート調査やクイズ番組の場合はともかく，全国規模の社会調査で100人だけというのは，いかにも少なすぎるように思える．同じように，「大学満足度調査」についても，学部別や項目別の詳しい分

> **Column** 確率的抽出法の種類

　本文で例としてあげたように，母集団に含まれる事例を網羅するほぼ完全なリストがある場合に，その全ての事例に番号を振ってサンプルを選んでいくようなやり方を，**単純無作為抽出法**（simple random sampling）と言う．この方法は原理的には最もシンプルであり，また条件が整っていれば抽出の精度が非常に高くなることも期待できる．

　しかしその一方で，この標本抽出法には実務作業の点ではさまざまな問題がある．たとえば，母集団の全ての事例をカバーするリストがあったとしても，乱数表やコンピュータ・プログラムで得た乱数の数値と調査対象者とを対応させる作業が膨大なものになってしまう可能性がある．また，たとえば全国調査をおこなう場合には，対象者の居住地がきわめて広範囲になってしまうために，調査にかかる経費やマンパワー，時間などのコストが膨大なものになりかねない．

　このような事情から，実務作業との兼ね合いを考慮に入れたりコストを低減させたりするための工夫をこらした確率的抽出法が幾つか考案されてきた．以下にあげる3つの方法がその代表的なものである．なお実際の作業では，これらの方法を組み合わせておこなわれる場合が多い．

　系統抽出法（systematic random sampling）　母集団のサイズが大きい時には，標本抽出の手続きを効率的におこなうために，最初の標本（スタート番号）だけを乱数表等を使って決め，それ以降を必要なサンプルサイズにあわせて等間隔で「系統的（システマティック）に」抽出する場合が多い．これによって作業が大幅に簡略化されることが多い．しかし，リスト自体に何らかの規則性がある場合には，等間隔で標本を抽出すると無作為抽出とは言えなくなってしまうことがある．したがってその点については，特に注意が必要になる．

　多段抽出法（multistage random sampling）母集団の規模が膨大なものであったり，調査対象者の居住地が地理的に広範囲にわたっていたりする場合に，抽出する単位を何段階（「多段」）か設定することによって，リストの入手やデータ収集にかかるコストの問題などを解決する方法．たとえば，全国調査をおこなう場合に，第1段として市・郡を相対的な人口規模などにも配慮しながら無作為に抽出し，続いて，第1段階で抽出された市・郡から町・村を抽出し（第2段），さらにその町・村の住民票などをもとにして調査対象となる個人を無作為抽出する（第3段）というようなやり方をとる場合がある．その際にたとえば最後の第3段目の抽出作業で系統抽出法を採用すれば，サンプリングの作業を簡略化すること

ができる.

層化抽出法(stratified random sampling) 測定しようと思っている事柄に関連が深いと想定される要因に関して母集団の構成比(年齢・職業・性別等)が判明している場合に,その要因によって母集団をいくつかの「層」ないしサブグループに分けた上で,そのサブグループから,それぞれ構成比率に対応する数の標本を無作為に抽出する方法である.「層」とは言っても,サブグループを設定する単位に何らかの「順位」や「階層」などが想定されているわけではない.また,母集団の構成比を基準にして比例割当をおこなうという点に関してはクォータ・サンプリングの抽出法に似ているが,サブグループを設定した後は無作為に抽出をおこなうという点では明らかな違いがある.多段抽出法と組み合わせて用いられる場合も多く,その場合は,層化多段抽出法(stratified multistage random sampling)と呼ばれる.

どのような確率標本を使って調査をおこなう場合にせよ,実際にどのような抽出法を採用したのか,という点について報告書に明記しておく必要がある.また,**調査情報を利用する消費者ないしクライアントとしては,抽出法に関する具体的な記載がない論文や報告書は利用すべきではないだろう**.

析をおこなう際に,1大学につき30名あるいは1学部につき10名程度では,満足度に関して信頼できる測定ができるとは到底思えない.

実際,サンプルがどれだけ母集団の正確な縮図になっているかという問題は,確率標本であるか否か,つまり「母集団から無作為に選ばれたサンプルになっているか」という点に加えて,標本集団の大きさがどれくらいであるか,という点にも依存する.その,標本集団の規模のことを**サンプルサイズ**と呼び,具体的なサイズについては,「$n = ○$」という形で表現することが多い.一方,母集団のサイズについては,「$N = ○$」で示して区別する場合が少なくない[25].

これを当てはめて言えば,本書の冒頭に挙げたクイズ問題に引用されたアンケートの場合は,次のようになる——〈$N = 5,218,497$(1992年当時の全国の高校生数)というサイズの母集団から$n = 100$というサイズの標本集団を抽出して,母集団の職業志向について推測をおこなう〉.もちろん,これはあくまでも,この調査が高校生一般の職業志望を明らかにすることを目的としたものであることを想定した場合である.いずれにせよ,約520万人の内の100人では,母集団の縮図を作る上では,いかにも少なすぎるという印象がある.

(2) サンプルサイズと標本誤差

母集団における比率について推定する場合

その印象は，確率・統計理論からも裏づけることができる．つまり，統計学上の公式をあてはめて誤差を計算してみると，ほとんどの場合，100人程度のサンプルでは精度が低すぎて調査データとしては役に立たないことが明らかになるのである．

表8.2は，何らかの比率（特定の政策に賛成している人々の比率，特定の製品を所有している世帯の比率等）に関する母集団の「真の値」が60％であるとして，標本調査をおこなった場合にどれだけ**標本誤差**が生じるかを，サンプルサイズ別に示したものである．

ここで標本誤差というのは，サンプルのデータから得られた値（比率や平均値など）と母集団における「真の値」とのあいだに生じる可能性のある食い違いの程度を指す[26]．これは，図8.2B（201ページ）で言えば，右側にある上向きの矢印で示された推測手続きの精度に該当する．つまり，標本データの集計結果を元にしてどれだけの精度で母集団の値を推測できるか，ということである．

たとえば，表8.2からは，サンプルサイズが100（つまり$n=100$）で，標本データから60％という集計結果が得られた時には，誤差の範囲はプラスマイナス9.6％の範囲に及ぶことが分かる．つまり，この場合は，全数調査をした時に得られるであろう「真の値」は50.4％から69.6％のあいだにあるということになる．調査の目的にもよるが，このように誤差の範囲が20％前後にも及ぶ推定では，精度が低すぎてデータとしては使い物にならない場合も多いだろう．たとえば，賛成と反対の比率を調べたい時に，サンプルデータからは賛成が6割という調査結果が出たのに対して，実際にはほぼ半々（50.4％）の可能性も否定できないというのでは，あまり信頼できる情報だとは言えない[27]．

一方，$n=400$の場合には，誤差はその半分になって，55.2％から64.8パーセントの範囲におさまる．さらにサンプルサイズが4000までになると，その範囲は58.5％から61.5％にまで縮まる．これくらいになれば，十分に精度の高い調査結果が得られたと考えて差し支えないだろう．

表 8.2　サンプルサイズと誤差の範囲

サンプルサイズ	標本誤差	誤差を含む推定値の範囲
100	± 9.6%	50.4〜69.6%
400	± 4.8	55.2〜64.8
1,000	± 3.0	57.0〜63.0
4,000	± 1.5	58.5〜61.5
10,000	± 1.0	59.0〜61.0
40,000	± 0.5	59.5〜60.5

＊詳しい説明は省略するが，この表には，主として次の仮定を置いた場合の数値をあげている——①無作為抽出による標本である，②母集団のサイズはかなり大きい，③母集団についてもサンプルについても，比率は二分法になっている（たとえば，世論調査などで全ての人が「賛成」「反対」のどちらか一方の意見を選択している場合）と仮定し，母集団の「真の値」は 40%対 60%である，④信頼性（母集団の比率［真の値］がこの表に示された誤差の範囲内におさまる確率）を 95%とする[28]．

サンプルサイズと標本誤差の関係

表 8.2 からも見て取れるように，無作為標本の場合の標本誤差は，サンプルサイズの大きさに反比例して小さくなっていく．つまり，サンプルサイズが大きくなっていけばいくほど精度が上がっていくことになるのである．もっとも，この表からも分かるように，サンプルサイズの増加の程度と精度の向上のペースとの関係は単純な反比例関係ではない．たとえば，サンプルサイズが 1 万から 4 万へと 4 倍になっているのに対して，標本誤差は ± 1.0%から ± 0.5%へと半分になるに過ぎない．これは，標本誤差を求める公式（本章の注 29 参照）では，誤差はサンプルサイズの平方根（$\sqrt{n}$）に反比例して小さくなっていくからである（たとえば，4 倍だと $\sqrt{4} = 2$ で 2 分の 1）．

この点については，図 8.3 のように，横軸にサンプルサイズ，縦軸に標本誤差を配置したグラフの形で示してみると，さらに分かりやすくなるだろう．

確認すべきポイント

既に述べた点を含めて，ここで，表 8.2 と図 8.3 から浮かび上がってくる幾つかのポイントについて改めて確認しておくことにしたい．

1 つめのポイントは，**サンプルサイズが小さすぎると誤差が大きくて情報としてほとんど役に立たない場合が多い**という点である．先に指摘した点ではあ

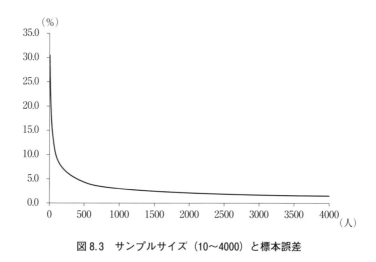

図8.3 サンプルサイズ（10〜4000）と標本誤差

るが，上のグラフからも100程度のサンプルサイズでは，誤差が大きすぎることが分かる．精度の高い推定をおこなうためには，一定以上の規模のサンプルが必要になる．

もっとも一方で，表8.2と上のグラフからは，**誤差を一定の範囲内におさめるためには，それほど大きなサンプルサイズが要求されるわけではない**という点も浮かび上がってくる．実際，先に述べたように，少なくともここで取り上げられているような条件でおこなう比率の推定に関しては，2000ないし3000程度のサンプルサイズがあれば，かなり高い精度で推定をおこなうことができる．

さらにグラフからは，**ある一定のレベルを越えると，それ以上サンプルサイズを大きくしてもそれに対応して精度が飛躍的に向上するわけではない**という点が確認できる．実際，図8.3のグラフの傾きは，0から1500あたりまではかなり急なものであるが，それ以降は非常になだらかなものになっている．これは先に述べたように，標本誤差はサンプルサイズそのものではなくその平方根に反比例して小さくなっていくからに他ならない．したがってデータや収集や集計等にかかる調査コストとの兼ね合いで考えれば，かなり高い精度が要求される調査（たとえば，失業率などの算定根拠になることもあって，0.1%刻みの精度が要求されることもある労働力調査）の場合はともかく，それ以外の調査ではむ

やみにサンプルサイズを大きくしていく必要はない，ということになる．

なお，詳しい説明は省略するが，**母集団のサイズが十分に大きい場合は，標本データにもとづく推定値の精度は，母集団のサイズとサンプルサイズの相対的な割合ではなく，もっぱらサンプルの絶対数によって決まる**という点も重要なポイントの1つである[29]．実際，母集団のサイズが10万から1000万に増えた時には，それに合わせてサンプルサイズも100倍に大きくしなければ同じくらいの精度が保証できない，というわけではない．どちらの場合も，ここにあげたようなケースでは，2500程度の標本データが確保できれば，±2％程度の誤差で母集団の比率を推定することができるのである．

(3) サンプルサイズの決定要因——マジックナンバー3000？

以上のような解説を読んでいると，3000という数字が，まるでオールマイティの「マジックナンバー」のように思えてくるかも知れない．つまり，どのような標本調査であっても，3000というサンプルサイズさえ確保できれば，かなり高い精度のデータが得られるのではないか，という風に思えてくるのである．しかし，それは全くの誤解である．

先に述べたように，サンプルサイズと比率に関する標本誤差のあいだに表8.2や図8.3で示したような関係が成立するのは，少なくとも次にあげる幾つかの条件が満たされている場合なのである．

- 無作為抽出によるサンプルである
- 母集団のサイズがサンプルサイズに比べて十分に大きい
- 明らかにしようと思っている比率は単純な二分法（たとえば「賛成」と「反対」）で割り切れるものである
- 信頼性の水準は95％に設定している

逆に言えば，これらの条件が該当しない標本調査については，より大きなサイズのサンプルが必要になる場合も多い．また条件次第では，それとは反対に3000よりも小さなサンプルサイズで十分な場合もある．

実際に調査をおこなう場合には，調査の目的やリサーチ・クェスチョンの具

体的な内容，そしてまた調査をおこなう上でのさまざまな現実的な制約条件を考慮に入れた上でサンプルサイズを決めていかなければならない．たとえば，サンプルサイズについて決定する際に考慮に入れるべき要素に関しては，次にあげるような幾つかのものが指摘されてきた[30]．

母集団を構成する事例の多様性ないし同質性　母集団に含まれる事例が特定の属性に関してどれだけ多様な性格を持っているか，という点である．多様であればあるほど，より大きなサンプルサイズが要求される．極端なケースとしては，母集団に含まれる全ての人が互いに異なる意見を持っているような場合は，全数調査をおこなう必要がある．逆に，全ての対象者が同じ意見を持っているような場合は，1人に聞くだけでよい．つまり，$n=1$ で済むことになる（実際，自然科学の研究では，研究対象に関する同質性を仮定できる場合が多く，社会科学の場合にくらべてかなり小さいサンプルサイズによって確実な推論ができる例も多い）[31]．

分析上のグループ分けの必要性　母集団から標本集団を抽出するだけでなく，〈その標本集団をさらにどれだけの数のサブグループに分けて比較しながら分析を進めていくか〉という点も重要なポイントになる．たとえば，クロス集計などによって標本集団を「小分け」にしていった結果として，特定のグループに含まれる事例数があまりにも小さなものになってしまった場合は，グループ同士を互いに比較する意味がほとんどなくなってしまう．これについては，経験則として，サブグループのサンプルサイズは主要なもので最低100，さらに下位の分類でも20ないし50以上になるよう配慮すべきだとする見解がある[32]．

コストについての考慮　先に述べたように，標本調査は，もともと全数調査だとコストが膨大なものになるという理由からおこなわれる場合が多い．実際の調査においては，調査票の郵送費あるいはデータの集計や分析にかかる人件費などのコストという現実的な問題と，次に述べる標本調査に要求される精度などを念頭に置きながらサンプルサイズを決めていくことになる．

要求される精度　サンプルサイズは，〈どの程度の精度で母集団に関する推測をすべきか〉という点に関する判断によっても変わってくる．これについては，コストに関わる問題以外にも，さまざまな現実的な問題を考慮に入れなければならない．たとえば，政策的な観点からより正確な人口推計をおこなわなければならない場合には，当然かなり大きなサイズのサンプルが要求される．

6 高い回収率
――可能な限り取りこぼしのないように集める

(1) 回収率と無回答バイアス

これまで見てきた3つの条件に加えて，標本調査をおこなう際に考慮に入れなければならない重要な問題の1つに**回収率**，つまり，当初計画していた標本集団の中から実際にどれだけの数の標本を確保できるか，という問題がある．

先に見たように，1936年の大統領選挙についてダイジェスト誌がおこなった予測に関しては，選択バイアスだけでなくこの回収率の低さも深刻な問題であったとされている．つまり，ダイジェスト誌は，この時1000万以上もの調査票を送ったにも拘わらず，最終的に回収できたのはその4分の1にも満たない240万票以下だったのである．このように，回答しなかった人々に関する情報を取りこぼすことによってもたらされる調査結果の歪みのことを**無回答バイアス**（non-response bias）と呼ぶ．ダイジェスト誌の場合には，まさにその無回答バイアスが調査結果に及ぼす影響を見落としたことこそが，同誌の重大な敗因であったとする見解がある[33]．

当然のことながら，無回答バイアスの問題は，標本調査に限ったことではない．全数調査の場合も，回収率があまりにも低い場合には，回答を寄せた人々から得られた情報というよりは，むしろ「回答を寄せなかった人々に関する情報」のほうが，むしろ重要な意味を持っているという可能性を考えなければならない．

また標本調査の場合には，あまりにも回収率が低い場合には，サンプルサイズ自体は十分に大きなものであっても，それが確率標本になっていない可能性が残る．この点について社会学者の原純輔と海野道郎は，回収率が低い調査で統計的推測をおこなうことは「厳密にいえば統計的理論の誤った適用といわざるをえない」としている[34]．

(2) 有効回答率

回収率に加えて質問表調査などの場合には**有効回答率**，すなわち〈回収でき

第8章　サンプリング　223

た質問票のうちどれだけの割合が実際にデータ分析のために使えるものになっているか〉という点も非常に重要なポイントになる．事実，回収率は一定の基準を満たしていたとしても，一人ひとりの回答内容について確認してみると，記入されていない項目があったり，明らかに意図的な無効回答が含まれていたりする例は珍しくない．

したがって，調査の設計にあたっては，回収率に加えて無回答だけでなくそのような「無効票」や「不能票」などと呼ばれる，集計や解析に使えない回答の割合を見込んで多めの調査票を配布しておく必要がある．たとえば，最終的な分析にかけられるサンプルのサイズとしては 3000 と想定しており回収率を7割と見込んでいる場合には，$3000 \times 1/0.7 = 4285.7$ であるから，調査票は，4300 前後を配布する必要がある．さらに有効回答率に不安がある場合には，当然，それよりもさらに多い調査票を配布しなければならない（また，あまりにも回収率や有効回答率が低い場合には，分析結果に対して何らかの補正を加える必要も出てくる）．

「取りこぼし」が無いように標本を集めて回収率を高め，また回収できた調査票が有効票になるようにするための工夫としては，さまざまなものが考案されてきた．たとえば，それなりにコストはかかるが，回答してくれた人々に図書カードなどの簡単な謝礼を進呈する，というような方法が採用される場合がある．また，最初に配布した調査票については回答を得られなかった対象者に対して何度か電話したり訪問したりするような地道な努力が必要になることもある．それに加えて，調査票に盛り込む質問自体を工夫して分かりやすくし，また回答者の興味を引きつけられるような文案の作成を心がけることも重要なポイントの1つになる（これについては，第11章で詳しく見ていく）．

7 標本調査のアート＆サイエンス

(1) 標本調査の理想と現実——「妥協の産物」としての標本調査

ここで改めて統計的サンプリングに関する4つの条件について整理してみると，次のようになる——①調査の目的と具体的なリサーチ・クェスチョンをふまえて母集団を明確に定義し，②統計理論にもとづいて確率的サンプリングを

> **Column** インターネット調査は，なぜダメなのか？

　ギャラップ社の創設者であるジョージ・ギャラップは，1970年代初めに刊行された自著の中で，世論調査を利用しようとする人々が警戒すべきタイプの調査の筆頭として電話調査を挙げている[35]．彼は，その理由として，インタビュー調査（訪問面接調査）とは違って電話調査の場合には，「意見無し」とする回答や回答自体を拒否するケースが多く見られるという点や，当時の米国では電話を持たない世帯は貧困地区に多いこと，あるいはまた，電話による世論調査は共和党の支持層に偏りがちであることなどを挙げている．

　もっとも，ギャラップ社は，ある時期からは電話によるサーベイを盛んにおこなっている．実際，同社のウェブサイトには，2015年現在で次のような記述がある——「米国におけるギャラップ社のサーベイの大半は，固定電話ないし携帯電話を介したインタビューによっておこなわれている」[36]．実際，米国だけでなく日本でも，各種調査機関やマスメディア各社による世論調査などでは電話調査が頻繁に使用されており，その標本抽出にあたっては，ランダムに発生させた電話番号にかけて質問をおこなう RDD（Random Digit Dialing）などの手法が用いられている．

　サーベイに限らず他のさまざまなタイプの調査法についても，コミュニケーション手段の進歩や情報機器の普及は，さまざまな面での大がかりな変化をもたらしてきた．この点に関する 2000 年前後からの急速な変化は何と言ってもインターネット調査の急速な普及であろう．この種の調査には，電子メールで質問票を送り，回答についてもメールで返送してもらうタイプのものや，インターネット上に掲載したウェブページに直接回答を入力してもらう例など実にさまざまなタイプの調査法がある．また，インターネット調査は，当初は主として調査会社や企業による市場調査などで使われていたが，ある時期からは政府や自治体が主体の世論調査や住民意識調査などでも盛んに使われるようになっている．

　インターネット調査には，郵送調査や訪問式の調査などにくらべて格段にコストが抑えられるという点や，回収と集計が迅速にできる点，そしてまた動画を提示したり選択肢の順序をランダムに表示したりできるなど，幾つかの面で明らかな利点がある．しかし，その半面，近年おこなわれているインターネット調査には，さまざまな問題点もある．

　それらの問題の中でも最も深刻なものの1つが，標本抽出における選択バイアスである．特に，日本で「オープン型」などと呼ばれているタイプのインターネ

> ット調査については，その点が指摘できる．オープン型というのは，たまたま調査主体のホームページを目にした回答者が自主的に回答する形式である．オープン型の中には，かなり恣意的なやり方で「頭数を揃え」た上でもっともらしい数字を出すことに主眼が置かれているとしか思えないものが多い．**このようなインターネット調査は，娯楽性の強い番組や気軽な報道記事の素材にする場合はともかく，重大な意思決定の根拠として用いることは本来出来ないはずのものである．**
>
> 　一方，インターネット調査の中には，「クローズ型」と呼ばれるタイプもある．これは，あらかじめ何らかの方法で調査協力者をリクルートしておき，調査内容に応じて回答を依頼するものである．このクローズ型の場合も，モニターとして登録する際や特定の調査内容に答える際の選択バイアスが避けられない場合が多い．もっとも，この点については，バイアスの補正によって標本の代表性をはかる手法が幾つか提案されており，今後の展開次第によっては，ある程度は信頼のおける情報が得られることもあり得るだろう[37]．

おこない，**③必要十分なだけのサンプルサイズを確保し，④回収率だけでなく有効回答率も高くなるようにできるだけ努力する**．標本集団は，これら4つの条件がすべてクリアされた時にこそ，はじめて母集団の縮図になり得る．言葉を換えて言えば，以上の4点は，本来，標本調査を「サイエンス」として成立させるための絶対的な必要条件なのである．

　もっとも，現実問題として見た場合，これらの4条件をすべて充足している調査をおこなうことは至難のわざであることが多い．まず，厳密な意味での無作為抽出をおこなうためには，母集団に含まれる全ての事例についての完全なリストが必要になる．しかし，そのようなリストが整備されているケースは，むしろ稀である．また，母集団に関するほぼ完全なリストがあったとしても，調査員の交通費等の調査費用がかかり過ぎるという理由で，たとえば本来はある自治体全域にわたって調査をおこなうべき課題について，幾つかの地域に絞って調査をおこなうこともある．さらに回収率という点に関しても，実際の調査ではどのように地道な努力を重ねたとしても4割を切ってしまう例が珍しくない．

　したがって，以上の4条件がすべて充足されることを期待するのは，調査現場で調査者が直面する現実的な制約を無視した単なる理想論あるいは「無い物

```
ダイジェスト誌の模擬投票による調査のような，ひたすら数頼み
（サンプルサイズ頼み）の調査（1920～1932年）
        ↓
数頼みの調査が持つ限界の露呈・ギャラップ社が
採用した割当法の有効性についての認識（1936年）
        ↓
割当法の有効性の確認（1940，1944年）
        ↓
割当法が持つ限界の露呈（1948年）
        ↓
科学的な標本抽出法としてのランダム・
サンプリングの定着（1950年代～）
```

図8.4 サイエンスとしての世論調査の「進化」をめぐる物語

ねだり」でしかないとも言える．実際，どのように周到な計画を立てまた万全の体制で臨んだとしても，標本調査は，結果として何らかの点で「妥協の産物」[38]であることを余儀なくされることが多い．したがってまた，さまざまな面での現実的な制約を前提として実施せざるを得ない標本調査から得られる情報については，数字で示されているために一見議論の余地の無い客観的な事実のようにも見えるが，実際にはその信憑性についてはかなり割り引いて考える必要がある例が少なくない．また，最終的な調査結果についても，さまざまな解釈の余地が残る暫定的なものである場合が多い．

(2) 選挙予測調査の特殊性

「選挙予測のサイエンス」という神話

以上の「妥協の産物としての標本調査」という点に関する解説と，本章で紹介してきた選挙予測調査の歴史に関する説明から受けるイメージとのあいだには，相当程度のギャップがあるように思えるかも知れない．その印象は，ある意味で当を得たものである．

社会調査法の解説書や教科書では，世論調査の歴史について，図8.4のような図式的なストーリーで語られることが多い．

以上のような筋立てで語られる物語は，標本調査の基本原理について理解す

る上では，たしかに有効である．また，この大統領選をめぐる世論調査の事例は，標本調査が持つ潜在力について，数々の興味深いエピソードを通して示す上でもきわめて効果的である．特に「たった数千のサンプルから得られる情報で，数千万ないし一億数千万の人々の動向を予測することが可能になった」という主張とともに語られることが多い選挙予測の例は，標本調査がたどってきた目覚ましい進化の過程を印象づける上で非常に効果的であったに違いない．

しかしながら，大統領選挙の事例を教材として取り上げて，以上のような筋立てで語ることには，少なくとも2つの点で大きな問題がある．

1つは，その種の解説には，ともすれば，選挙予測に関する調査における実際の作業のプロセスを極端に単純化して紹介してしまう傾向がある，という点である．2つめの問題は，社会調査の究極の目的が単純明快な予測ないし「予言」にある，というような誤解を招きかねない，という点である．これら2つの問題は，両方とも，「サイエンス」としての標本調査の側面を強調するあまり，統計的社会調査が本来持っているはずのアートないしクラフトとしての側面を軽視してしまう傾向に結びついてきた．

選挙予測は「一発勝負」？

1936年の大統領選挙の予測調査に関する教科書的な解説では，表8.1のような表，つまり，ダイジェスト誌とギャラップ社それぞれの予測と実際の得票率とを並べて示した表が引用されている場合が多い．同じように，社会調査の解説書などでは，その後現在にいたるまでの大統領選挙に関する予測の精度の向上について，特定の時点での得票予想と実際の得票数との誤差をあげて示すことが多い（本章の第4節における説明の仕方もそれらの例にならっている）．そのような解説を読んでいると，大統領選挙の結果をうらなう世論調査というものが，たった1回だけで完結するものであるかのような印象を受けてしまうかも知れない．

しかし，一度でも米国の大統領選に関する報道を見聞きしたことがあるならば，それが事実とはかけ離れた，文字通りの単なる主観的な印象でしかないことが分かるだろう．実際には，民主・共和両党の候補がそれぞれ確定した後の時点でも，さまざまな機関が各候補者の支持率について調査した結果が何度と

なくメディアに登場する．

　1936年の大統領選挙の場合も，同様であった．社会学者の杉野勇は，丹念な資料調査を通してギャラップ社がこの時に実際におこなったさまざまな調査について明らかにしている[39]．杉野によれば，同社は，1936年初めから実際の投票日までのあいだに選挙予測のための世論調査を少なくとも15回以上おこなっていたのだと言う．そして，表8.1に示した数値は，恐らく同年10月下旬におこなわれた最後の調査の結果を示していると推測されるとする．杉野はまた，正確なサンプルサイズに関する詳細な記録が公表されていないために必ずしも明らかではないが，さまざまな文献でギャラップ社が用いたとされている「5万人」というのは，1936年に何度か郵送でおこなわれた調査で返送されてきた回答数の中の最大数ではないか，としている[40]．

　同じような点は，第4節でふれた，近年の大統領選挙に関する予測についても指摘できる．つまり，それらの予測調査の最終段階では，たしかに2000から3000程度のサンプルによって非常に小さな誤差で実際の得票率が予測されているのかも知れない．しかし，それはあくまでも，それ以前に何度となく繰り返された調査の集大成として発表されたものだと考えることが出来る．すなわち，それらの調査ではいわば「一発勝負」によって，まるで魔法のように正確な予測がおこなわれているわけではない．むしろ，何度かの世論調査の積み重ねが，最終的な予測の「成功」の背景にあるのである．したがって，個別の調査に使用されているサンプルのサイズはたしかに2000ないし3000かも知れない．しかし，その背後にある複数回の調査におけるサンプルの合計は少なくとも数万のオーダーであることのほうがむしろ多いと考えられる．

選挙予測調査の特殊性

　大統領選挙をめぐる予測調査についての教科書的な解説には，単純な事実誤認だけでなく，標本調査それ自体の性格に関する誤解を招きかねない面がある．特に①リサーチ・クェスチョンの性格，②母集団の定義，③調査結果の解釈という3点に関しては，かなり深刻な誤解が引き起こされる可能性が高い．

　リサーチ・クェスチョンの性格　調査の主たる目的が選挙結果の予測にある場

合，そのリサーチ・クェスチョンはきわめて単純明快な WHAT の問いに集約することができる．つまり，最終的な目的は各候補の当落を言い当てることにあることから，そのリサーチ・クェスチョンは「それぞれの候補者の得票率（数）はどれくらいになるか」という，きわめて単純な問いの形に定式化できるのである．また，少なくともこの問いに関して言えば，質問表や聞き取りによって調査対象者に確認すべき内容も，「投票するとしたら誰に票を投じるつもりか」という投票予定ないし投票意向という１点に集約することができる[41]．

一方，他のタイプの標本調査の場合は，そのような単純明快な WHAT の問いだけではなく，因果関係に関わる複雑な WHY（なぜ）の問いも同じように重要な意味を持っている場合が多い．この点について，「青年層の政治意識と投票行動」という問題設定で標本調査をおこなうケースを例にとって考えてみることにしたい．

当然のことながら，このような調査をおこなう場合は，単に選挙の結果について予測することだけに関心があるわけではないだろう．それ以外の問題関心の中には，たとえば「青年層の投票率の低さの背景」あるいはまた「特定の属性や政治的意見を持つ青年の投票傾向」といったものが含まれていることが多いに違いない．つまり，その場合は，候補者の得票率（数）に関する WHAT の問いだけでなく，次にあげるような WHY の問いが非常に重要な意味を持つことになるのである――「**なぜ**，青年層の有権者の投票率は他の年齢層にくらべて低いのか」，「**なぜ**，特定の属性（性別，人種，学歴等）を持つ青年層は，特定の候補に対して投票する傾向が強いのか」．

母集団の定義をめぐる問題　選挙予測調査のようにリサーチ・クェスチョンが WHAT の問いを中心にして絞り込まれている場合には，母集団を定義することはそれほど難しくない．実際，その種の調査における母集団について「該当する選挙（大統領や国会議員あるいは自治体の首長を選出するための選挙）に投票する資格を持っている全有権者」という形で定義することについては，ほとんど議論の余地は無いだろう．また選挙人名簿などが整備されており，その名簿にアクセスできれば，それにもとづいて無作為抽出によって確率標本を構成することもできる[42]．

それとは対照的に,「青年層の政治意識と投票行動」という問題設定のもとに標本調査をおこなう場合,「青年層」という母集団については, 実にさまざまな定義の仕方があり得る.

　たとえば, ある種の世代論（「団塊の世代」「失われた世代」等）のように,「共通の時代体験が政治や選挙制度に対する青年たちの意見や態度に対して与える影響」というような問題に主たる関心がある場合には, その世代区分に対応すると思われる年齢区分を用いる必要がある. 一方, 国際比較をも視野において, たとえば「政治的社会化」（生育過程の中で家庭, 学校, メディアの影響を受けながら一定の政治的態度や行動様式を学習していくプロセス）をキー・コンセプトとして分析を進めていくためには, 内外の先行研究を参照しながら年齢区分を設定していかなければならない.

　要するに, 以上のような複雑な問題関心にもとづいて標本調査をおこなう場合には, 母集団は, 形式的な基準によってほぼ自動的に定義されるわけではない. むしろ〈どのような理論的前提のもとに, どのようなリサーチ・クェスチョンを, いかなる視点から把握し, また, その調査結果をどこまで一般化したいのか〉という点を念頭において検討を積み重ねていく必要があるのである.

調査結果とその解釈の多様性　選挙予測の場合には, リサーチ・クェスチョン自体が単純なものであるだけに, 調査が順当におこなわれていれば, その調査結果の解釈についても異論の余地はあまり無い. また選挙予測の場合には, その解釈の当否についても, よほどの接戦あるいは開票や集計の方法に何らかの問題がある場合などを除けば, 現実の選挙の開票結果と突き合わせることによって判明することが多い. たとえば, 1936年の大統領選挙の時には, ダイジェスト誌とギャラップ社が候補者たちの得票率について正反対の予想を出していたのだが, 投票の集計結果が発表された時点で, 選挙予測をおこなった調査機関の「勝敗」も即座に明らかになったのである.

　それに対して, 上にあげた「青年層の政治意識と投票行動」というような問題設定のもとにおこなわれる標本調査のような場合には, 調査結果については多様な解釈が出てくる可能性がある. また, それらの複数の解釈の相対的な妥当性に関して, スッキリとした形で「白黒がつけられる」わけではない例も多

い.

　もちろん，その調査の問いの中に青年層の投票傾向に関する予測に関するものが含まれている場合には，選挙後の事後調査などによってある程度その当否について判定が出来るかも知れない．しかし，それ以外の問い，たとえば「**なぜ，青年層の中でも特定の属性（細分化された年齢層，人種，性別等）を持った青年たちが特に低い（高い）投票率を示したのか**」というWHYが中心となる問いに対応する答えの当否は，投票結果と事前の仮説にもとづく予測との突き合わせだけでは容易に決着がつかない場合のほうがむしろ多い．

(3) 標本調査におけるアート＆クラフト
モデルケースとしての選挙予測調査——公式の適用

　こうしてみると，選挙結果の予測を目的とする調査というのは，社会調査としては非常に特殊な例であることが分かる．というのも，このような種類の調査については，「サイエンス」としての確率論の原理にもとづく統計的調査の原則をかなりストレートな形で適用できるだけでなく，調査結果やその当否が明白な形で示されることが多いからである．統計的な公式がほぼそのまま適用できるという点に関して言えば，たしかに，その公式や背景となる原理について解説する際の，いわば「教科書的なモデルケース」としてはきわめて有効である．しかしその一方で，そのような例外的なケースを中心にして標本調査に関するイメージが形成されてしまうと，実際に標本調査をおこなう場面では，理想と現実のギャップがあまりにも大きなものになってしまう恐れがある．

　先に述べたように，実際におこなわれる標本調査の多くは，むしろ，さまざまな現実的制約を抱えた「妥協の産物」である．またリサーチ・クェスチョンの本質的な性格からしても，多くの人々を納得させられるだけの単純明快な結論を出すことが出来ない場合のほうがむしろ多いのである．

公式の適用を越えて

　もっとも，以上で述べてきたことは必ずしも，多くの標本調査がサンプリングという点に関して何らかの問題を抱えた欠陥調査である，ということを意味するわけではない．たとえ個々の調査にはサンプルの代表性という点で制約や

限界があったとしても，リサーチ・クェスチョンを絞り込み，また母集団についても明確な定義がなされていれば，そのサンプルから得られる情報の位置づけを明らかに出来る場合も少なくない．また，先行研究から得られた情報と比較してみたり，何度か調査を繰り返したりして，リサーチ・クェスチョンに関する有効な情報が得られる場合も多い．

当然のことながら，それは，**統計学や確率論の公式を原則どおりに適用するやり方とは基本的に異なる次元に属する手続きになる**．実際，そのような作業をおこなうためには，確率論や統計理論にもとづくサンプリングの原理を十分に理解しているだけでは不十分である．それに加えて，調査対象である社会現象それ自体に関する「土地勘」を持ち，また，調査現場で調査者が直面するさまざまな問題に通じている必要がある．そして，実際に調査をおこなう上で必要となる素養の中には，実体験を通してしか身につけることができないノウハウや一種の経験則が含まれている．

要するに，筋の良い統計的調査をおこなっていくためには，標本調査が持つサイエンスとしての側面だけでなく，アートとクラフトの面に目配りしていかなければならないのである[43]．

標本調査のアート＆クラフトをめぐる3つのポイント

以下本章では，その，標本調査におけるアートとクラフトとしての側面と密接な関連がある次の3つの項目について見ていくことにする．

① **母集団の代表性**──現実の標本調査では，次の2種類の母集団を想定しておかなければならない場合が多い──(1) 調査結果を最終的に一般化したいと思っている「目標母集団」，(2) 実際に統計調査をおこなう際に設定する「調査母集団」．調査母集団は，本来の母集団から何らかの非確率的な基準によって選び出されていくことになる．したがって，この場合は，「標本の代表性」に加えて「母集団の代表性」が問題になってくる．

② **事例研究としての統計的調査**──さまざまな標本調査の中には，目標母集団それ自体が1つの事例としての性格を持ち，したがってまた，その事例研究の結果を一般化すべき，より上位の目標母集団が想定されている例もある．特に因果関係に関わる WHY（なぜ）の問いに対する答えを求める調査研究の場合，標本調査は「定量

第8章　サンプリング　233

的事例研究」としての性格を持つことが多い．
③**理論的サンプリングの発想**——統計的調査を一種の事例研究としてとらえる場合には，形式的な基準だけで「部分」と「全体」の関係を規定する場合とは基本的に異なる発想が要求される．これが「理論的サンプリング」と呼ばれる考え方であり，漸次構造化アプローチを採用する際には不可欠となる発想である．

8　母集団の代表性

(1) 2つのタイプの母集団

前節で述べたように，人手や費用面での制約などから，たとえば本来はある自治体の全域にわたって調査をおこなうべき課題ではあるものの，何らかの基準で特定の数区域だけを選び出して調査を実施する，というようなことがよくある．このような場合，一方の，リサーチ・クェスチョンにもとづいて想定された母集団と，他方の，「調査のためにアクセス可能である」という理由で設定された母集団とのあいだには，当然ある程度のギャップが存在することになる．そして，この2つを区別するために，前者のことを「**目標母集団**（target population）」，後者を「**調査母集団**（survey population）」と呼ぶことがある．もう少し分かりやすい表現で言えば，前者を「**本来の母集団**」，後者については「**統計調査上の母集団**」と呼ぶことができるかも知れない．

現実の調査では，所定のサンプリング計画にしたがって，その統計調査上の母集団から一定数の事例を抽出していく．しかし，実際に調査対象として設定された事例から調査票などを回収できるのは通常その一部でしかない．また，そこから「不能票」や「無効票」などと呼ばれる回答を除外すれば，実際のデータ解析に使える有効標本の範囲はさらに限定されていくことになる．

図8.5は，このようなプロセスを経て最終的に有効標本が得られるまでの過程を，社会学者の原純輔と海野道郎の図式にもとづいて図解したものである．先にあげた図8.2B（201ページ）は，全数調査と対比させる形で標本調査の基本的発想を模式的に示したものである．一方，図8.5は，図8.2Bを現実におこなわれている作業により近い形に描き直したものだと言える．

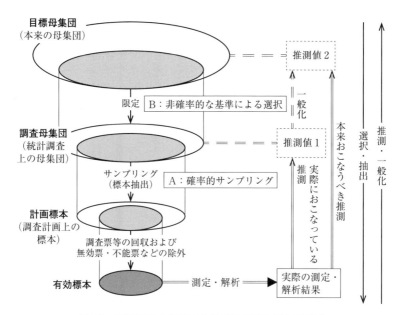

図 8.5　現実の社会調査における母集団と標本の関係

出所：原・海野（2004: 34-35）を元にして作図

(2) 推測値 1（調査母集団の値）から推測値 2（目標母集団の値）への一般化

　図 8.2B に示したように，標本調査の最終的な目標は，実際の調査で測定やデータ解析の対象になった標本，つまり図 8.5 では網掛けで示した一番下にある「有効標本」から得られる値にもとづいて，母集団における値（たとえば，特定の政策に対して「賛成」の意見を持つ人々の比率）を推定するところにある．しかしながら，上の図に見るように，標本データにもとづいて実際におこなっているのは図 8.5 に示した「推測値 1」，つまり本来のターゲットである目標母集団の値ではなく調査母集団の値を推測する作業である．統計的調査では，さらにこの推測値 1 にもとづいて「推測値 2」，すなわち目標母集団の値を推測することになる．

　ここで問題になってくるのは，「推測値 1」がどの程度「推測値 2」に近いものであるか，という点である．先に挙げた例で言えば，たとえば，自治体の全域ではなく特定の数区域を対象としておこなった標本調査の結果として，賛成

第 8 章　サンプリング　235

意見を表明した人々の割合が60％を占め，またその誤差の範囲が±2.0％であったとする．その推測結果（推測値1）をほぼそのままその自治体全体の住民の意見の割合（推測値2）として一般化可能であると判断して構わないか，という点が問題になってくるのである．

(3) 標本の代表性と母集団の代表性

原と海野が指摘するように，これは結局のところ，〈目標母集団をどのような根拠によって調査母集団へと絞り込んでいったか〉という点にかかっている．図8.5で言えば，Ⓑの作業をおこなう際にどのような判断基準を採用したか，という問題になる．

一方，本章でこれまで主に解説してきたのは，図ではⒶに該当する，調査母集団から計画標本を抽出する作業をおこなう際に考慮に入れるべきポイントであった．そのⒶにあたる作業については，「標本の代表性」すなわち，〈標本が調査母集団のどれだけ正確な縮図になっているか〉という点が1つの重要なポイントであった．

それと同じように，Ⓑの作業に関しては「（調査）母集団の代表性」が問題になってくる．つまり，〈複数の候補の中から選ばれた特定の調査母集団が，目標母集団のどれだけ正確な縮図になっているか〉という点について慎重に検討しておかなければならないのである．

(4) 「母集団の抽出」における非確率的なプロセス

本章でこれまで見てきたように，標本の代表性については，確率的サンプリングの発想を生かして，出来るだけ人間の主観的な判断が入り込まないようにすることが重要なポイントになる．これは，標本抽出の作業（図ではⒶ）に際して統計・確率理論という「サイエンス」の原理を適用する，ということに他ならない．それに対して，**調査母集団の代表性については，むしろアートないしクラフトと呼ぶのがふさわしい種類の判断基準が適用されることになる**．

実際，たとえば県下全域の自治体を代表するものとして特定の区域をピックアップする作業（Ⓑ）に際しては，確率の法則にもとづくルールないし公式が自動的に適用されるわけではない．その際には，何らかの地域特性（政党支持

Column 結局，（100人ではなく）何人に聞けば良かったのか？

　何らかの理由で，実際に全国の高校生の職業志望について調査をおこなう必要が出てきたとする．その場合に，100人では少なすぎるとしたら，どれくらいのサンプルサイズが「適正規模」なのだろうか．

　この問いに対して「これが正答」と言える答えを出すのは，それほど容易なことではない．というのも，「高校生の職業志望」と一口に言っても，どのようなリサーチ・クェスチョンを設定するかによって，必要とされるサンプルサイズは大きく異なってくるからである．また，この点に関しては，統計学や社会調査法に関する解説書にあげられている事例や練習問題等は，ほとんど参考にならない場合が多い．というのも，それらの事例や問題の多くは，標本抽出に関する基本的な確率論的な原理をストレートな形で適用する場合を想定しており，込み入ったリサーチ・クェスチョンに対応したサンプルサイズの割り出し方を示している例はあまり見られないからである．

　たとえば，ある番組の視聴率や特定の政策に対する賛成・反対という具合に，きれいに二分されるような回答の比率についての推測というような問題であったならば，たしかにそのような種類の教科書や解説書の解説は大いに参考になるだろう．しかし，職業志望のように，回答が非常に多様なものになることが容易に予想できるような問題を調べようとする際の適正なサンプルサイズについては，単純な公式を適用するだけで決められるものではない．

　それに加えて，せっかく全国調査をおこなうのであるから，実際におこなわれる調査で使用される質問表には，さまざまな設問が盛り込まれていることが多いだろう．たとえば，職業志望と進学希望や親の学歴・職業などとの関連に関心がある場合には，それらの質問項目も盛り込みたくなってくるに違いない．

　このような事情もあって，現実の標本調査では，基本的な統計の公式を適用するというよりは，むしろ一種の経験則として，同じようなタイプの先行調査の例などを参考にしながらサンプルサイズを決めていく場合が多い．

　たとえば，以下の表は，米国の統計学者セイモア・サドマンが，先行調査のレビューを元にして，大まかな目安として挙げた例である．この表では，既存調査を検討してみた結果として，〈サンプルをどの程度のサブグループに小分けした上で分析するか〉という点や，〈調査の範囲が全国規模であるか特定地域に限定されるか，そしてまた調査対象が人や世帯であるか組織であるか〉等の基準で分けてみた場合に既存調査でどのようなサンプルサイズが最も頻繁に見られるかが示さ

れている.

　この表を参考にして考えてみると，高校生の職業志望に関する調査では，少なくとも 1000 ないし 2000 のサンプルサイズが必要になりそうである．もっとも，これはあくまでも大まかな目安に過ぎない．先に述べたように，実際には，どのようなリサーチ・クェスチョンや仮説を設定するかを明確にした上で，それらに対応する推計値にとって最適と思われるサンプルサイズを決めていかなければならないのである．

表 8.4　人および組織を対象とする調査研究における典型的なサンプルサイズ

分析上設定されるサブグループの数	人もしくは世帯		組織	
	全国規模	地域中心あるいは限定されたテーマ	全国規模	地域中心あるいは限定されたテーマ
無しあるいはごく少数	1,000～1,500	200～500	200～500	50～200
平均的な数	1,500～2,500	500～1,000	500～1,000	200～500
多数	2,500 以上	1,000 以上	1,000 以上	500 以上

出所：Sudman（1976: 87）

者の構成等）や年齢別・職業別・性別の人口構成等を基準にして，自治体全域の縮図になっていると思われる区域を選択していく場合が多いだろう．

　つまりこの場合は，先に解説したクォータ・サンプリング（割当法）に似た，非確率的サンプリングの発想が採用されているのである．事実，考慮に入れるべき地域特性や人口構成の指標について実際に判断する際に適用できるような，何らかの定番的な公式が特に存在するわけではない．むしろ，リサーチ・クェスチョンの性格や，調査者自身が事前調査やフィールドワークなどを通して入手した地域特性に関する情報などを元にして，その都度判断していくことになる．また，その判断に際しては，長年の経験に裏打ちされた知識や調査現場と調査対象に関する「土地勘」，つまりアートおよびクラフトとしての感覚や素養がきわめて重要な意味を持つ場合が多い．

9 事例研究としての統計的研究
―― 大統領選に関するもう1つの標本調査

(1) WHY（なぜ）を問う標本調査の射程距離

アートとクラフトの素養やセンスが必要となるのは，複数の候補の中から目標母集団を最もよく代表すると思われる調査母集団を選択していく作業の場合に限らない．さまざまな種類の標本調査の中には，より本質的な点で，確率論や統計理論とは異なる次元の発想によって調査結果の相対的な位置づけについて確認していくことが必要となるタイプのものがある．

特に，WHY（なぜ）の問いに対する答えを求めていくことを目指す標本調査の場合については，そのような確認作業が要求される．というのも，その種の調査では，標本データを通して得られた情報の一般化によって目指すターゲットは，図8.5における最終的なゴール，つまり目標母集団の状態に関する推測や記述の範囲をはるかに越えたところに設定される場合が少なくないからである．

この点について，「大学満足度」に関する調査を例にとって考えて見ることにしたい．

満足度についての調査の中には，ランキング表の作成などではなく，むしろ満足度を規定する要因について解明していくことが主な目的となっているものがある．つまり，「な̇ぜ̇，特定の大学における学生満足度は他の大学における満足度よりも高い（低い）のか」という因果関係に関わる問いに対する答えを求めていくことを目指す調査である．そして，その答えは，満足度の向上を1つの重要課題として含む大学教育の改革案に盛り込まれていくことも多いだろう．

そのような性格を持つ調査の場合は，ある時点でそれぞれの大学にた̇ま̇た̇ま̇在籍していた学生たちの満足度の違いを明らかにするだけでは明らかに不十分である．というのも，そのような調査の本来の目的は，調査対象の学生たちから得られたデータを元にして，将来入学するであろう学生たちの満足度をめぐる状況についても成立するような因果関係を明らかにすることに置かれるから

である．つまり，その場合は，有効標本から得られた情報の一般化を目指す対象は，図8.5に示した目標母集団の範囲をはるかに越えたところに存在することになる．

さらに，国際的な規模で同じテーマに関する調査をおこなうような場合には，最終的なターゲットまでの「射程距離」はさらに長くなる．なぜならば，その場合は，単に日本の学生たちだけについて該当する満足度とその規定因のあいだの関係だけでなく，他の国の大学に在籍する学生，ひいては将来世界各国の大学に入学する学生たちについても当てはまるような因果法則を明確にしていくことを目指すからである．

(2) 2種類の目標母集団——実体としての目標母集団・理論上の目標母集団
標本調査における記述と説明

つまり，以上のようなタイプの標本調査の場合には，特定の時点における特定の地域に居住する特定の人々を当面の調査対象にしていながらも，その調査を通して明らかにされた因果関係については，より一般的・普遍的な状況で成立することを想定しているのである．

言うまでもなく，標本調査の中には，それとはむしろ逆に，ある時点の特定の地域における社会的事実について可能な限り精確に記述していくことが主たる目的になっているものも多い．たとえば，選挙予測調査や「瞬間風速」的な世論や市場の動向をいち早く把握することを目指す世論調査や市場調査などがその典型である．その種の調査における主な関心は，有権者の投票意向や特定の政策あるいは商品の購買傾向などの事実関係が「どうなっているか（WHAT）」という問いに対する答えを明らかにすることにある．

そして，本章の前節までで主に解説してきたのは，取りも直さず，その種の，社会的事実の「記述」を主な目的とする標本調査におけるサンプリングの原理や原則に他ならない．また，そのような記述中心型の標本調査の基本的な手続きや発想については，まさに図8.5に示した図式が当てはまる．

それに対して，最終的な目的が「記述」というよりは「説明」，つまり因果関係の解明にある調査でおこなわれている作業の基本的な性格について理解するためには，図8.6に示したように，2種類の目標母集団を念頭において考え

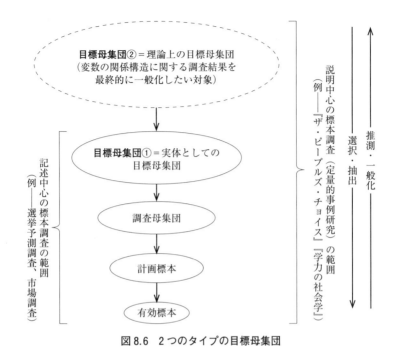

図 8.6　2 つのタイプの目標母集団

てみる必要がある（図で示した『ザ・ピープルズ・チョイス』と『学力の社会学』については，次節で解説する）．

　この図で「目標母集団①」と呼んでいるのは，図 8.5 では単に「目標母集団」（ないし「本来の母集団」）としているものである．たとえば大学満足度に関する調査について言えば，調査対象となった日本の大学に在籍する全在学生の集合がこれに該当する．この図では，これを**実体としての目標母集団**とも呼んでいる．これは，そのような母集団の場合には，調査時点で組織，集団，人々などの集合が現実に存在していることを前提として，そこから標本の抽出がおこなわれるからである．

　一方，「目標母集団②」ないし**理論上の目標母集団**については，より抽象的なレベルで，いわば「時空を越えた」レベルで存在する仮説的な集合が想定されることになる．つまり，理論上の目標母集団というのは，個別の調査を通して得られた物事の因果関係に関する結論を最終的に一般化しようと思って

第 8 章　サンプリング　241

いる対象の集合を指しているのである．

二段構えの一般化

したがって，たとえば満足度調査の例で言えば，この理論上の目標母集団には，調査をおこなった時点で実際に日本の大学に在籍している大学生だけでなく，それらの大学あるいは今後新設されるかも知れない大学に在籍することになるであろう，遠い未来の学生たちの集合も含まれることになる．もし調査で判明した因果法則が海外の大学についても適用できるような一般性と普遍性を持つものであると想定できるのならば，その理論上の目標母集団には，海外の現役学生および将来の学生，あるいはまた過去に在籍していた学生たちの集合も含まれることになる．

こうしてみると，以上のような，WHYの問いが中心となっている統計的調査の場合には，「一を聞いて十を知る」という，標本調査に特有の一般化のプロセスが二段構えの構成になっていることが分かる．

その第1段階めとしておこなわれる個々の標本調査では，有効標本という「一」（ないし「部分」）について得られた情報にもとづいて目標母集団①の全体像，つまり「十」について知ることが目標となる．事実関係の解明を目指す記述中心型の標本調査では，この一般化のプロセスを達成することが最終目標であることが多い．

一方，因果関係の解明を目指す標本調査にとっては，それはあくまでも単に当面の目標が達成された段階が完了したことを意味するだけに過ぎない．というのも，説明中心型の調査では，その次の段階として，当面の調査対象の先にある，理論上の目標母集団（目標母集団②）が究極のターゲットとして設定されているからである．つまり，この場合は，記述中心の調査の場合に比べてはるかに広い範囲の対象に対して一般的に適用できる因果法則を確立することが最終的な目標になっているのである．

したがって，個々の標本調査において実体としての目標母集団について得られた知見は，理論上の目標母集団という全体像（「十」）にとっては，単に1つの部分（「一」）に過ぎない，とさえ言える．

定量的事例研究——事例研究としての統計的調査

　図8.6のような構想にもとづいておこなわれる研究の場合には，〈標本調査の結果として確認された因果関係が，実体としての目標母集団においてだけでなく，理論上の目標母集団においても成立する〉，という想定が置かれることになる．その場合，個々の標本調査は，理論上の目標母集団にとっては，数ある「サーベイ事例」の中の1事例という位置づけになる．つまり，個々の標本調査はたしかに統計的な手法による研究ではあるものの，同時に一種の事例研究としての性格を持っていると考えることが出来るのである．このように事例研究としての一面を持つ統計的研究のことを，本書では**「定量的事例研究」**と呼ぶことにする[44]．

　この「統計的調査には事例研究としての性格がある」という主張には，一見本質的な矛盾が含まれているように思えるかも知れない．なぜならば，統計的調査と事例研究は，対照的な研究アプローチであるとされることが非常に多いからである．両者は水と油のような関係にある，とする見方さえある．その通念によれば，事例研究法（ないし事例調査法）は「相対的に小規模な対象をインテンシブに把握する方法」であり，統計的調査法は「相対的に大規模な対象を大量的かつエキステンシブに把握する方法」だとされる[45]．

　それぞれのアプローチの強みや特長も，きわめて対照的なものであるとされてきた．一方の事例研究法は，個々の事例の個性や特殊性について詳しく分析できるところに強みがあると見られてきた．他方，統計的調査は，数値データの分析を通じて社会現象の全体的な傾向を把握する上で有効であるとされる場合が多い．たしかに，統計的な調査研究は，多くの場合，大量サンプルに対して共通のモノサシをあてて横断的にとらえて一般的な傾向や法則性を明らかにすることを目指す．また，それによって，個々の事例が持つ独自性，個性は「脱色」されて見えにくくなってしまうことも多い．

　しかしながら，調査データというものが現実の社会調査の作業を通して収集されたものである限りは，それは本質的に，**特定の時点における特定の地域に存在ないし居住する特定の組織・集団**，あるいは個人について収集された情報に関する研究としての性格を持つことになる．つまり，その意味では，**ほとんど全ての統計的な手法による社会調査は，まぎれもなく事例研究としての性格**

第8章　サンプリング　243

を持っているのである[46]．

　もっともその種の事例研究は，必ずしも直接の対象となった事例について明らかにすることだけを目指すとは限らない．すぐれた事例研究は，むしろ，事例を通してより一般的な傾向を明らかにしようという発想に裏づけられていることが多い．特に理論上の母集団を射程の中に確実にとらえている定量的事例研究の場合には，先行調査による知見や今後の事例研究の積み重ねを通して，個別の事例研究で得られた知見の相対的な位置づけを明確にしていくことを目指す場合が少なくない．

(3) 『ザ・ピープルズ・チョイス』のケース[47]

「パネル調査」の概要

　以上で述べてきた，標本調査が事例研究として持つ本質的な性格について理解していく上で示唆に富むのが，定量的事例研究の古典とも言える『ザ・ピープルズ・チョイス』である．米国の社会学者ポール・ラザースフェルドらがおこなった，この調査における直接の調査対象は，1940年に実施された大統領選挙である．この時は，民主党のフランクリン・ルーズベルトが共和党候補のウェンデル・ウィーキーを下して第32代米国大統領になった．先に述べたように，ギャラップ社は，クォータ・サンプリングの手法を用いてこの大統領選の結果についてもルーズベルトの勝利を的確に予測していた．

　もっともギャラップ社とは違って，ラザースフェルドらがおこなった調査研究の目的は，選挙結果を正確に言い当てることにはなかった．彼らの主たる問題関心は，むしろ「人々が**どのようにして，またなぜ**，実際にそうしたように投票しようと決めたのか (to discover **how and why** people decided to vote as they did)」という点について明らかにしていくことにあった[48]．つまり，ラザースフェルドらは，米国の有権者の投票に関する意見や態度が，選挙キャンペーンのあいだに変遷を遂げていった経緯や原因について探っていくことに重点を置いていたのである．

　この調査は，その基本的な発想やリサーチ・クェスチョンがユニークであっただけでなく，採用された調査法という点でも画期的なものであった．つまり，この調査では，同じ対象者に対して時期をおいて繰り返し質問をおこなう「パ

> **Column** 「事例」の多様な意味

　本書では，前章で解説した「事例－変数マトリクス」という用語と対応させる意図もあって，「事例」を通常の解説書などの場合と比較してかなり広い意味で使用している．以下には，本書におけるそれらの多様な用法を整理しておいた．

- 個々の調査対象としての「**事例**」——事例－変数マトリクスという場合の「事例」である．サンプリングに関する解説では，「個体」あるいは単に「標本」という用語があてられる場合が多い．
- **サーベイ事例（研究事例）**——「いくつかある中の1つ」ないし「例示」というような意味合いで使っており，この点を明確にするために本書では「ケース」という言葉で代替している場合も多い（たとえば，「選挙予測調査のケース」「『ザ・ピールズ・チョイス』のケース」．）なお，第10章では，同じような意味で「実験事例」という言葉を使っている．フィールドワーク的な手法による調査の事例などを含む，より一般的な用語としては「調査事例」を用いることにする．
- （典型的な）**事例研究**——通常の用法にしたがって，「少数事例研究」とも言われる，比較的少数の事例を対象にして「狭いけれども深い」調査をおこなうタイプの調査研究を指している．また，統計的研究が「法則定立的（nomothetic）」であるのに対して，事例研究は「個性記述的（idiographic）」であるとされることも多い．
- **定量的事例研究**——主として使用されるデータは数値データであり，また，「個体数」という意味でのサンプルサイズも大きいが，理論上の母集団から見れば，「いくつかあるなかの1つ」という位置づけになる統計的手法による調査研究．
- **事例群**（「集合名詞」としての事例）——統計的手法による調査研究を定量的事例研究としてとらえる場合，個々の調査で分析対象となっている標本集団についても，それを総称して「事例」と呼ぶことができる．いわば分析単位としての事例群である．

　なお，日本語の「事例」に限らず，英語圏で社会調査の用語として使われる case ないし case study もかなり多義的な用語であるという点はよく知られている[49]．

ネル調査」と呼ばれる手法が初めて本格的に適用されたのであった．調査対象者のうち，その継続的な聞き取りの対象になったのは600名である．調査スタッフは，民主・共和両党の全国大会の直後の1940年の6月から実際に投票がおこなわれた同年11月までの6ヶ月のあいだ毎月1回ずつ，その600名の対象者の自宅を直接訪れて情報を収集していった．このような方法を採用することによって，同一対象者の態度や意見の変化をリアルタイムに把握することが可能になったのである．

この調査の対象者数は，全体で3000名である．3000という数字だけを見れば，大統領選挙の予測に採用される標本のサイズとそれほど変わらないようにも見える．しかし，ラザースフェルドらの調査の場合，その3000名は，オハイオ州のエリー郡の住民に限定されていた．また，上で述べたように，3000名のうちパネル調査の対象となったのは600名程度に過ぎない．

「なぜ」の問いと非確率標本

この3000名のサンプルは，年齢・性別・出身地など幾つかの点でエリー郡の全住民を代表するように選出されていた．また，『ザ・ピープルズ・チョイス』によれば，同郡における大統領選挙の際の投票傾向は，それ以前の40年のあいだ，全国的な投票傾向とほとんど変わるところがなかったとされる．さらに，パネル調査の対象となった600名についても，3000名のサンプル全体の正確な縮図となるような配慮がなされていた．

しかし，上で述べたことからも明らかなように，この600名は，決して全米の有権者から抽出された確率標本ではない．したがって，その点だけをとらえて見れば，ラザースフェルドらがおこなった調査は，標本抽出法という点で欠陥があり，これがもし選挙予測を目的とする調査だったとしたら，かなり深刻な問題を抱えていたことになる．

もっとも先に述べたように，彼らの調査の主たる目的は，大統領選挙の勝敗を予測することにはなかった．ラザースフェルドらの問題関心は，むしろ政治的態度の形成過程および実際の投票行動という，社会的行動のパターンやその背後にあるメカニズムを解明していくことにあった．つまり，『ザ・ピープルズ・チョイス』は，「なぜ，人々は投票についての態度を変え，また実際の投

票行動に関する意思決定をおこなったのか」という，WHY の問いに対する答えを明らかにすることを目指していたのであった．

　この因果関係に関わる問いについて，ラザースフェルドらは，丹念なインタビューを通して，しかも同じ調査者に対して繰り返し質問をおこなうことによって答えを求めていった．また彼らは，インタビューを繰り返すこと自体が有権者の態度形成と態度変容に対して何らかの影響を与える可能性についても慎重に配慮している．つまり，ラザースフェルドらは，パネル調査の対象となった 600 名とは別に，3000 名からさらに 600 名ずつを 3 組，合計で 1800 名を選んでいる．その上で，1940 年の 7 月，8 月，11 月という 3 つの時点で，主な調査対象者である 600 名の回答とそれら 600 名ずつ 3 組の対象者の回答とを比較しているのである．

　このような周到な配慮のもとに設計された調査研究で見いだされた発見事実は，1940 年の大統領選におけるエリー郡の人々の投票行動という問題にとどまらなかった．むしろ，一般的な政治的態度の形成や変容あるいは集団的状況下でのコミュケーションが人々の態度や行動に与える効果など，きわめて広い範囲の問題に対して重要な示唆を与えるものになった．事実，「パーソナル・インフルエンス」，「オピニオン・リーダー（シップ）」，「コミュニケーションの 2 段階説」など，社会集団の中における人々の行動や態度を理解する上で今もなお重要な意味を持っている幾つかの社会心理学的概念は，この研究を契機として構築されていったものなのである．

(4) 変数の分布状態の代表性 対 変数間の関係構造の代表性
実体としての母集団 対 理論上の母集団

　この『ザ・ピープルズ・チョイス』のケースを通して改めて確認できるのは，ある種の標本調査の場合には，「実体としての目標母集団（図 8.6 では目標母集団①）」と「理論上の目標母集団（目標母集団②）」という 2 種類の目標母集団を想定することが出来る，という点である．

　『ザ・ピープルズ・チョイス』の場合，エリー郡の全有権者という調査母集団から選出された上で有効標本として調査対象になったのは 3000 人の有権者であった．また，その 3000 名に関する調査研究から得られた情報を一般化し

ようとしている当面のターゲットは，1940年時点での全米の全有権者であったと考えられる．つまり，それがこの標本調査における「実体としての目標母集団」である．

もっとも，ラザーフェルドたちは，その1940年の大統領選挙における人々の態度や行動の変化に関する分析結果を手がかりにして，人々の態度や行動の変容の背景要因という，より一般的・普遍的な問題に迫っている．つまり，彼らは，1940年の米国大統領選に関する調査から得られた知見にもとづいて，社会一般，集団一般，人間一般に対して適用できる概念モデルを構築しようとしていたのである．それは，取りも直さず，米国の全有権者という実体としての目標母集団を想定しておこなわれた調査の結果得られた情報を「理論上の目標母集団」にまで一般化していこうとする試みに他ならない．そして，この場合は，米国の全有権者という「部分」についての情報を元にして，社会一般，集団一般，人間一般という「全体」に関する推測をおこなっていることになる．

逆に言えば，その場合，そのような理論上の目標母集団を想定しておこなわれた調査研究にとっては，実体としての目標母集団は数あるサーベイ事例の中の1つに過ぎない，ということにもなる．実際，『ザ・ピープルズ・チョイス』の場合，1940年の大統領選というのは，それ自体が集団的状況下における意思決定プロセスについて知る上での1事例に過ぎないとさえ言えるのである[50]．

記述中心型 対 説明中心型

『ザ・ピープルズ・チョイス』の例のように因果関係についての説明を目指す定量的事例研究の場合には，事例それ自体について事実を明らかにするというよりは，むしろ事例を通して何らかのより一般的な傾向を明らかにすることを目指す．この点は，標本調査の中でも事実関係について明らかにすることを主な目的とする調査とは，非常に対照的である．

実際，そのような事実関係の記述を中心とする標本調査では，事例それ自体について事実を解明することが出来れば，それだけで主たる目標が達成されることも多い．たとえば，ギャラップ社とダイジェスト誌がおこなった選挙予測調査の場合に目標母集団として想定されていたのは，1936年という時点でア

表 8.4 記述中心型の標本調査 対 説明中心型の標本調査

	記述中心型の標本調査	説明中心型の標本調査 （定量的事例研究）
調査事例	選挙予測調査，各種世論調査，市場調査	『ザ・ピープルズ・チョイス』，『学力の社会学』
基本的な問い	WHAT （事実関係はどうなっているのか＝母集団において各種の変数の値はどのような形で分布しているか）	WHY （因果関係はどうなっているのか＝母集団において複数の変数間にはどのような因果関係があるか）
サンプル・事例に期待される代表性	変数（値）の分布状態の代表性	変数間の関係構造の代表性
最終的な一般化の目標（ターゲット）	実体としての目標母集団 （例：特定の選挙の有権者一般，特定の年齢層の国民一般，特定の消費者一般）	理論上の目標母集団 （例：社会的存在としての人間一般，社会集団一般，組織一般，児童一般）
サンプル・事例を選定する際の前提となる主な理論的根拠	確率論	社会科学理論・先行調査の知見

メリカ合衆国において有権者登録をしていた全米の国民であると考えることができる．選挙予測の場合は，その全有権者の動向が正しく推測できれば，それで調査の目的は達成されたことになる．したがって，それ以上，その調査で得られた知見の一般化を目指す必要は無いということにもなる．

このような2つのタイプの標本調査のあいだの違いについては，表8.4のように，幾つかの点を中心にして整理してみることができる[51]．

この表に示したように，選挙予測調査や世論調査あるいは市場調査などのように事実関係の記述（およびそれにもとづく予測）が中心になっている調査の場合，サンプリングの際に最も配慮しなければならないのは「変数（値）の分布状態の代表性」である．つまり，〈標本集団が，母集団における各種の変数の値の分布（相対的比率，平均，分散等）をどれだけ忠実に反映するものになっているか〉という点が最も重要なポイントになるのである．確率的サンプリングというのは，まさに，そのような意味合いでの「代表性」が標本集団において実現されるための工夫であると言える．また，その場合に標本データから得ら

れた情報を一般化しようとする最終的なターゲットは,「特定の選挙における全有権者」や「特定の層に属する全消費者」などという,実体としての目標母集団である.

一方,『ザ・ピープルズ・チョイス』のような定量的事例研究の場合に事例の代表性という点で最も重要になってくるのは,変数間の関係構造の代表性である.つまり,〈調査対象が,調べようとしている原因（独立変数）と結果（従属変数）のあいだの関係について明らかにしていく上で適切な事例になっているか〉というポイントである[52].要するに,説明中心型の標本調査の場合に最終的なターゲットとなっているのは,当面の調査対象である実体としての目標母集団ではなく,そのはるか先のゴールとして設定されている理論上の目標母集団なのである.これは取りも直さず,定量的事例研究の場合には,社会的存在としての人間一般,社会集団一般,あるいは組織一般について該当する因果法則のようなものを明らかにすることが究極の目標になっているからに他ならない.

したがって,定量的事例研究におけるサンプリングの際には,確率法則を厳格に適用するというよりは,むしろ調査テーマに関連する社会科学の理論や先行調査における議論などをふまえて,〈調べようとしている変数間の関係構造をより明確に示すためには,どのような事例を選択すればよいか〉という点について慎重に配慮していくことの方がより重要な意味を持つ場合が少なくない.

10　理論的サンプリングの発想

(1) 漸次構造化アプローチにおける事例選択の方法

事実関係に関わる WHAT の問いが中心になっている場合にせよ,あるいは因果関係に関わる WHY（なぜ）の問いが重要な意味を持つ調査の場合にせよ,前節までに解説した内容の多くは,次にあげるような特徴を持つ社会調査について最もよく当てはまるものである.

・基本的な問題設定とリサーチ・クェスチョンがあらかじめ明確に定式化されている
・リサーチ・クェスチョンに対応する仮説が事前に明確な形で設定されている

Column 定量的事例研究としての『学力の社会学』

　1990年代から2000年代後半までの10年近くにわたって，日本では，子どもたちの「学力低下」をめぐる問題が大きな論争を巻き起こしていた．この論争は，ともすれば肝心の「学力」についての明確な定義も，また学力の変化に関する確実な実証的根拠も無いままに繰り広げられていた．この不毛な論争に対して貴重な一石を投じたのが，教育社会学者の苅谷剛彦と志水宏吉が率いる研究チームが2004年に発表した『学力の社会学』（岩波書店）である．この調査は，『ザ・ピープルズ・チョイス』と同様に，定量的事例研究のモデルケースになっている．

　苅谷と志水が率いる研究チームがおこなったのは，およそ20年間にわたる「学力」の時期的変化に焦点を絞った調査である．その時系列的な比較分析にあたっては，関西と関東で，それぞれ1980年代におこなわれた学力テストによる先行調査の結果がベースラインとして設定されている．一方，苅谷・志水ら自身は，2000年代初めに，それらの先行調査で使用されたものとほぼ同じテスト問題と生活・学習状況に関する質問表を使って，同一対象校に対して調査をおこなっている．

　つまり，全体としては，2つの時期（1980年代と2000年代初め）と2つの地域（関西と関東）という，大きなくくりとしては4組の調査データが用いられているのである．苅谷・志水らは，それらの調査データをふまえて，学力低下の実態や学力と家庭環境の違いとの関係などについてさまざまな角度から検討を加えている．

　これら4つの調査のうち，1982年の「関東調査」が確率的サンプリングによっておこなわれた標本調査である．もっとも，その場合の母集団は当時の日本全国ではなく，「関東地方の10万人都市の公立小学校在籍児童」という，限定された地域の子どもたちである．一方，苅谷・志水らが参照した1989年におこなわれた関西調査や，彼ら自身が2001年と2002年に関西と関東でおこなった学力調査の場合は，いずれも明らかに非確率的な方法でサンプルが抽出されている．

　この点だけを見れば，苅谷・志水らの学力調査は，一見，サンプリングという点で問題を抱えているようにも見える．したがってまた，彼らの主な研究テーマの1つである「日本全体の児童の学力の変動」について分析をおこなう上では，必ずしも適切なリサーチ・デザインではないようにも思える[53]．

　しかし，これは，苅谷・志水らのおこなった調査の目的が「厳密な測定」，つまり，事実関係に関するWHATの問いに対する答えを求めようとする調査として

見た場合に成立する見方である．実際には，彼らの主たる問題関心は，むしろ，WHY（なぜ）の問いに対する答えを求めていくことにあった．つまり，彼らの調査では，学力低下をもたらす社会的な要因のあいだに見られるパターンやメカニズムを解明していくことが主たる目的になっていたのである．実際，苅谷・志水らは，この調査データの分析を通して，たとえば，教育の内容や方法の変化が学力の階層差の拡大に何らかの影響を及ぼしている可能性や，「学習遅滞」と家庭学習（勉強頻度や勉強時間）とのあいだに密接な関連があることなど，貴重な知見が得られている．

なお，この『学力の社会学』については，次章で「概念の操作的定義」について解説する際に再び取り上げることにする．

・先行研究や既存の理論にもとづく理論的根拠があらかじめ明確にされている
・目標母集団と調査母集団がデータ収集の作業をおこなう以前に明確に定義されている
・標本抽出はデータ収集が実際におこなわれる以前の段階で一度だけおこなわれる

これらは，第4章では図4.3（70ページ）で示した，「各時期完結型」の調査が持つ特徴に他ならない．つまり，「問題設定→仮説の構築と修正→データ収集→データ分析」という一連の作業がそれぞれの段階で別個におこなわれる調査のことである．質問表やインタビューによっておこなわれる筋の良い統計的調査は，本質的にこのようなタイプの標本調査としての性格を持つ例が多い．逆に言えば，以上のような特徴を兼ね備え，また本章で解説してきた標本調査に関する4つの条件を満たしていない統計的調査は欠陥調査である可能性が高いのだと言える．

その一方で，社会調査の中には，ある意味では上記の特徴とは正反対の，以下のような性格を持つものも珍しくない．しかし，これは必ずしも，その全てが欠陥調査だというわけではない．

・問題設定やリサーチ・クェスチョンは必ずしも最初の段階から明確に定式化されているわけではない．むしろ，調査を進めていく中で徐々に明確なものになっていく
・仮説についても，データとの突き合わせを通じて何度も修正が加えられたり，時に

は根本的な組み替えがなされたりする
・全ての理論的根拠が事前に明確にされているわけではなく，むしろ調査を進めていく中で適宜修正されたり，データそれ自体から新たな理論的枠組みがボトムアップ式に立ち上げられていったりする
・リサーチ・クェスチョンや仮説の修正ないし再構築にともなって，事例の選出とデータの収集が，何度となく繰り返しておこなわれる

　第4章で述べたように，これは取りも直さず，本書で「漸次構造化」と呼んでいるアプローチを採用している調査が持つ特徴に他ならない．図4.4（72ページ）に示したように，漸次構造化アプローチの顕著な特徴の1つは，データの収集と分析の作業が，リサーチ・クェスチョンの定式化や仮説の構築・再構築など他の一連の作業と同時並行的に進められていくことにある．そのようなタイプの調査をおこなっていく際には，「ワンショット・サーベイ」的な標本調査におけるサンプリングとは本質的に異なる発想にもとづく事例選択の手続きが要求される場合が多い．

(2) 理論的サンプリング
統計的サンプリング 対 理論的サンプリング
　漸次構造化アプローチ的な発想にもとづく調査では，しばしば「理論的サンプリング」と呼ばれる方法が採用される．これは，もともと「グラウンデッド・セオリー・アプローチ（データ密着型理論アプローチ）」と呼ばれる方法論的立場の提唱者によって定式化され，また主として定性的調査における事例選択の方法として用いられてきたものである．もっとも，すぐ後で指摘するように，理論的サンプリングには，それ以外の方法論的スタンスを採用する場合でも応用可能な面がある．
　この理論的サンプリングの基本的な発想について理解する際には，本章で解説してきた，主として統計学や確率論の考え方にもとづく標本抽出の方法を仮に「統計的サンプリング」と名づけてそれとの違いを見ていくのが有効である．
　統計的サンプリングの場合に最も重要視されるのは，標本集団における変数値の分布状態が，目標母集団における分布状態を忠実に反映するような正確な

縮図となるような手続きを着実に踏んでいくことである．実際，筋の良い統計的な社会調査の場合には，標本集団が本章で解説してきた4つの条件をクリアした形で抽出されることを目指してさまざまな工夫がなされる場合が多い．

しかし，以上のような「サンプルの代表性」という点が重要になるのは，あくまでも，標本集団から得られた情報を一般化すべき「母集団」が比較的明確な輪郭を持った実体として想定できる場合である．その一方で，現実の社会調査では，実際にデータ収集の作業をおこなう前の段階ではその母集団を必ずしも明確な形で定義できない場合も多い．

これを，先にあげた，「青年層の政治意識と投票行動」という問題設定でおこなう調査を例にとって考えてみよう．このような調査の際に，最初の段階で大まかなリサーチ・クェスチョンを立てた上で比較的少数の対象者に対して事前調査をおこなってみたとする．その場合，当初はあまり重視していなかった属性（例えば，出身地域や職業など）が実は投票行動を規定する要因として重要な意味を持っている，という可能性が浮上してくるかも知れない．また，さらに詳しい分析の結果からは「青年層」の年齢幅を当初の想定よりも広げてみる必要が生じてくることがあるかも知れない．そのような場合には，事前調査の次のステップとしておこなう本調査におけるサンプリングの方針を大幅に見直していかなければならなくなる．

理論的サンプリングの発想

理論的サンプリングというのは，この例のように，データ分析を進めていく過程で幾つかの変数間の関連が徐々により明瞭な形で浮かび上がっていく中で，調査対象となる事例の選定方針やデータ収集の方針を決めたり軌道修正したりしていくようなやり方である．つまり，事前の段階で標本抽出やデータ収集の方針を全て決めてしまうのではなく，ある程度データが集まった段階で，その都度それらのデータについて詳しく検討し，その分析結果を次の段階の事例選定やデータ収集の方針に反映させていくのである．

これは，取りも直さず，次のような一連の問いに対する答えを模索しながら研究対象となる事例を選び，また収集すべきデータの種類を決めていく手続きに他ならない．

- これまで検討した事例によって，問題となっている社会現象はどの程度説明できているか？
- これまでの調査で集めたデータは，現在想定している因果モデルに含まれるさまざまな論点に対する十分な裏づけとなっているか？
- まだ良く分かっていない点は，どのような点か？
- 何か重要な変数を見落としてはいないだろうか？
- 因果モデルの論点を補足し，あるいはまだ良く分かっていない点について明らかにしていくためには，今後どのようなタイプの人々（あるいは，集団，組織，地域等）を事例として選んでいけばよいか？
- 今後事例を追加して調査を進めていく際には，どのような調査技法（インタビュー，現場観察，文書資料の検討等）を用いてどのような種類のデータを収集したらいいだろうか？

(3) 理論的飽和——理論的サンプリングの終着点

以上のようにして2つの種類のサンプリングの方法を対比させて示してみると，統計的サンプリングというのは，母集団の姿やその輪郭があらかじめ明らかになっている状態でおこなってこそ初めて意味のある標本抽出法だということが分かる．それに対して，理論的サンプリングの場合には，母集団の姿は，むしろ少しずつデータを集め，その都度丹念に分析していく作業を通して徐々に明らかになっていく．また，社会現象を理論的な視点からとらえるレンズないしスポットライトとしての役割を果たす理論概念それ自体が，そのデータ収集とデータ分析の作業を通じて徐々に構築され，また磨きあげられていくことになる[54]．

このような性格を持つ理論的サンプリングの作業は，調査プロセス全体を通して何度となく繰り返されることになる．グラウンデッド・セオリー・アプローチの場合には，その作業が一応の終着点にいたるのは，**理論的飽和**と呼ばれる段階に達した時であるとされる．すなわち，その時点までに出来上がった説明図式によって，新たな事例についても満足のいく説明や解釈ができるようになり，また，それ以上事例やデータを追加しても，その時点までに出来上がっている，記述や説明のための図式や理論モデルに対して特に修正や追加を加える必要が無くなった状態である．グラウンデッド・セオリー・アプローチの場

合には，このような程度にまで分析モデルが練り上げられた時になってはじめて，研究対象となっている社会現象を過不足なく説明できるような説明図式や理論モデルが出来上がったと見なすことになる．

そして，このような段階に至った次の作業として，理論の構築だけでなく理論モデルの一般的妥当性について検討していく手続きに入っていく場合もある．その際には，統計的サンプリングの発想にもとづくデータ収集による分析が有効である場合も多いだろう．また場合によっては，理論モデルや作業仮説の想定と明らかに矛盾する事例を意図的に探し出して理論モデルの修正をはかったり，それらの反証例を取り込むことが出来る，より広い適用範囲を持つ理論モデルをつくり上げたりしていくこともある[55]．

(4) 統計的調査における理論的サンプリングの発想

先に述べたように，理論的サンプリングは，定性的調査や質的調査などと呼ばれるタイプの調査の場合に典型的に見られるものである．しかし，同じような発想による事例選択法は，定量的調査に対しても適用できる面が十分にある．また，実際に同様の発想が主として統計データにもとづく社会調査の際に採用されている例も少なくない．

特に，第5章で取り上げた『孤独なボウリング』のように，既存の統計データを二次利用する際には，サーベイ事例の組合せという点に関して理論的サンプリングに近い発想が適用される場合が多い．実際，そのような調査では，初期の段階で入手したデータセットやその分析結果だけではリサーチ・クェスチョンに対する答えを求める上で不十分であることが判明する場合がある．また，当初想定していた理論的視点では説明しきれないような分析結果が出てくることもある．そのような場合には，より適切な推論がおこなえそうなデータセットの発掘を目指したり，新たな視点からデータの再分析を試みたりするような手続きがとられることになる．そのような場合は，理論的サンプリングに非常によく似た手続きが取られていると考えることができる．

また，先に指摘したように，すぐれた定量的事例研究では，直接の調査対象となった事例について明らかにするだけでなく，理論上の母集団を射程内にとらえた上で，事例を通してより一般的な傾向を明らかにすることを目指す場合

が多い．その場合には，先行調査の入念な検討を通して個別の事例研究で得られた知見の相対的な位置づけを明確にしていくことが必須の条件となることは言うまでもない．さらに，そのような定量的事例研究の場合には，次のステップとして，〈目下の調査研究から得られた発見事実が，全く異なるタイプの属性を持つ人々や組織あるいは地域についても同じように見いだせるか否か〉という点について確認していく作業が必要になる．この場合も，理論的サンプリングと同様の発想が採用されていると言える．

(5) 混合研究法と理論的サンプリング

理論的サンプリングは，**混合研究法**や**トライアンギュレーション**（**方法論的複眼**）などと呼ばれるアプローチを採用していく際にも，きわめて重要な事例選択の方針になる．すなわち，定性的な調査研究の結果と定量的な調査研究の結果を組み合わせた上で複数の角度からリサーチ・クェスチョンに対する答えを求めていくようなアプローチである．

そのようなアプローチを採用する場合には，たとえば，少数の事例についての詳細な検討から浮かび上がってきた新たな発見事実について，大量サンプルによる定量的なリサーチを通して改めて検証していくようなことがある．またその逆に，定量的な分析において「外れ値」ないし「特異値」などと呼ばれる例外的な傾向を示す事例がある場合には，その事例を特に取り上げて詳細な事例分析をおこなっていくこともある．その際には，同じように特異な傾向を示す事例を意図的に探し出して，それらの事例を相互に比較していくことが非常に重要なポイントになる．

つまり，混合研究法やトライアンギュレーションのアプローチを採用する場合には，事例選択の方法に関して統計的サンプリングと理論的サンプリングを組み合わせていくことがきわめて重要なポイントになる場合が少なくないのである．いずれの場合にせよ，このような「複眼的」なアプローチを採用していく際には，他の調査アプローチを採用する際にもまして〈調査母集団から得られた情報を，どのようにして，実体としての目標母集団だけでなく，理論上の目標母集団に関する推論に結びつけていくか〉という点がきわめて重要なポイントになってくる．

本章で繰り返し述べてきたように，標本調査のポイントは，「一を聞いて十を知る」あるいは「『部分』から得られた情報を元にして『全体』を知る」ことにある．統計的事例研究から得られる情報は，理論上の目標母集団という「全体」から見れば，本質的に「部分」としての位置づけを持つことになる．つまり，きわめて限定されたものにならざるを得ないのである．その限定された範囲の情報を全体の理解に結びつけていくためには，周到で慎重な理論的考察に加えて，調べようとしている社会現象そのものに関する深いレベルでの理解や一種の「土地勘」がどうしても必要になってくる．その意味でも，社会調査をおこなっていく際には確率論や統計学の知識や技能というサイエンスの要素だけでなくアートとクラフトの素養とセンスが要求されることになるのだと言える．

　そして，同じような点が，次章で解説していく社会現象の「測定」という作業についても指摘できる．実際，社会的事実について「数字で語る」際には，単に出来合いのモノサシをあてはめればそれで済む，というものではない．他方では，常に変化する可能性をはらむ社会的現実について数字以外の情報も駆使して把握し，また時には一見「きたない」データであるかのようにも見える資料の中から豊かな意味をくみとっていかなければならないのである．

注

第 1 章

1) Carroll（[1871] n.d.: 153）．
2) たとえば，『社会学辞典』（有斐閣 1958），『社会学小辞典』（有斐閣 1977），『社会調査ハンドブック［新版］』（有斐閣 1979），『社会学事典』（弘文堂 1988）．
3) この辞典以外でフランス語の enquête と英語の method を組み合わせた例としては，たとえば，弘文堂の『社会学事典』（1994）がある．また，日本人が筆者となった英語論文や日本語論文の英文要旨にも enquête method が使用されている例が幾つかある．一方，海外の用例については，著者がこれまで文献やインターネット上の情報等によって調べた限りでは，Gorges（1991: 325）の例が確認できるのみであった．もっとも，これも，ドイツにおける 19 世紀末の社会調査についての解説の文脈における，きわめて特殊な用例である．これについては，本章の注 6 をも参照．
4) この辞典の 2008 年版では，定義の冒頭に次のような一節がある——「質問紙法による大量観察調査を通俗的にアンケート調査と呼ぶことがある」（強調は引用者）．
5) 『大辞林』（三省堂 2006）などでは，例外的に 2 種類の定義が並列されている．もっとも，この辞典の場合も，一方の定義の解説を「街頭などでおこなう一定の質問形式による意見調査」としており，一般的な用法とのあいだにはズレがある．
6) 『ラルース社会学事典』（弘文堂 1997）では enquête に「調査」という訳語があてられており，以下の記載がある——「最も一般的な意味では，問題に答えるためのあらゆる情報追求のことである」．後藤斉・東北大学教授は，国立国会図書館のデータベースを検索してみた結果から，日本で「アンケート」が使われた最も古い文献の 1 つとして山崎覺次郎（1916）の「社會問題ノ調査法タル『アンケート』ニ就イテ」を挙げておられる（私信．この点に関しては，木村邦博・東北大学教授からもご示唆をいただいた）．この論文で山崎は，アンケートはフランス語起源ではあるものの，ドイツでは社会問題を調査する方法として用いられるとしている．（なお，山崎は，次のようにも述べている——「併シ調査法ノ一種トシテモ其意義ハ必ズシモ明確デナイ」（p. 381））．実際，ドイツでは，19 世紀後半から 20 世紀初めにかけてフランス起源の enquête の語を冠した社会問題に関する調査が政府や官庁あるいは学協会を中心として盛んにおこなわれていた（Gorges 1991; 村上 2005: 6 章，2014）．これらの点からすれば，日本で「アンケート」という用語が普及する上では，ドイツの社会調査が 1 つの有力なモデルになっていたとも考えられる．
7) その意味では，仏和辞典などで enquête の解説に日本語の「アンケート」を挙げ

ているのは，誤解を招きかねない解説の仕方であると言える．なお，きわめて稀な例であるが，『明鏡国語辞典第2版』（大修館2010）には，「アンケート」と「調査」の重複に関する言及がある．
8) Desrosieres（1998），森岡（1998: 23-24），ベスト（2007: 199-200），竹内（2013: 50-52）．
9) Eberstadt（1995）参照．
10) Espeland & Sauder（2007），宮田（2012），タナハ（2013）．
11) 谷岡（2000），大谷（2002）．
12) その点では，本書における「アンケート」の用法は，むしろかなり特殊なものだと言える．なお，「アンケート」は，「捜査」などと似た語感を持つ「調査」という言葉が調査対象者のあいだに引き起こす可能性がある抵抗感や警戒感を和らげていく上で効果的であるとも思われる．この点については，本書の終章をも参照．
13) この点に関しては，Wadsworth（1997）参照．
14) リサーチ・リテラシーの必要性については，谷岡（2000）が参考になる．またリサーチ・リテラシーと密接な関係にある統計リテラシーについては，ベスト（2007）および西内（2013）参照．

第2章

1) Alford（1998: 19）．
2) http://www.oxforddictionaries.com/definition/english/research
3) もっとも，科学的な研究にとっては，本来，他の調査者や研究者の知見や結論を同様の手続きによる調査によって確認し，その再現性を明らかにしていくことも重要な作業である．ところが，社会科学においては，このような追試や再調査は軽視されがちである．この点については，たとえば，Nosek et al（2012: 617）参照．
4) Alford（1998: ch. 1），田村（2006: 1章）．
5) ニュートン自身によるこのフレーズの使い方については，クリース（2006: 117）参照．
6) 社会科学的な研究の中には，主として文献研究を通して既存の理論を批判的に検証したり，新しい理論を構築したりすることが主たる目的となっているものもある．本章のリサーチ・トライアングルで言う「理論」とは異質のものである．
7) この点については，佐藤（2006: 62-68）参照．
8) ドイツからの移民であったアンダーソンの父親もホーボーとして米国各地で長年働いた後に，最終的にミシガン州で自分の農園を持つことになった．
9) Anderson（［1923］1975: xii），Raushenbush（1979: 183）．
10) もっとも，アンダーソンは後になって，ホーボーたちの生活を現実以上にドラマチックなものとして描いてしまったと告白している．また，彼は，その後の著作では『ホーボー』によって広まってしまったそのような印象を修正しようと努めている（Faris 1970: 65）．
11) Lofland & Lofland（1984: 146），佐藤（2002: 286-293）．なお，Lofland & Lofland

(1995: 165) では，これを「データと分析の分離（date and analysis segregation）」と呼んでいる．
12) データそのものは，決して語ることはない．人間が特定の枠組みにもとづいて適切な解釈をし，ふさわしいレトリックを使うことによってはじめて「データそのものが語る」ように見せかけることができるか，あるいはまた「データとともに語る」ことができるだけである．「データ自身が語っている」ように見えるのは，知らず識らずのあいだに身についてしまった特定の物の見方に囚われているために，むしろ「データに欺かれた」時であるとさえ言える．以下の文献を参照── Arnold (1970: 149), Blumer (1979: 122), リクール (2004: 270), 米盛 (2007: 159-160), Singleton & Stait (2010: 88, 418).
13) 安藤 (2004: 197).
14) Faris (1970: 19), The Sociology Writing Group (1994: 93-97), Blau ([1955] 1963: 273). なお，佐藤 (2008a: 55-56, 95) をも参照．
15) 同様の傾向は，「グラウンデッド・セオリー・アプローチ」と呼ばれる研究法の誤用例にもしばしば見受けられる．これについては，佐藤 (2008b: 105-134) 参照．なお，川喜田自身の『野外科学の方法』には，次のような，若干誤解を招きかねない記述がある──「データの語る声に従って，虚心坦懐に」(川喜田 1973: 29). また，集団作業における KJ 法の問題点については，立花 (1984: 150-152) 参照．

第3章

1) Cantril (1951: x).
2) リサーチ・トライアングルの場合は要素間の組み合わせについても解説したが，以下では，主として特定の資質のみが突出した場合を中心にして解説していく．なお，ミンツバーグは，3つの要素の組み合わせに焦点をあてて経営者の資質について論じている．
3) つまり，その種の社会調査で示される結果や結論は，真の意味での「ニュース」とは言えないのである．
4) ミンツバーグ (2006: 505).
5) ミンツバーグ (2006: 501). 同様の指摘については，たとえば，Price (1995) 参照．
6) 「セレンディピティ」の語源については，Merton & Barber (2004) およびアルメーノ (2007) 参照．科学ジャーナリストのアイラ・フレイトウの『あっ，発明しちゃった』(フレイトウ 1988) には，電子レンジ，レーザー，ナイロン，合成甘味料など，現在のわたしたちの生活にとって欠かせないさまざまな製品の発明の経緯が愉快なエピソードとともに紹介されている．これらの発明は，いずれも，偶然見いだされた現象の意義を見逃すことなく生かしていくことによって生み出されたものである．
7) もし社会調査について文字や言葉で伝える事が意味を持つとしたら，それは，一般的な技術やテクニックの詳細というよりは，むしろ，具体的な課題に関しておこなった調査の体験談であることの方が多い．実際，社会調査に関しては，そのような体験談的な記述が調査法に関する文献における重要な1ジャンルを構成してきた．また，

よく知られているように，師匠や先輩の調査においてアシスタント的な役割を果たしていく中で口頭で受ける具体的な指示や指導の内容，あるいは問わず語りに語られる内容も非常に効果的である．
8) 技能とは多少異なり，調査対象に関する「土地勘」は，対象が変わるごとに新たに習得しなければならない点が多い．もっとも，調査経験を積んでいくことによって，次第に他の対象についても適用可能なセンスや勘が身についていく場合も多い．
9) 社会調査の成果を報告書や論文として公表していく際には，3つめの言語として「公衆（読者）の言語」に通じていなければならない．これについては，本書の終章参照．
10) 混合研究法ないし方法論的複眼については，たとえば，Bryman（2006），クラスウェル＝クラーク（2010），Small（2011）参照．
11) リサーチ・トライアングルとリサーチャー・トライアングルの間にはある程度密接な関係がある．実際，「理論」と「サイエンス」，「方法」と「クラフト」のあいだにはそれぞれ明らかな親和性がある場合も多い．もっとも，個々の調査の成果（生産物）の質をめぐる問題とその調査をおこなう者（作り手）の資質に関わる問題は，本来別の次元に属していると考えるべきだろう．これについては，たとえば，ある楽器の名手である音楽家が必ずしも他の楽器についても同じように卓越したパフォーマンスを示すわけではない，という喩えが分かりやすいかも知れない．

第4章
1) 本書で漸次構造化アプローチと呼んでいるのは，著者が前著（佐藤 2002a, b）で「漸次構造化法」ないし「漸次構造化法的アプローチ」と呼んできた発想に他ならない．また，著者が調査法に関してこのような見方をするようになった重要なきっかけの1つには，現代演劇に関するフィールドワークの体験がある．これについては，佐藤（2002a: 3章）および本章のコラム参照．
2) Alford（1998: 22）．
3) 図4.3と図4.4は，Lofland & Lofland（1984: 132）の図を下敷きにしている．
4) 佐藤（2002a: 104-105; 2006: 261-270）．
5) 伊丹（2001: 192）．
6) ワトソン（1986），セイヤー（1979），マドックス（2005），ウィルキンズ（2005）．ノーベル賞を受賞した研究の「内幕」については，この他，1993年にノーベル化学賞を受賞した「ポリメラーゼ連鎖反応法（polymerase chain reaction: PCR法）」と呼ばれる，DNAの増幅技術の発明をめぐるポール・ラビノウの『PCRの誕生——バイオテクノロジーのエスノグラフィー』（みすず書房 1998）も興味深い．
7) ヴァン−マーネン（1999）．

第5章
1) Ackoff（1974: 8）．
2) Raiffa（1970: 264）．

3) Tomkins (1962: 57). デュシャン＝カバンヌ (1999: 18, 76-77).「彼女の独身者によって裸にされた花嫁，さえも」の通称は「大ガラス (Le Grand Verre (Large Glass))」であり，その複製（レプリカ）が，東京大学駒場キャンパス内の美術博物館に常設展示されている．
4) 社会調査にもとづく学位論文などの場合には，教員の指導にかかる時間や添削指導の手間なども「コスト」の重要な部分を占めることになる．
5) 次のように言い換えてもいいだろう――「探し物が見つかってしまった後になって，ようやく，自分が探していたものが何であったのかが分かる」．
6) Merton (1959: ix).
7) このリサーチ・クェスチョンの絞り込みのプロセスと日本で刊行されている社会調査に関する解説書やテキストなどで「問題意識の明確化」などと呼ばれているプロセスとのあいだには密接な関連がある．もっとも，問題意識の明確化という場合には，具体的な問いを明確なものにするというよりは，むしろ調査全体の目的や視点を明らかにする作業を指す場合が多い．本書でいうリサーチ・クェスチョンの絞り込みについては，「問題の定式化 (formulation of research problem)」ないし「リサーチ・クェスチョンの定式化 (formulation of research questions)」という用語をあてる方がふさわしいだろう．「問題意識」という用語については，本章のコラム参照．
8) この3つの条件を英語で表現すれば，次のようになるとも思われる――researchability, significance（もしくは relevance）, feasibility. なお，researchable という時には，実証可能性と資源的条件の両方を含む場合が多い．
9) 田村自身は「問題関心」だけではなく「問題領域」という言葉も使用している．この点については，本章のコラム「「問い」の多様性」および注7参照．
10) つまり，実務の世界では「ニュース」としての価値を持つ情報ではあっても，学問的にはそうでは無いケースも多いのである．言葉を換えて言えば，"So what?" という問いかけに対する答えと同様に，リサーチ・クェスチョンに関する "What's new?"（どこが新しいのか？）という問いかけに対する答えもまた，立場や見方によって大きく変わる可能性があることになる．
11) "What happened next to civic and social life in American communities"(Putnam 2000: 18). 本文の［What?］は，引用者が書き加えたものである．
12) リサーチ・クェスチョンが疑問形の文章で示された他の例としては，たとえば，以下の文献が参考になるだろう――Powell (1985: xix)，金井 (1993: 3章)，戸矢 (2003: 1章)，佐藤他 (2011: 序章)．なお，リサーチにおいて疑問文形式で問いを定式化していく方法については，Booth et al (1995: Ch. 3-5) 参照．
13) 苅谷 (2002)，苅谷・志水 (2004)，藤田 (2007; 2014).
14) 要するに，日本の教育関係者は，本章の冒頭にあげたラッセル・エイコフが言う，間違った問題を解く誤りを繰り返していたのだと言える．
15) セントラル・クェスチョンは，特定の明確な答えを前提とするものというよりは，一般的な問題関心を示すものであることも多い．これについては，たとえば，佐藤 (1999: 序章) および佐藤他 (2011: 序章) 参照．

16) 言うまでもなく，問いのレベルは相対的なものである．たとえば，特定の学校に焦点をあてて t1 や t2 をさらに細かいレベルの問いにブレークダウンしていくこともできる．
17) 定性的調査にしばしば見られる「ディテール偏重型」や「引用過多型」等の「薄い記述」については，佐藤（2008a: 2 章）参照．
18) 牧野（1973: 6）．Yin（1994: 4-9）をも参照．
19) 大野（1978: 33-34）．同様の解説については，苅谷（1995: 3 章）参照．
20) 勝間（2010: 39-40）を元に作成．
21) 以上の点からすれば，「意識調査」をはじめとするアンケート調査の多くが欠陥調査になっているのは，最初の問題設定という出発地点自体が最後まであやふやなものであるために，到達地点のイメージもまた曖昧模糊としたものになっているからだと言えよう．つまり，欠陥調査の場合は，そもそもいかなる社会的な現実を，どのような目的のために，誰に対して，どのような形で伝えようとしているのかが調査者自身にも明確になっていないケースが少なくないのである．
22) したがって，ある場合には，最初に立てた問いは「●●」とは似ても似つかぬ，たとえば「☆☆」というものであるかも知れないのである．この点については，前章のコラムおよび佐藤（2002a: 3 章）参照．
23) Zuckerman（1977: 124-125）参照．論文執筆の作業においては，論文の構成上は最初に位置する問題設定の箇所の記述が，他の部分を 8〜9 割方書いてしまってから，最後の方になってようやく出来上がることが少なくない．あえて極論すれば，論文の執筆というのは，「自分がどのような課題に取り組んでいたのか」という点を明らかにすることを目指しておこなわれる作業であるとさえ言える．
24) この種の「問題意識」の用法は，少なくとも福武（1954）にまで遡ることが出来る．近年の例では，たとえば，大谷他編（2002）の冒頭には，「社会調査を社会調査たらしめている条件」の 1 つとして，「『社会について考える』ための社会的な問題意識を明確に設定すること」というものが上げられている（p. 6）．その一方で，同書における各章の用法の中には，本書で言う問題関心の意味で使われている例がある（たとえば，pp. 212, 220, 244-45）．同様に，佐藤（2014）では，問題意識は，「論じる主体の関心の構造」であるとしている（p. 48）．また，酒井（2006: 44）では，「どうしてそれが問題なのかを説明するもの」としている．これは，本書で言う問題関心に近い定義だと言える．田村（2006: 11）も，同じような意味で「問題意識を鮮明にする」という表現を使っている．これとは異質な用法には，たとえば榎本（2010: 33）による「調査で何を，どこまで明らかにするのか」という定義などがある．
25) 本章の注 9 でも指摘したように，田村自身は問題関心という用語は使用していない．また問題意識と同様に，「問題関心」も正式の調査用語ではない．
26) たとえば，Booth et al（1995: Chs. 3-4）とクラスウェル＝クラーク（2010: 1 章）とでは用法が逆転している．

第 6 章
1) 山中・益川（2011: 189-190）.
2) 山岸（1998: 115-126）を元にしてリストアップしたものである.
3) 「定性 対 定量」の二分法とその問題点については，佐藤（2002b: 162-169）および佐藤（2006: 75-86）参照．定性・定量の区分の多様性に関する同様の指摘については，Small（2011: 58-60）参照．なお，米国の社会学者アンドリュー・アボットはあるところで「色々な研究法をすっきりカテゴリー分けできるような基本的な方法など存在しない．また，複数の研究法を整然と並べられるような単純な基準も存在しない」とした上で，調査法の分類としてよく使われるものとして，次の3つを挙げている──①エスノグラフィー・サーベイ・公式文書中心の分析・歴史法，②個人的な解釈・定量的・統計的分析・数学的シミュレーション，③単一事例研究・少数事例比較研究・大量統計分析（Abbott 2004: 15）．日本における定性・定量の二分法の歴史については，佐藤（2014: 105-110）が詳しい.
4) 本書における仮説の定義は，やや回りくどい言い回しになっているかも知れない．より簡潔な定義としては，たとえば，以下のようなものがある──「現実の世界についての何らかの発言のことで，『こうなっているはずである』というアイデアを仮定的に述べたもの」（伊丹 2001: 141）.
5) ここでの議論は，社会調査の手続きにおいて使用される仮説が中心になっている．この他に，ほとんどあらゆる全ての理論体系の暫定的性格を強調して，「理論」と「仮説」とを同義のものとして扱う場合もある．これについては，次章の第2節の解説参照.
6) 「仮説のレベル」という考え方については，Braithwaite（[1953] 1994: 12-21）およびMachlup（1963: 166-168）を参照.
7) 仮説演繹法という用語自体，もともとは，何らかの確立された方法論ないし一連の「作法」として提案されたものではなく，むしろ科学者たちが現実におこなっているすぐれた研究方法のエッセンスについて推測して表現した用語であったと言える．実際，英文法についての知識があったからといって英会話や英文の読み書きが上手に出来るわけではないように，仮説演繹的発想を適用した研究法を理解していたからと言って，それだけで素晴らしい研究が出来るはずもない．また，その逆も言えるだろう.
8) たとえば，観察データの役割をもっぱら仮説の反駁に見る場合や，理論仮説の構築を既存の理論等からの演繹ではなく，主として経験データからの帰納に限定する立場などもある．この点については，たとえば，米盛（2007）およびハンソン（1986: 4章），Braithwaite（[1953] 1994: xi, 293-318, 353）参照.
9) 『哲学事典』（平凡社 1971）p. 240 をもとに作成．また，米盛（2007: 112），Braithwaite（[1953] 1994: 261），Godfery-Smith（2003: 69-70, 236）をも参照.
10) 盛山は，本章で言う理論仮説については「基本仮説」をあてている.
11) たとえば，安田・原（1982: 8, 307），『日本大百科全書 10』（小学館 1986: 56），西田・新（1976: 66, 108），原・海野（1984: 18），『社会学小辞典』（有斐閣 1977: 126），『社会学事典』弘文堂（1994: 333），清水（2010: 99）.

12) 海外の文献でも，たとえば，ボーンシュテット＝ノーキ（1990: 5）のように，作業仮説 β の意味で working hypothesis を使用している例がある．また，作業仮説ないし working hypothesis を「本格的に調査にとりかかる前に事前調査の結果などにもとづいて立てておくべき見通し」という程度の意味で使用している例もある．たとえば，Young（1946: 64-67），福武（1954: 9-10），福武（1958: 38-46）参照．これを作業仮説 γ と名づけることも出来るだろうが，現在ではそれほど一般的な用法ではない．

13) 「物語」には，フィクションないし「作り話」というニュアンスがつきものである．したがって，物語型仮説という言葉には，「客観的な事実を中立的な立場から淡々と報告する科学論文」という通念とは正反対の，否定的なイメージがあるかも知れない．しかし，「科学のレトリック論」とでも呼ぶべき一連の研究は，そのような科学論文のイメージそれ自体が一種の虚構であり，また科学論文とされるものには，実際にはさまざまな修辞技法（主語の省略，受動態の多用等）が使用されていることを明らかにしている．この点については，たとえば，以下の文献を参照――Burke（[1945] 1969），Gusfield（1981），Brown（1977），Hunter ed.（1990），Abbott（1992）．また，「物語としての歴史」という考え方については，ダント（1989）参照．

14) その点では，論文の前段階となるワーキングペーパーも一種の仮説としての意味を持つことになる．調査の途中で作成されるワーキングペーパーには，たとえば，次のステップとしてどのようなデータをどのようなところから収集すればよいのか，というような点について書き込んでおくといいだろう．また，現場観察を終えて1日の終わりに書き付けるフィールドノーツやインタビューの内容を書き起こした記録の途中に，それらの作業を進める中で浮かんだ着想などをやや長めのコメントとして記入する文章もまた，一種の仮説としての機能を果たし得る．これについては，エマーソン他（1998），佐藤（2002a: 4章）および本書の第14章の解説参照．

15) この文章化された理論仮説は，実際に論文等において「問題」ないし「理論」のセクションで記載される内容とは別のものであることも多い．実際，論文等の場合には，スペース上の制約から「ビッグ・ピクチャー」についての記述を盛り込むことができない場合も少なくない．しかし，その場合でも，最終的に論文に盛り込むか否かは別として，大局的な問題図式を何らかの形で文章化しておくことは，研究全体のストーリーを明らかにする上で有効な手段となるだろう．

16) 理論的視点は物語型仮説のプロットだけでなく，基本的な役柄（キャラクター）の性格をも左右する．たとえば，変数中心の理論的視点の場合，物語型仮説には，特定の個人や集団あるいは組織は「登場人物」にはならず，むしろ，変数自身が行為主体（アクター）のような筋立てになることが多い．これについては，Abbott（1992）参照．

17) 石坂（2005）．また，以下のウェブサイトをも参照――石坂「免疫とアレルギーのしくみを探る」http://www.brh.co.jp/s_library/j_site/scientistweb/no35/．石坂によれば，彼がキャンベル教授から受けたもう1つの貴重なアドバイスは，「論文は小説のように書け」というものであったと言う．なお，組織社会心理学者のカール・ワイ

クは，同じようなアドバイスとして次のようなものをあげている——「実験の結果をまとめた論文を投稿した場合を想定して，その論文に対してジャーナルのエディターから送られた賞賛のレターを想像しながら論文の草稿を書く」(Weick 1979: 199).
18) Blau ([1955] 1963: 271-272).
19) この点については，第14章第5節の解説およびコーン (1990: 169-170, 292) 参照．また，次のウェブサイトの報告書における「画像の『仮置き』」に関する指摘も参考になる．—— http://www.u-tokyo.ac.jp/content/400007786.pdf
20) クリース (2006: 102, 301-302) および Medawar (1967) 参照.
21) 中谷 (1988: 285-286) 参照.
22) その意味では，読者にとっての問いおよび答えと著者にとっての問いおよび答えの関係は，清書と下書きの関係に喩えることができる.
23) 飽戸 (1987: 153). アンケート調査の場合は，事前に仮説が設定されていなくても，大向こう受けを狙えるような集計結果を「意外な発見！」「驚愕の新事実！」などと銘打って公表することも多い．その場合は，「意外」で「驚愕」すべき調査結果とは逆の内容を含む予想が事前に存在していたかのように主張していることになる．その意味では，この場合も一種の事後予言的なトリックとレトリックが駆使されているのだと考えることもできる.
24) 谷岡 (2000: 86-91).
25) Barber & Cox (1958), Medawar (1964), Glaser & Strauss (1967: 185-186) および Nosek et al (2012: 617) 参照．谷岡一郎は，『「社会調査」のウソ』(谷岡 2000: 104-110) で，後講釈型事後解釈の作例を示している.
26) 飽戸 (1987: 153).
27) ここでは，本来主張しようとしている仮説とは異なる予測となる仮説を示す言葉として「対立仮説」ではなく，「対抗仮説（rival hypothesis ないし competing hypothesis)」を使用している．これは，統計的検定などでは，本章での用法とは逆に，主張しようとしている仮説を「対立仮説（alternative hypothesis)」，それに対して，否定されることを期待して立てられる仮説を「帰無仮説（null hypothesis)」と呼ぶことが多いため，それらの用法との混同を避けるためである.
28) 通念との関係という点に関して，このゆとり教育政策批判の研究事例と対照的なのが，アンケート調査である．というのも，アンケート調査は，通念や固定観念をむしろ強化してしまうことが少なくないからである．時には，新しい固定観念や偏見を生み出すことさえある．それとは逆に，筋の良い社会調査が果たしうる重要な社会的機能の1つは，確実なデータを根拠にして，通念や常識とされるものを根底から覆していくところにあるのである.
29) たとえば，もし実は「アンケート調査」がそれほど社会的な支持を得ていないのだとしたら，本書自体，アンケート調査に対する見解という点では，わら人形仮説を設定した上でそれを批判・攻撃しているのだと言える.
30) これは，ある学問分野では既に常識のようなものになっている理論的枠組みが別の分野では比較的新規なものとして扱われる場合にも起こりがちなパターンである.

第7章

1) ビアス（1983: 61）.
2) 「リサーチ・デザイン」という用語は，特定の調査技法を指す用語として使われることもある．これについては，田村（2006: 7）および Frankfort-Nachmias & Nachmias（2000: 89）参照．
3) 本書での「創発性」の用法は，経営学系の組織理論・戦略論等における用語法を参考にしている．したがって，哲学や自然科学あるいはシステム理論等で広く使われてきた，複雑なシステムにおいてその構成要素の単なる総和を越えた特性が出現する現象を指す用語としての「創発性（emergence）」ないし「創発特性（emergent property）」とは基本的に異なる意味合いを持つものとなっている．この点については，佐藤他（2011: 7章）参照．なお，これは，山田真茂留・早稲田大学教授のご示唆によるものである．
4) この図は，主として Singleton & Straits（2010: 109）および盛山（2004: 43）の図を参考にして作成したものである．また，清水（2010: 87）にも同様の図がある．
5) その意味では，調査全体の作業を図7.1のような手順をなぞるような形でおこなうのか，それともあらかじめ第4章の図4.5のような試行錯誤や紆余曲折を含むプロセスを織り込んだ上で作業を進めるのか，という点それ自体が，調査の構想・企画という意味でのリサーチ・デザインの策定における重要なポイントになるのだと言える．
6) 言葉を換えて言えば，計画性と創発性のバランスに対する見通しというポイントそれ自体が，リサーチ・デザインを構想する際に非常に重要な検討事項の1つになるのだと言える．
7) このセクションは，田村（2006: 7-9）の議論によるところが大きい．
8) 同様の発想については，たとえば Collier et al（2010: 182）参照．
9) いずれの定義も，『広辞苑　第6版』から．「理論」の3つ目の意味内容としては，「空理空論」つまり「実践を無視した純粋な知識」というものがある．たとえば，「それは単なる理論に過ぎない」あるいは「理論と現実」という場合の理論がこれにあたる．第2章で解説した，書斎派・机上の空論型の調査で重視される「理論」は，この意味での理論に他ならない．なお，米国の社会学者ガブリエル・アーベント（Abend 2008）は，社会学ないし社会科学一般において theory と呼ばれているものには，少なくとも以下の7つのものがあるとしている──①2つ以上の変数間の関係に関する一般的な命題，②特定の社会現象についての説明，③特定の社会現象に関する解釈，④理論解釈，⑤基本的な世界観，⑥規範的・政治的なスタンス，⑦メタ理論（理論のあり方についての理論）．本章で言う理論1は⑤と重複する部分が多く，理論2は②および③に該当する．
10) 概念が持つスポットライトないしサーチライトとしての機能についての解説は，少なくとも Parsons（1937: 16-20）にまで遡ることができる．この他，Popper（1945: 260）および Dahrendorf（1959: 100）等にも同様の議論が見られる．なお，概念のサーチライトとしての役割については高根（1979: 60-61）による解説がよく知られている．これについては，苅谷（1995: 157-160），大谷他（2005: 62-65），佐藤（2014:

232-233）などをも参照．なお，本章では，これらの文献では必ずしも明示されていない，以下の2点の区別について強調してみた――①日常生活における概念 対 理論概念，②スポットライトとしての機能（限局的機能）対 サーチライトとしての機能（探索的機能）．
11) 社会調査における分析の際には，むしろ少なくとも最初のうちは概念の意味内容をオープンにしておいて，徐々に定義を厳密にしていくようなアプローチも存在する．この，「感受概念」などと呼ばれる概念の用法については，佐藤（2006: 94-99）参照．
12) フィールドワークなどでは，むしろ調査現場で人々が日常使用している言葉の意味や用法を探ることが，現地社会の文化や社会について明らかにしていく上できわめて重要な作業になる場合が多い．これは，一見，本章で強調している，日常語と調査上の概念の混同を避けるというポイントと矛盾するようにも思えるかも知れない．しかし，日常語と分析上の概念を混同してしまうことと，日常語を分析上の概念として意図的・戦略的に使用することとは，全く別の問題である．
13) 理論についても，ペット理論（pet theory）と呼ばれるものがある．
14) 概念がペットコンセプトになってしまわないためには，その概念を示す用語（たとえば，「文化」「制度」「イノベーション」……）で呼ぶことが出来るものだけでなく，〈その用語がしっくり来ないものは何か〉という点を明らかにしたり，その用語の反意語に該当するものについて考えてみたりすることが重要なポイントになる．
15) この点については，佐藤（2008a: 3章）における「キーワード偏重型」に関する解説参照．
16) さらに，社会関係資本という概念は，相互の信頼関係という見えない資産を持つ地域が企業の誘致や投資にとって魅力ある対象となり，経済活動を活発化させることによって文字通りの（経済的）資本を生み出していく可能性をも示唆している．
17) 造語癖という言葉自体が，著者自身が作り出した新造語であるようにも見えるかもしれない．しかし，これは，「新語主義」ないし「造語症」などと訳されてきた，neologismないしneologyの本書における訳語に過ぎない．
18) 社会調査の解説書あるいは論文や報告書では，概念と変数とを特に区別せずに用いる場合も多い（Singleton & Staits 2010: 117）．さらに，変数と「指標（ないし指数）」などの用語との区別がされていない場合も少なくない．これについては，本書の第9章参照．
19) Frankfort-Nachmias & Nachmias（2000: 56, 518）．
20) パットナムらがおこなった事例研究の詳細については，以下のウェブサイトでも紹介されている――www.bettertogether.org．
21) このような一覧表が原書に掲載されているわけではない．なお，『一緒の方がいい』で明記されているように，同書は，本格的な社会科学的調査を意図したものではなく，むしろ実践的なガイドラインとしての使用が想定されている．
22) Kuckartz（2014: 80-84）は，同様のマトリクスを「テーマ別マトリクス」と呼んでいる．また，質的データ分析における「事例‐コードマトリクス」については，佐藤（2008a）参照．

23) 既存の統計データを使用する場合には，途中でリサーチ・デザインを変更していくことも比較的容易にできるケースも多い．
24) Ragin（1987: 7-9），Ragin & Becker（1992: 1）．
25) Robinson（1950），Alker（1969）参照．なお，生態学的誤謬の場合も生態学的相関の場合も，基本的に自然科学の1分野としての「生態学」とは無関係であり，単に集団レベルの統計的なデータセットを指すに過ぎない．この点については，Wu（2007: 19-123）参照．
26) ハルゼー（2011: 160）．生態学的誤謬については，三村（2008: 176-179）による，実例に即した明快な解説がある．
27) Frankfort-Nachmias & Nachmias（2000: 48-49）を参照．

第8章

1) 読み下し文：回や，一を聞いて以て十を知る．賜や，一を聞いて以て二を知るのみ．現代語訳：「回君［顔回］は，一を聞けば十が分かります．私［子貢］などは一を聞いて二を知るくらいものです」．『論語増補版』（加地伸行全訳注）（講談社 2009）p. 105.
2) 同番組の司会であったタレントの関口宏が「答え（は）6つ」と言っているのも，調査の回答者である高校生に示された選択肢の数ではなく，クイズ番組の解答者たちにとっての「正答」の数である．
3) *Family Feud* は，断続的にではあるが，1976年から今日にいたるまで米国のABCやCBSなどで放映されてきた超長寿番組である．
4) 以下は主として Gallup（1976）および Freedman et al（1978: 302-307）による．
5) 杉野（2005）によれば，この選挙戦に関する予測値と実際の結果，また具体的な調査方法や回収率については，資料に欠損があり，曖昧な点が多いという．表8.1では，主として盛山（2004: 122-123）の記述にしたがった．
6) たとえば，西平（1978: 22-23），高根（1979: 97），西平（1990: 199-201），岩永（1992: 46），渡辺（1998: 57），佐藤（1998: 263），大谷（2005: 123-124），佐藤（2009: 25），大谷（2013: 139-140），安藤（2013: 112）．なお，谷岡（2000: 155）では，ダイジェスト誌が「10万人もの米国民」に対して「電話で尋ね」たとされているが，その典拠は示されていない．これらの点について詳しくは，杉野（2005）参照．
7) ギャラップ社の創設者のジョージ・ギャラップは，ダイジェスト誌の廃刊については，新しいタイプの雑誌である『タイム』との競争に敗れたことの方がより重要な要因だったとしている（Gallup 1976: 243）．また，ダイジェスト誌は，1936年の大統領選以前から既に深刻な経営不振に陥っていた（Moore 1992: 50）．したがって，大統領選挙の予測における失敗は，同誌廃刊の直接的な原因というよりは，むしろ「駱駝の骨を折る最後の一本のわら」だったと言えそうである．
8) Freedman et al（1978: 305）．
9) ギャラップ自身は，選挙後の事後調査の結果として，選挙戦の最後の数日間に有権者の態度に大きな変化が生じたことが決定的な敗因だったとしている（Gallup 1976:

144).
10) Babbie（2011: 175）より．また，Freedman et al（1978: 310）および Zaisel & Kaye（1997: 113-119）参照．
11) 実在する事例ないし「個体」の集合という意味での universe と，それらの個体が持つさまざまな属性の集合として定義される数学的な概念の population とを厳密に区別する場合もあるが，本書では特にそのような区別は設けないで解説していくことにする．「標本」についても，母集団の部分集合である個体の集合を指す場合と主としてそれらの個体が持つ属性の集合を指す場合とがあるが，本章では，主として前者の意味で用いている．
12) 谷岡（2000: 186-187），Singleton & Staits（2010: ch. 6），盛山（2004: 7章）等．
13) あえて地図の喩えを使えば，そのプロセスは，縮小地図を作成する作業というよりは，ジグソーパズルの断片から全体図の構成について推測する作業により近いと言える．
14) というのも，これらの調査は，本来，何らかの事実を明らかにすることを目的としておこなわれるわけでないからである．その種の調査の基本的な目的は，一見事実らしく見えるものをもっともらしい数字を使って示すことによって，番組を面白おかしく演出するところにある．つまり，この場合は，もともと標本調査などを意図していないのである．もっとも，これは娯楽としてのアンケート調査などの場合に限らない．官庁や行政機関がおこなう調査の中にも，特定の施策や予算案を正当化する「アリバイ」として，もっともらしいデータの数字で事実らしきものを引き合いに出している例は枚挙にいとまがない．また，その程度のクォリティのデータしか示されていない場合であっても，「エビデンス・ベースト」，つまり科学的・実証的な根拠にもとづく政策であると主張する場合も少なくない．
15) 文科省によって 2014 年度から開始された「スーパーグローバル大学創成支援」という補助金事業においても，事業開始後の 10 年以内に，世界大学ランキングのトップ 100 以内に日本から 10 校以上を送り込むことが謳われている．以下のウェブサイトを参照—— http://www.jsps.go.jp/j-sgu/index.html
16) たとえば，1997 年版のゴーマン・レポート（ゴーマン 1998）では，評価に際しては各大学の教職員から提供された内部資料以外に外部資料も参考にしたとし，また 18 の評価基準の項目が列挙されている．さらに，チェック項目の総数等も示されている．しかし，その半面，具体的な評価方法の詳細については，一切記述が無い．なお，ゴーマン・レポートは 1997 年以来刊行されていない．大学ランキングの弊害については，宮田（2012），タナハ（2013）等をも参照．
17) ベネッセ教育総合研究所（1997, 2001, 2004, 2007）．
18) 朝日新聞出版（2008: 69-72）．
19) なお，同報告書では，サンプリングに関して「層化無作為標本抽出」の手法を採用したとしている．また，その目的は「学生の全体像のみならず……発達段階に応じて場合分けして分析」することにあるとされている（ベネッセ教育研究開発センター（2007: 26）および表紙裏の「刊行にあたって」）．しかし，実際に用いられた層化基

準や無作為抽出をおこなう際の具体的な手順の詳細については記載が無い（層化抽出法については，本章のコラム参照）．また，この調査に関してもう1つ不可解なのは，満足度の順位づけに際して「対象大学内での偏差値」が用いられた，とされていることである（ベネッセ教育教育開発センター2007: 168）．しかし，どのような形で大学内での各学生の偏差値が大学間の比較に使用できるかという点に関する十分な説明がなされていないため，その意図は必ずしも明らかではない．なお，同様の問題を含むと考えられる例としては，たとえば日経 Career Magazine（2014: 6-19）参照．

20) 2007年当時，日本全体における設置者別の大学の比率を見ると，私立大学が8割近くを占めていたのに対して，国公立大学は2割強に過ぎない．一方，この調査の対象になった125大学の内訳は，以下の通りである——国立52校，公立12校，私立61校．つまり，国公立大学の比率がかなり高いものになっているのである．したがって，このランキングは「ゼミレポーターが進学した大学に限定されたランキング」と見なすことも出来るのだが，報告書の中にはこの点に関する言及は見あたらない．

21) 杉野（2005）は，ダイジェスト誌の敗因について，本章の第6節で解説する無回答バイアスのほうがより重要だったと推測している．

22) クォータ・サンプリングについてのギャラップ自身による批判的見解については，Gallup（1976: 54-56）．ただし，彼は，そこでは1948年の大統領選のケースについては言及していない．

23) Mosteller et al（1949），西平（1990: 202）．

24) Gallup（1976: 66-67），Freedman et al（1978: 303）．杉野は，実際にギャラップがダイジェスト誌の名簿にアクセスすることが出来たかどうかという点については疑問が残るとしている（杉野 2005）．また，ギャラップ自身の説明では，3000という数字がサンプルサイズを示しているのか，それとも調査票のうちの有効票の数であるのかも不明である．

25) もっとも社会調査の場合には，大文字と小文字の使い分けは必ずしも厳密なものではない．たとえば，Singleton & Staits（2010: 181）では，標本サイズが N で示されている．また，Gerring（2007）や Ragin & Becker（1992）は，大きな標本サイズによる調査を指す言葉として large-N research を用いている．

26) 盛山（2004: 119-120）が指摘するように，標本誤差はその原語である sampling error も含めて若干誤解を招きかねない表現である．標本誤差は，本来，「不適切な方法で標本抽出をおこなったために生じる誤差」という意味ではなく，「全数調査ではなく標本調査をしたことによって生じる誤差」を意味している．つまり，〈たとえもし適切な標本抽出の手続きを経たとしても，なおかつサンプルデータから求めた推定値と母集団の値とのあいだにズレが生じる可能性はどれだけあるか〉という点を示した数値である．

27) 標本誤差は，母集団における「真の比率」によっても異なる．以下は，二分法的な比率（賛成対反対，男性対女性等）について，10%と90%（「10対90」と表記）から50%ずつ（50対50）までを10%刻みで早見表の形式で示したものである．この表でも分かるように，誤差は50%ずつの時に最も大きくなる．したがって，真の比

率についての見当をつけにくい時には，50％の場合を目安にしてサンプルサイズを決めるのが最も安全だということになる．

サンプルサイズ	標本誤差				
	10 対 90	20 対 80	30 対 70	40 対 60	50 対 50
100	± 5.9%	± 7.8%	± 9.0%	± 9.6%	± 9.8%
400	2.9	3.9	4.5	4.8	4.9
1000	1.9	2.5	2.8	3.0	3.1
4,000	0.9	1.2	1.4	1.5	1.5
10,000	0.6	0.8	0.9	1.0	1.0
40,000	0.3	0.4	0.4	0.5	0.5

28) 標本誤差ないし標準誤差の考え方や計算法については，たとえば，西内（2013），大谷他（2013: 147-156），Dillman et al（2009: 55-60）参照．
29) 比率の標準誤差（standard error）を求める式は，以下のようなものである．標本誤差（sampling error）は，設定する信頼区間に対応する数値を掛けて求めることになる．たとえば表8.2は信頼区間を95％に設定しており，標準誤差に ± 1.96（単純に ± 2 とする文献も多い）を掛けた値をあげている．

$$標準誤差 = \sqrt{\frac{N-n}{N-1} \times \frac{p(1-p)}{n}}$$

（N: 母集団サイズ，n: サンプルサイズ，$p, 1-p$: 母集団の比率（真の値））

上の数式で $\sqrt{\frac{N-n}{N-1}}$ の部分は，母集団サイズ（N）に対するサンプルサイズ（n）が小さい場合は限りなく1に近づく．一方，右側の $\sqrt{\frac{p(1-p)}{n}}$ の部分は，サンプルサイズが大きくなるにつれて小さくなっていく．したがって，母集団サイズが十分に大きな場合は，標本データにもとづく推定の精度は主としてサンプルサイズによって決まることになる．反対に，母集団サイズが比較的小さい時には，標本誤差は母集団と標本の相対的なサイズによって左右される．たとえば，標本サイズは同じ100であっても，母集団サイズが1000, 500, 200の時，標本誤差はそれぞれ ± 9.1％, ± 8.6％, ± 6.8％になる（「真の比率」が60％対40％の場合）．なお，本章では，主として比率について推定する際のさまざまな条件について解説したが，どの程度が「十分に大きい」母集団サイズであるかは，推定しようとする母集団の値（たとえば，比率，平均値，相関係数等）が何であるかによっても異なってくる．
30) Singleton & Staits（2010: 180-183），Aaker et al（2007: 410）．
31) これについては，たとえば，永田（2003）およびGerring（2007: 20）参照．
32) Sudman（1976: 30）．
33) 杉野（2005: 59-61）．
34) 原・海野（2001: 35）．
35) Gallup（1976: 139, 155-160）．

36) http://www.gallup.com/poll/101872/how-does-gallup-polling-work.aspx
37) これらの点については，たとえば，星野（2009）参照．
38) 大谷（2005: 140）．
39) 杉野（2005）．
40) 杉野（2005: 64）．Gallup & Saul（1940: 74）をも参照．なお，Crossley（1937: 29）は，ギャラップ調査のサンプルサイズは公表されていなかった，としている．
41) Gallup（1976: 127）は，選挙のための世論調査は本質的に「スナップショット」だとしている．なお，本章の本文でも指摘したように，実際の世論調査では複数の時点で投票意向だけでなくその背景について詳細な分析をおこなう場合が多い．たとえば，1948年にギャラップがおこなった大統領選挙に関する訪問面接式調査で使用された調査票には，投票意向だけでなく，支持政党や学歴，信奉している宗派などに関する質問が含まれていた（Mosteller et al 1949: 348-349）本章では，社会調査の教科書などにおける選挙結果の予測のみに焦点をあてた解説の仕方の問題を指摘するために，あえて単純化して説明している．
42) もっとも，米国では日本のような住民基本台帳やそれにもとづく選挙人名簿が存在せず，自己申告で選挙人登録をしなければならないことから，母集団のリストを作成することがそれほど容易ではない．また，盛山（2004: 137）が指摘するように，日本の場合の「有権者」というのは，定義が明確であるだけでなく，ほぼ完全なリストが存在するという点で，きわめて稀有な母集団である．
43) 実際には，選挙予測調査の場合にも，さまざまなノウハウや「職人芸」の蓄積があることはよく知られている．
44) 田村正紀は，「マクロ事例」という用語を，本章で言う定量的事例研究と同じような意味合いで使用している．彼はマクロ事例について次のように定義している――「それについての推論結果を適用したい母集団から見ると，その事象が時間的・空間的に狭く限定されているためにその部分にすぎないが，定量的推論が可能な数の観察を含む事例」（田村 2006: 76）．
45) 西田・新（1976: 134）．
46) これまですぐれた社会調査の事例であるとされてきたものの多くは，米国でおこなわれ，また米国の学術ジャーナルや海外の出版社から刊行された書籍を通して発表されたものである．その意味では，それらの研究の大半は，米国内に調査対象がある，地域的にも時間的にも限定された定量的事例研究としての性格を持つものだと言える．
47) 以下は，主としてLazarsfeld et al（1944）およびPlatt（1992: 32-37），Gerring（2007: 33-36），ザイゼル（2005: 13章）の解説を参考にしている．
48) 強調は引用者．Lazarsfeld et al（1944: 1）．
49) この点については，たとえば，Ragin & Becker（1992）およびGerring（2007）参照．
50) Ragin & Becker（1992: 33）．
51) これら2つのタイプの標本調査の区分はあくまでも理念型としてのものである．実際には，社会現象の精確な記述と因果推論が両方とも重要な意味を持つ調査も多い．

また，説明中心型の場合も，普遍的・一般的な妥当性を持つ因果法則を追究するというよりは，当面の調査対象となった社会現象における原因と結果の関係を明らかにすることに重点が置かれている場合も少なくない．

52) アンゼルム・ストラウスとジュリエット・コービン（Strauss & Corbin 1990：190-191）は，理論的サンプリングに関する議論の中で，「概念の代表性」とサンプルの代表性とを区別している．

53) 苅谷・志水らの調査は，実証データによって，それまで印象論に近い形でしか語られることがなかった「学力低下」の実態について明らかにしたという点を忘れてはならないだろう．つまり，たしかに，彼らの調査デザインは日本全体の傾向を明らかにする上では若干の問題があるかも知れない．しかし，苅谷・志水らの調査によって得られたデータは，少なくとも調査対象となった関西・関東地域では学力の低下傾向がかなりの確度で見られることを示しているのである．

54) その意味では，理論的サンプリングは，有意抽出法と呼ばれる，非確率的サンプリングの方法と幾つかの共通点がある．もっとも，有意抽出法は多くの場合，確率的サンプリングがおこなえない場合の代替案として見られ，また「誤差の補正」を目指す場合も多い．それに対して，理論的サンプリングの場合には，母集団の「真の値」からの誤差という発想はそもそも存在していない場合が多い．

55) このようにして反証事例によって理論の妥当性を検証していく手続きを中心とする定性的分析の方法の中でも代表的なものの1つに，「分析的帰納（analytic induction）」がある．これについては，Znaniecki（1934），Becker（1998: 194-212），Katz（2001）などを参照．

引用文献

飽戸弘 1987『社会調査ハンドブック』日本経済新聞社.
朝日新聞出版 2008『週刊朝日進学 MOOK 大学の選び方』朝日新聞出版.
アルメーノ，クリストフォロ（德橋曜監訳）2007『寓話セレンディッポの三人の王子』角川学芸出版.
安藤明之 2013『初めてでもできる社会調査——アンケート調査とデータ解析』日本評論社.
安藤香織 2004「図式を利用する——KJ法」無藤隆・やまだようこ・南博文・麻生武・サトウタツヤ編『質的心理学』新曜社.
石坂公成 2005「私の履歴書」『日本経済新聞』2005 年 3 月 13 日付.
伊丹敬之 2001『創造的論文の書き方』有斐閣.
岩永雅也 1992「サンプリングの方法」盛山和夫・近藤博之・岩永雅也『社会調査法』放送大学教育振興会.
ヴァン-マーネン，ジョン（森川渉訳）1999『フィールドワークの物語』現代書館.
ウィルキンズ，モーリス（長野敬・丸山敬訳）2005『二重らせん第三の男』岩波書店.
榎本環 2010「社会調査の基本的な心構え，調査マインドとはなにか」篠原清夫・清水強志・榎本環・大矢根淳編『社会調査の基礎——社会調査士 A・B・C・D 科目対応』弘文堂.
エマーソン，ロバート・ショウ，リンダ・フレッツ，レイチェル（佐藤郁哉・好井裕明・山田富秋訳）1998『方法としてのフィールドノート——現地取材から物語作成まで』新曜社
大野耐一 1978『トヨタ生産方式——脱規模の経営を目指して』ダイヤモンド社.
大谷信介 2005「サンプリングの論理と実際」大谷他編著『社会調査へのアプローチ 第 2 版』ミネルヴァ書房.
——— 2013「サンプリングの論理と実際」大谷他編著『社会調査へのアプローチ 第 3 版』ミネルヴァ書房.
大谷信介編著 2002『これでいいのか市民意識調査』ミネルヴァ書房.
勝間和代 2010『チェンジメーカー』講談社.
金井壽宏 1994『企業者ネットワーキングの世界——MIT とボストン近辺の企業者コミュニティの探求』白桃書房.
苅谷剛彦 1995『知的複眼思考法』講談社.
——— 2002『教育改革の幻想』ちくま新書.

苅谷剛彦・志水宏吉編 2004『学力の社会学』岩波書店.
川喜田二郎 1967『発想法——創造性開発のために』中公新書.
―――― 1973『野外科学の方法』中公新書.
クラスウェル, ジョン・クラーク, ヴィッキ（大谷順子訳）2010『人間科学のための混合研究法』北大路書房.
クリース, ロバート（青木薫訳）2006『世界でもっとも美しい10の科学実験』日経BP.
コーン, アレクサンダー（酒井シヅ・三浦雅弘訳）1990『科学の罠——過失と不正の科学史』工作社.
ゴーマン, ジャック（佐々木一芳訳）1998『ゴーマン・レポート——アメリカの大学および世界の主要大学格付け』アイ・エル・エス出版.
酒井聡樹 2006『これからレポート・論文を書く若者のために　大改訂増補版』共立出版.
佐藤郁哉 1984『暴走族のエスノグラフィー』新曜社.
―――― 1999『現代演劇のフィールドワーク』東京大学出版会.
―――― 2002a『フィールドワークの技法——問いを育てる, 仮説をきたえる』新曜社.
―――― 2002b『組織と経営について知るための実践フィールドワーク入門』有斐閣.
―――― 2006『増訂版　フィールドワーク——書を持って街に出よう』新曜社.
―――― 2008a『質的データ分析法——原理・方法・実践』新曜社.
―――― 2008b『QDAソフトを活用する実践質的データ分析入門』新曜社.
佐藤郁哉・芳賀学・山田真茂留 2011『本を生み出す力』新曜社.
佐藤健二 1998「対象を設定する——単位と全体の構成」石川淳志・佐藤健二・山田一成編『見えないものを見る力』八千代出版.
―――― 2009「対象を設定する——単位と全体の構成」　佐藤健二・山田一成編著『社会調査論』八千代出版.
―――― 2014『論文の書き方』弘文堂.
清水強志 2010「調査設計と仮説構成——テーマの決定と仮説の構成はどのように行うのか」條原清夫他編『社会調査の基礎』弘文堂.
杉野勇 2005「1936年大統領選予測の実際——Literary DigestとGallup再訪」『相関社会科学』第15号, 55-69.
セイヤー, アン（深町眞理子訳）1979『ロザリンド・フランクリン——ぬすまれた栄光』草思社.
盛山和夫 2004『社会調査法入門』有斐閣.
盛山和夫・近藤博之・岩永雅也 1992『社会調査法』放送大学教育振興会.
高根正昭 1979『創造の方法学』講談社現代新書.
竹内啓 2013『増補新装版 社会科学における数と量』東京大学出版会.

立花隆 1984『知のソフトウェア』講談社現代新書.
タナハ，ブライアン（樋口和彦・大河原眞美訳）2013『アメリカ・ロースクールの凋落』花伝社.
谷岡一郎 2000『「社会調査」のウソ』文春新書.
田村正紀 2006『リサーチ・デザイン――経営知識創造の基本技術』白桃書房.
ダント，アーサー（河本英夫訳）1989『物語としての歴史――歴史の分析哲学』国文社.
デュシャン，マルセル・カバンヌ，ピエール（岩佐鉄男・小林康夫訳）1999『デュシャンは語る』ちくま学芸文庫.
戸矢哲朗 2003『金融ビッグバンの政治経済学――金融と公共政策策定における制度変化』東洋経済新報社.
中谷宇吉郎（樋口敬二編）1988『中谷宇吉郎随筆集』岩波文庫.
永田靖 2003『サンプルサイズの決め方』朝倉書店.
西内啓 2013『統計学が最強の学問である』ダイヤモンド社.
西田春彦・新睦人編著 1976『社会調査の議論と技法（Ⅰ）』川島書店.
西平重喜 1978『世論反映の方法』誠信書房.
─── 1990『統計でみた選挙のしくみ』講談社ブルーバックス.
日経 Career Magazine 編『親と子のかしこい大学選び 2015 年版』日経 HR.
ハンソン，ノーウッド（村上陽一郎訳）1986『科学的発見のパターン』講談社学術文庫.
原純輔・海野道郎 1984『社会調査演習 第 2 版』東京大学出版会.
ハルゼー，アルバート（潮木守一訳）2011『イギリス社会学の勃興と凋落』世織書房.
ビアス，アンブローズ（西川正身編訳）1983『新編 悪魔の辞典』岩波書店.
福武直編 1954『社会調査の方法』有斐閣.
─── 1958『社会調査』岩波書店.
藤田英典 2007『誰のための「教育再生」』岩波新書.
─── 2014『安倍「教育改革」はなぜ問題か』岩波書店.
フレイトゥ，アイラ（西尾操子訳）1998『あっ，発明しちゃった』アスキー.
ブードン，レイモンド他（宮島喬他訳）1997『ラルース社会学事典』弘文堂.
ベスト，ジョエル（林大訳）2007『統計という名のウソ』白揚社.
ベネッセ教育研究開発センター 2007『学生満足度と大学教育の問題点』ベネッセ教育研究開発センター.
ベネッセ教育総合研究所『学生満足度と大学教育の問題点』（1997，2001，2004，2007 年度版）ベネッセ教育総合研究所．(2001 年版以降については，以下の URL で PDF 版が入手可能．http://berd.benesse.jp/koutou/research/)
星野崇宏 2009『調査観察データの統計科学――因果推論・選択バイアス・データ融合』岩波書店.
ボーンシュテット，ジョージ・ノーキ，ディビッド（海野道郎・中村隆訳）1990『社会

統計学』ハーベスト社.
牧野達郎 1973「実験の計画」大山正編著『心理学研究法第 2 巻 実験 1』東京大学出版会.
マドックス, ブレンダ（福岡伸一訳）2005『ダークレディと呼ばれて——二重らせん発見とロザリンド・フランクリンの真実』化学同人.
三村憲弘 2008「世論調査——民主主義の主役たちの素顔に迫る」清水和巳・河野勝編著『入門政治経済学方法論』東洋経済新報社.
宮田由紀夫 2012『米国キャンパス「拝金」報告』中公新書ラクレ.
ミンク, ジャニス 2006『Marcel Duchamp 1887-1968』タッシェン・ジャパン.
ミンツバーグ, ヘンリー（池村千秋訳）2006『MBA が会社を滅ぼす——マネジャーの正しい育て方』日経 BP.
村上文司 2005『近代ドイツ社会調査史研究』ミネルヴァ書房.
——— 2014『社会調査の源流』法律文化社.
森岡清志 1998『ガイドブック社会調査』日本評論社.
安田三郎・原純輔 1982『社会調査ハンドブック 第 3 版』有斐閣.
山岸俊男 1998『信頼の構造——こころと社会の進化ゲーム』東京大学出版会.
山崎覺次郎 1916「社會問題ノ調査法タル『アンケート』ニ就イテ」河津暹編『最近社會政策——金井教授在職二十五年記念』有斐閣書房.
山中伸弥・益川敏英 2011『「大発見」の思考法—— iPS 細胞 vs. 素粒子』文春新書.
米盛裕二 2007『アブダクション——仮説と発見の論理』勁草書房.
ラビノウ, ポール（渡辺政隆訳）1998『PCR の誕生』みすず書房.
リクール, ポール（久米博訳）2004『記憶・歴史・忘却〈上〉』新曜社.
渡辺久哲 1998『調査データにだまされない法』創元社.
ワトソン, ジェームズ（中村桂子・江上不二夫訳）1986『二重らせん—— DNA の構造を発見した科学者の記録』講談社.

Aaker, David, Kumar, V., and Day, George. 2007. *Marketing Research* (9th ed). John Wiley.
Abbott, Andrew. 1992. "What do Cases do? Some Notes on Activity in Sociological Analysis," In Ragin, Charles and Becker, Howard eds. *What is a Case?* Cambridge University Press.
———. 2004. *Methods of Discovery*. WW Norton.
Abend, Gabriel. 2008. "The Meaning of 'Theory'," *Sociological Theory*, 26(2): 173-199.
Ackoff, Russell. 1974. *Redesigning the Future*. John Wiley & Sons.
Alford, Robert. 1998. *The Craft of Inquiry: Theories, Methods, and Evidence*. Oxford University Press.

Alker, Hayward. 1969. "A Typology of Ecological Fallacies," In Dogan, Mattei and Rokkan, Stein eds. *Quantitative Ecological Analysis in the Social Sciences.* MIT Press.
Anderson, Nels. [1923] 1975. *The Hobo: The Sociology of the Homeless Man.* University of Chicago Press.
Arnold, David. 1970. "Dimensional Sampling," *American Psychologist,* 5: 147-150.
Babbie, Earl. 2011. *Introduction to Social Research* (5th ed) (International Edition). Wadsworth.
Barber, Bernard and Cox, Renée. 1958. "The Case of the Floppy-Eared Robbits: An Instance of Serendipity Gained and Serendipity Lost," *American Journal of Sociology,* 64: 128-136.
Becker, Howard. 1998. *Tricks of the Trade.* University of Chicago Press.
Bishop, Dorothy. 2015. "The Big Grant Money. The Big Papers. Are We Missing Anything?" *Times Higher Education,* 2(186): 28-29.
Blau, Peter. [1955] 1963. *The Dynamics of Bureaucracy.* University of Chicago Press.
Blumer, Herbert. 1979. *Critiques of Research in the Social Sciences.* Transaction Books.
Booth, Wayne, Colomb, Gregory and Williamset, Joseph. 1995. *The Craft of Research.* University of Chicago Press.
Braithwaite, Richard. [1953] 1994. *Scientific Explanation.* Thoemmes Press.
Brown, Richard. 1977. *A Poetic for Sociology.* University of Chicago Press.
Bryman, Alan ed. 2006. *Mixed Methods Vol. I ~ IV.* SAGE.
Burke, Kenneth. [1945] 1969. *A Grammar of Motives.* University of California Press.
Cantril, Hadley. 1951. "Foreword," In Payne, Stanley. *The Art of Asking Questions.* Princeton University Press.
Carroll, Lewis (Illustrated by Tenneil, John). [1871] n.d. *Through the Looking-Glass and What Alice Found There.* In *The Complete Works of Lewis Carroll.* The Modern Library.
Collier, David, Brady, Henry, and Seawright, Jason. 2010. "Sources of Leverage in Causal Inference: Toward an Alternative View of Methodology," In Brady, Henry and Collier, David eds. *Rethinking Social Inquiry: Diverse Tools, Shared Standards.* Rowman & Littlefield.
Crossley, Archibald. 1937. "Straw Polls in 1936," *Public Opinion Quarterly,* 1(1): 24-35.
Dahrendorf, Ralph. 1959. *Class and Class Conflict in Industrial Society.* Stanford University Press.
Desrosieres, Alain (Tr. by Naish, Camille). 1998. *The Politics of Large Numbers: A History of Statistical Reasoning.* Harvard University Press.

Dillman, Don, Smyth, Jolene, and Leah Christian, Melani. 2009. *Internet, Mail, and Mixed-Mode Surveys: The Tailored Design Method*. Wiley & Sons.
Eberstadt, Nicholas. 1995. *The Tyranny of Numbers: Mismeasurement and Misrule*. Aei Press.
Espeland, Wendy and Sauder, Michael. 2007. "Rankings and Reactivity: How Public Measures Recreate Social Worlds," *American Journal of Sociology*, 113: 1-40.
Faris, Robert. 1970. *Chicago Sociology, 1920-1932*. University of Chicago Press.
Frankfort-Nachmias, Chava and Nachmias, David. 2000. *Research Methods in Social Sciences* (6th ed). Worth Publishers.
Freedman, David, Pisani, Robert and Purves, Roger. 1978. *Statistics*. WW Norton.
Gallup, George. 1976. *The Sophisticated Poll Watcher's Guide* (Revised ed). Princeton Opinion Press.
Gallup, George and Saul, Rae. 1940. *The Pulse of Democracy*. Simon and Schuster,
Gerring, John. 2007. *Case Study Research: Principles and Practices*. Cambridge University Press.
Glaser, Barney and Strauss, Anselm. 1967. *The Discovery of Grounded Theory: Strategies for Qualitative Research*. Aldine.
Godfery-Smith, Peter. 2003. *Theory and Reality: An Introduction to the Philosophy of Science*. University of Chicago Press.
Gorges, Irmela. 1991. "The Social Survey in Germany before 1933," In Bulmer, Martin Bales, Kevin and Sklar, Kathryn eds. *The Social Survey in Historical Perspective 1880-1940*. Cambridge University Press.
Gusfield, Joseph. 1981. *The Culture of Public Problems*. University of Chicago Press.
Hunter, Albert. 1990. *The Rhetoric of Social Research: Understood and Believed*. Rutgers University Press.
Katz, Jack. 2001. "Analytic Induction Revisited," In Emerson, Robert ed. *Contemporary Field Research*. Waveland.
Kuckartz, Udo. 2014. *Qualitative Text Analysis: A Guide to Methods, Practice and Using Software*. SAGE.
Lazarsfeld, Paul, Berelson, Bernard and Gaudet, Hazel. 1944. *The People's Choice: How the Voter Makes up His Mind in a Presidential Campaign*. Columbia University Press.
Lofland, John and Lofland, Lyn. 1984. *Analyzing Social Settings* (2nd ed). Wadsworth.
―――― 1995. *Analyzing Social Settings* (3rd ed). Wadsworth.
Machlup, Fritz. 1963. "Are Social Sciences Really Inferior?" In Natanson, Maurice ed. *Philosophy of the Social Sciences*. Random House.

Medawar, Peter. 1964. "Is Scientific Paper a Fraud?" (originally broadcast in the BBC Third Programme) www.albany.edu./~scifraud/data/sci-fraud-2927.html.
────── 1967. *The Art of the Saluble*. Methnen & Co.
Merton, Robert. 1959. "Notes on Problem-Finding in Sociology," In Merton, Robert, Broom, Leonard, and Cottrell, Leonard eds. *Sociology Today, Volume 1: Problems and Prospects*. Harper.
Merton, Robert and Barber, Elinor. 2004. *The Travels and Adventures of Serendipity*. Princeton University Press.
Moore, Davis. 1992. *The Super Pollsters*. Four Walls Eight Windows.
Mosteller, Frederick, Hyman, Herbert, McCarthy, Philip, Marks, Eli, and Truman, David. 1949. *The Pre-Election Polls of 1948: Report to the Committee on Analysis of Pre-Election Polls and Forecasts*. Social Science Research Council.
Nosek, Brian, Spies, Jeffrey and Motyl, Matt. 2012. "Scientific Utopia II: Restructuring Incentives and Practices to Promote Truth Over Publishability," *Perspectives on Psychological Science*, 7(6): 615-631.
Parsons, Talcott. 1937. *The Structure of Social Action, Vol. I*. Free Press.
Platt, Jennifer. 1992. "Cases of Cases...of Cases," In Ragin, Charles and Becker, Howard eds. *What is a Case?* Cambridge University Press.
Popper, Karl. 1945. *Open Society and Its Enemies, Vol. 2. The High Tide of Prophecy: Hegel, Marx, and the Aftermath*. Routlege.
Powell, Walter. 1985. *Getting into Print: The Decision-Making Process in Scholarly Publishing*. University of Chicago Press.
Price, Raymond. 1995. "A Customer's View of Organizational Literature," In Cummings, L. and Frost, Peter eds. *Publishing in the Organizational Sciences* (2nd ed). SAGE.
Putnam, Robert. 2000. *Bowling Alone: The Collapse and Revival of American Community*. Simon and Schuster.
Ragin, Charles. 1987. *The Comparative Method*. University of California Press.
Ragin, Charles and Becker, Howard eds. 1992. *What is a Case? Exploring the Foundation of Sociological Inquiry*. Cambridge University Press.
Raiffa, Howard. 1970. *Decision Analysis*. Addison-Wesley.
Rauschenbush, Winifred. 1979. *Robert Park: Biography of a Sociologist*. Duke University Press.
Robinson, William. 1950. "Ecological Correlations and the Behavior of Individuals," *American Sociological Review*, 15: 351-357.
Singleton, Royce and Straits, Bruce. 2010. *Approaches to Social Research* (5th ed).

Oxford University Press.
Small, Mario. 2011. "How to Conduct a Mixed Methods Study: Recent Trends in a Rapidly Growing Literature," *Annual Review of Sociology*, 37: 57-86.
Sociology Writing Group. 1994. *A Guide to Writing Sociology Papers* (3rd ed). St. Martin's Press.
Strauss, Anselm and Corbin, Juliet. 1990. *Basics of Qualitative Research*. SAGE.
Sudman, Seymour. 1976. *Applied Sampling*. Academic Press.
Tomkins, Calvin. 1962. *The Bride and the Bachelors: Five Master of Avant Garde*. Penguine.
Wadsworth, Yoland. 1997. *Do It Yourself Social Research*. Allen & Unwin.
Weick, Karl. 1979. *The Social Psychology of Organizing* (2nd ed). McGraw-Hill.
Wu, Jinguo. 2007. "Scale and Scaling: A Cross-Disciplinary Perspective," In J. Wu and R. Hobbs eds. *Key Topics in Landscape Ecology*. Cambridge University Press.
Yin, Robert. 1994. *Case Study Research* (2nd ed). SAGE.
Young, Pauline. 1946. *Scientific Surveys and Research*. Prentice-Hall.
Zaisel, Hans and Kaye, David. 1997. *Prove it with Figures*. Springer.
Znaniecki, Florian. 1934. *The Method of Sociology*. Farrer and Rinehart.
Zuckerman, Harriet. 1977. "Deviant Behavior and Social Control in Science," In Sagarin, Edward ed. *Deviance and Social Change*. SAGE.

人名・著者名索引

あ 行

アーベント，ガブリエル　268
飽戸弘　141, 145, 267
朝日新聞出版　271
新睦人　118, 265, 274
有里典三　81
アルフォード（Alford），ロバート　23, 65, 260, 262
アンダーソン（Anderson），ネルス　33, 260
安藤香織　38, 261, 270
石坂公成　136, 138, 139, 140, 266
伊丹敬之　78, 262
岩永雅也　270
ヴァン-マーネン，ジョン　81, 82, 262
ウィーキー，ウェンデル　244
ウィルキンズ，モーリス　78, 262
海野道郎　223, 234, 236, 265, 273
エイコフ，ラッセル　83, 263
榎本環　264
エマーソン，ロバート　266
大野耐一　107, 264
大谷信介　260, 264, 268, 270, 273, 274
奥田道大　81
オバマ，バラク　198

か 行

加地伸行　270
勝間和代　264
カバンヌ，ピエール　263
金井壽宏　81, 263
苅谷剛彦　251, 263, 264, 268, 275
川喜田二郎　38, 261
顔回　270
ギデオン，クンダ　81
木村邦博　259
ギャラップ（Gallup），ジョージ　215, 225, 270, 272, 273, 274
キャロル（Carroll），ルイス　5, 259
キャントリル，ハドレー　41
キャンベル，ダン　136, 266
クラーク，ヴィッキ　262, 264
クラスウェル，ジョン　262, 264
クリース，ロバート　260
ゴーマン，ジャック　207, 271
コーン，アレクサンダー　267
後藤斉　259

さ 行

ザイゼル，ハンス　274
酒井聡樹　264
佐藤郁哉　73, 81, 260, 261, 262, 263, 265, 266, 268, 269
佐藤健二　264, 265, 270
サドマン（Sudman），セイモア　237, 238
子貢　270
清水強志　265, 268
志水宏吉　251, 263, 275
杉野勇　229, 270, 272, 273, 274
セイヤー，アン　78, 262
盛山和夫　118, 124, 125, 127, 131, 146, 268, 270, 271, 272, 274
関口宏　270
ゼライザー，ヴィヴィアナ　162

た 行

高根正昭　33, 268, 270
竹内啓　260
タナハ，ブライアン　260, 271
谷岡一郎　143, 260, 267, 270, 271
田村正紀　91, 92, 111, 260, 263, 264, 268, 274
ダント，アーサー　266
デューイ，トマス　195, 196, 212
テューキー，ジョン　83

285

デュシャン, マルセル　83, 263
戸矢哲朗　263
トルーマン, ハリー　195, 196, 212

な 行

永田靖　273
中谷宇吉郎　267
西内啓　273
西田春彦　118, 265, 274
西平重喜　270, 272
日経キャリアマガジン　272
ニュートン, アイザック　29, 260
ノーキ, ディビッド　266

は 行

パットナム, ロバート　93, 94, 101, 134, 157, 163, 167, 171, 174, 181, 182, 263, 269
原純輔　223, 234, 236, 265, 273
ハルゼー, アルバート　270
ハンソン, ノーウッド　265
ビアス, アンブローズ　153, 268
フェルドスタイン, ルイス　181, 182
福武直　264, 266
藤田英典　263
藤本隆宏　97
ブラウ, ピーター　137, 138
フランクリン, ロザリンド　78
フレイトゥ, アラン　261
ベスト, ジョエル　260
ベネッセ教育研究開発センター　271, 272
ベネッセ教育総合研究所　271
ボーンシュテット, ジョージ　266
星野崇宏　274
ホワイト, ウィリアム　81

ま 行

マートン, ロバート　87, 88
牧野達郎　105, 263
マケイン, ジョン　198
益川敏英　57, 113, 149, 150, 265
マドックス, ブレンダ　78, 262
三村憲弘　270
宮田由紀夫　260, 271

ミンク, ジャニス　84
ミンツバーグ, ヘンリー　43, 47, 261
村上文司　259
森岡清志　260

や 行

安田三郎　265
山崎覺次郎　259
山田真茂留　268
山中伸弥　57, 265
米盛裕二　261, 265

ら行・わ行

ライファ, ハワード　83
ラザーフェルド (Lazarsfeld), ポール　244, 246, 248, 274
ラビノウ, ポール　262
ランドン, アルフレッド　197, 212
リクール, ポール　261
ルーズベルト, フランクリン　197, 212, 244
ワイク, カール　267
渡辺久哲　270
ワトソン, ジェームス　78, 262

A〜Z

Aaker, D.　273
Abend, G.　268
Abott, A.　265, 266
Ackoff, R.　262
Alker, H.　270
Arnold, D.　261

Barber, B.　267
Barber, E.　261
Becker, H.　270, 272, 274, 275
Blau, P.　261, 266
Blumer, H.　261
Booth, W.　263, 264
Braithwaite, R.　265
Brown, R.　266
Brymen, A.　262

Cantril, H. 261
Collier, D. 268
Corbin, J. 275
Cox, R. 267
Crossley, A. 274

Dahrendorf, R. 268
Desrosieres, A. 260
Dillman, D. 272

Eberstadt, N. 260

Faris, R. 260, 261
Frankfort-Nachmias, C. 268, 269, 270
Freedman, D. 270, 271, 272

Gerring, J. 272, 273, 274
Glaser, B. 267
Godfery-Smith, P. 265
Gorges, I. 259
Gusfield, J. 266

Hunter, A. 266

Katz, J. 275
Kaye, D. 271
Kuckartz, U. 269

Lofland, J. 260, 262
Lofland, L. 260, 261, 262

Machlup, F. 265
Medawar, P. 267
Merton, R. 261, 263
Mosteller, F. 272, 274

Nachmias, D. 133, 268, 269, 270
Nosek, B. 260, 267

Parsons, T. 268
Popper, K. 268
Powell, W. 263
Price, R. 261

Ragin, C. 270, 272, 274
Raiffa, H. 263
Raushenush, W. 260
Robinson, W. 270
Roethlisberger, F. 81

Sauder, M. 260
Saul, R. 274
Singleton, R. 118, 261, 268, 269, 271, 272, 273
Small, M. 262, 265
Sociology Writing Group, The 261
Straits, B. 118, 261, 268, 269, 271, 272, 273
Strauss, A. 267, 275
Sudman, S. 273

Tomkins, C. 263

Wadsworth, Y. 260
Weick, K. 267
Wu, J. 270
Yin, R. 264
Young, P. 266
Zaisel, H. 271
Znaniecki, F. 275
Zuckerman, H. 264

事項索引

あ 行

アート（創造性・感性）　43, 46, 84, 238
　アート＆サイエンス　41, 43, 224
　2つの「アート」と「クラフト」　45
相性（調査者の資質と調査テーマの）　53, 87
　相性の悪さ　42
アウトプット　62
　アウトプットとしての社会調査　59
　アウトプットとしての調査報告　60, 79
新しい知識と情報の獲得　25
熱いハート　103
　熱いハートとクールな頭脳　90
後知恵　74
天下り式（の実証仮説）　134
荒削りの実態調査型　31, 32, 34, 59, 101, 103
アンケート　ii, iv, 5-8, 10, 14, 42, 259, 260
　街頭アンケート　205, 206, 211
　ここは，一つアンケートでも…　10, 11, 15, 85, 122, 142
　読者アンケート　205, 206, 209
アンケート調査　iv, 13, 17, 20, 26, 32, 49, 71, 84, 85, 122, 143, 150, 154, 158, 159, 164, 176, 210, 267, 271
アンケート法　9
暗黙知　49
育児支援制度　146
育児放棄（に等しい仮説生成型調査）　134
意識調査　iv, 6, 85, 177, 264
一覧表（と事例－変数マトリクス）　180, 183
意味の範囲をめぐる誤解（仮説の）　121
因果関係　100
インターネット　176
インターネット調査　225
　オープン型　225
　クローズ型　226
インタビュー　8, 117, 130
　インタビュー調査　33, 51, 247
上から目線（の社会調査）　15
薄い記述　264
　引用過多型の薄い記述　264
「埋め草」的な記事　143
紆余曲折（社会調査における）　ii, 79, 268
英会話　51
エスノグラフィー　82, 170
エビデンス　62
　名ばかりエビデンス　2
　エビデンス・ベースト（ポリシー／マネジメント／メディスン）　2, 271
エンタテイメント（としてのアンケート調査）　26, 192, 271
往復運動（問いと答えの）　77
オピニオン・リーダー（シップ）　247
表舞台（としての論文）　141

か 行

ガーベージ・イン・ガーベージ・アウト（GIGO）　12, 13, 29, 142
回収率　194, 203, 223, 226
概念　63, 162
　概念・変数　157
　概念の代表性　275
　概念の使用における「計画と創発」　167
　感受概念　269
　サーチライトとしての概念　165, 168, 170, 269
　スポットライトとしての概念　28, 162, 164, 168, 170, 269
「科学的」な調査（という錯覚）　10
科学のレトリック　266
格差社会　164, 165
各時期完結型（調査）　69, 70, 252
確信犯（的な欠陥調査）　15, 116, 177

289

確率的サンプリング　216, →サンプリング
確率的標本抽出法　216
　系統抽出法（systematic random sampling）　216
　「層化無作為標本抽出」　271
　層化多段階抽出法（stratified multistage random sampling）　217
　層化抽出法（stratified random sampling）　217, 272
　多段抽出法（multistage random sampling）　216
　単純無作為抽出法（simple random sampling）　216
確率・統計理論　203, 233, 249, 258
確率標本　→標本
学力　99, 100, 102, 164, 165, 175, 177, 178
　学力低下（論争）　148, 251, 275
箇条書きスタイル　151
仮説　iii, 67, 157, 158, 177, 183, 184, 253
　仮説アレルギー　116, 121
　仮説演繹法　118, 123, 265
　仮説検証型（アプローチ）　72, 116, 118, 119, 134, 135, 137, 138, 145
　仮説生成（仮説生成型調査）　117, 134, 135, 136, 137, 145
　仮説のきたえ方　136
　仮説の再構築　145
　仮説のレベルをめぐる誤解　123, 265
　仮説発見　117, 134
　仮説命題　114, 118, 119, 122, 129, 144, 172
　後講釈型仮説　184
　帰無仮説（null hypothesis）　267
　広義の仮説と狭義の仮説　121
　誤解と幻想（仮説をめぐる）　114
　物語（ストーリー）型仮説　130
　狭い意味での仮説　122
　漸次構造化的プロセスの中に仮説を位置づける　140
　操作仮説　128
　退屈な仮説　46, 47, 129
　対抗仮説（rival/competing hypothesis）　136, 143, 146, 149, 267
　対立仮説　267
　中間報告書としての物語型仮説　139
　中心仮説　141
　著者にとっての／読者にとっての仮説　140
　広い意味での仮説　122
　命題型仮説と仮説の意義　119
　命題形式の仮説　163
　→作業仮説
　→逃げ口上としての仮説
　→ペット仮説
　→命題型仮説
　→物語型仮説
　→「理論」は仮説
　→理論仮説
　→わら人形仮説
課題　111
価値・意義　89, 90
学界の関心　91
仮の答え　98, 115, 120, 122, 132, 135, →理論仮説と「仮の答え」
還元主義的誤謬　185
キー・コンセプト（鍵概念）　162
キーワード　166, 269
聞き取り調査　163
企業経営者のリーダーシップ・スタイル　52, 85, 86, 96
記述　240, 242
机上の空論型　35
既存の統計データの二次分析　68
軌道修正　ii, 48
技能的熟練　45, 50
技法　157
ギャラップ社　192, 194, 195, 196, 197, 199, 202, 211, 212, 225, 227, 228, 231, 244, 248, 270
共変関係　173
巨人の肩の上に乗る（standing on the shoulders of giants）　28, 29, 147, 158
禁じ手　17-19, 184
『クイズ100人に聞きました』　189, 190, 191, 192, 205, 215

空理空論　29, 268
クールな頭脳　103
クォータ・サンプリング（割当法）　195,
　　197, 211, 212, 213, 227, 238
屑入れ屑出し　→ガーベージ・イン・ガー
　　ベージ・アウト
グラウンデッド・セオリー・アプローチ（デ
　　ータ密着型アプローチ）　253, 255,
　　261
クラフト（熟練・経験知）　23, 43, 50, 238
　　クラフト偏重の落とし穴　54
クロスレイ社　196
計画性と創発性　156, 184, 268
経験知　45, 50, 52
系統抽出法（systematic random sampling）
　　216
ケーススタディ　14
欠陥調査　15, 31
研究仮説　128
研究のための研究　93
研究不正　139
現実的な条件　86
現場至上主義　54, 55
現場の言葉　166, 167
高校生の職業意識　205, 211, 217, 237
公衆（読者）の言語　262
構成概念（construct）　162
肯定のための否定の作業　113, 149, 150
工程表　153
合理的選択理論　127, 128
小売店における売上向上のための施策
　　111, 112
小売店の立地条件と売上高の関係　106
ゴール　106, 109, 155
国勢調査　197, 199
コスト（調査費用）　ii, 86, 216, 222, 226,
　　263
個性記述的（idiographc）　245
子育て支援政策　148
個体　200, 245
5W1H　105
コミュニケーションの2段階説　247
娯楽番組　26, 210

混合研究法（mixed methods approach）
　　54, 257
個人的関心　91

さ　行

サーベイ　14, 20
サイエンス（論理性）　42, 44, 84, 192, 228
　　サイエンスとしての調査　176
　　サイエンスとしての統計的サンプリング
　　　198
　　サイエンス偏重　58, 100
　　サイエンティスト　44, 45
作業仮説
　　作業仮説 α　127
　　作業仮説 γ　266
　　作業仮説 β　127, 128, 266
　　作業仮説をめぐる混乱と混同　127
作業定義（operational definition）　128
些末な形式主義　45, 47, 69
些末な問い　129
産業界・社会の関心　91
サンプリング（標本抽出）　30, 63, 189-
　　258
　　サンプリング・バイアス（選択バイア
　　　ス）　212
　　確率的サンプリング（probability
　　　sampling）　203, 210, 213, 249
　　ご都合主義的サンプリング　210, 211
　　統計的サンプリング　253, 256
　　非確率的サンプリング（有意抽出法）
　　　275
　　ランダム・サンプリング　213, 215, 227,
　　　→無作為抽出法
　　理論的サンプリング　234, 250, 253, 256,
　　　257, 275
サンプル（sample）　177, 199, 200, →標本
　　サンプルが母集団の縮図になる条件
　　　202
　　サンプルサイズ（の適切性）　203, 209,
　　　215, 217, 219
　　サンプルサイズの決定要因　221
参与観察　117
シカゴ・トリビューン紙　196

識者のコメント　35
仕切り直し　ii
資源的（制約）条件　89, 95
試行錯誤　i, ii, 38, 66, 79, 80, 141, 177, 268
　　試行錯誤のプロセス　i, 62
事後解釈　145
　　後講釈型の事後解釈　138, 141-143
　　後出しジャンケン型事後解釈　144
　　つまみ食い型事後解釈　141, 143, 144, 153, 158
　　つまみ食い型事後解釈の強靭な生命力　143
事後解説　141
事後予言　144
事実関係　100, 119
市場調査　240, 249
システマティックな探求　25, 26, 44, 66, 88
実験（調査）を始める前に論文を書いてしまう　136, 186
実証仮説　119, 121, 123-125, 128, 131, 157
実証可能性　89
実証系論文の典型的なストーリー　75
実態調査　99, 100, 104, 134, 150, 177
質的調査　iv, 54, 116, 256, →定性的調査
実務型　92, 93
実務的インプリケーション　47
質問表調査　6, 14, 70, 142, 165
筋の良い質問表調査　71
統計的事例研究　→事例研究
指標　iii, 128
ジャーゴン　166, 167
社会学科学評議会（SSRC）　213
社会関係資本　163, 165, 167, 170-174, 179, 182, 186, 269
社会調査
　　社会調査の公共性　21
　　社会調査のマニュアル　52
　　社会調査のメイキング　81
　　プロセスとしての社会調査　59
　　理想的な社会調査　31
尺度　iii
集計表　175

集計表への「翻訳」　177
修士論文　iv, 96, 115
従属変数（dependent variable）　133, 172, 250
授業評価アンケート　12
縮図（というアナロジー）　202, 204, 211, 217, 236
少子化（現象）　124-125, 131-133, 158, 159, 161
章立て案　73, 122, 123
情報リテラシー　17, 18
職人（クラフツマン），職人技　32, 50, 274, →クラフト
書斎派型　34, 100, 104, 268
　　書斎派・机上の空論型　31, 34
　　書斎派・方法論こだわり型　31, 34
調べ学習　12, 13, 17, 18, 92, 96
事例（事例・分析単位）　112, 157, 174, 185, 244
　　事例群　245
　　事例研究　14, 54, 180, 233, 239, 243, 243, 245
　　事例について／事例を通して　244, 248, 256
　　事例–変数マトリクス（case variable matrix）　174, 175, 186, 245
　　サーベイ事例（研究事例）　243, 245, 256
　　少数事例研究　245
　　定量的事例研究　243, 245, 250, 251
　　反証事例　275
　　マクロ事例　274
進化（リサーチ・トライアングルの）　71
新語主義　269, →造語癖
新古典派経済学　127
信頼性（の水準）　219, 221
数値の暴虐　10, 271
数値信仰　10, 11, 13
スーパーグローバル大学創成支援　271
スタートライン　109, 155
スタートライン（問題設定）とゴール（結論）　109
ステップ・バイ・ステップ式の説明　123

政治的社会化　231
生態学的誤謬　185, 270
生態学的相関　185
精度（統計的推測の）　222
青年層の政治意識と投票行動　230, 231, 254
「世相講談」的な調査報告　49
設計図　153
全体設計図　129, 130
説明　99, 100, 240
ゼミレポーター　208, 209, 210, 272
セレンディピティ（掘り起こし）　ii, 48, 50, 57, 66, 137, 156, 261
選挙予測（調査）　192, 227, 229, 232, 240, 249, 274
　選挙予測のサイエンス神話　227
先行研究　28, 139, 149, 161, 252
先行調査　ii, 28, 165
漸次構造化アプローチ　20, 21, 38, 62, 69-71, 183, 250, 253, 262
　漸次構造化型の事後解釈　144
　漸次構造化型の社会調査　71
　漸次構造化的なプロセス　136, 140
全数調査　199, 201, 202, 234
選択バイアス（selection bias）　212, →サンプリング・バイアス
セントラル・クェスチョン　101, 103-105, 110, 111, 131, 178, 179, 263, →中心的な問い
層化多段階抽出法（stratified multistage random sampling）　217
層化抽出法（stratified random sampling）　217, 272
相関関係　173
象牙の塔型　92, 93
総合的学習の時間　102
造語癖　169, 269
操作的定義　128
創発性（emergence）・創発特性（emergent property）　156, 168, 268
総論と各論　101, 103, 179, 180
測定　30, 63
卒業研究, 論文　92, 96, 115, 177

素朴な疑問　25, 87, 88

た　行

大学満足度ランキング　207, 208, 210, 215, 238, 242
大学ランキング　207, 271
大ガラス（彼女の独身者によって裸にされた花嫁，さえも）　263
大統領選挙（米国の）　193, 228, 238
正しい答え　88
多段抽出法（multistage random sampling）　216, →確率的サンプリング
単純無作為抽出法（simple random sampling）　216, →確率的サンプリング
中間報告書　68, 122, 123, 130, 131, 151, 184
中心的な問い（セントラル・クェスチョン）　141
調査仮説　128
調査者の資質　53, 96
調査のための調査　45
調査のプロセス　60
調査プロジェクト内／間の分業　56, 58
通説　28, 139, 160
ディテールに関する問い（各論）　104, 129, 179, 184
ディテール偏重型　264
ＤＮＡの二重らせん構造　78
定義（通常の）　118
操作的定義　128
定式化（formulation）　88
定性的調査（質的調査）　49, 54, 116, 117, 130, 131, 137, 256, 264
定説　28, 160
定量的調査（量的調査）　54, 117, 129, 131, 137
　定量的調査における物語型仮説　131, 133
　定量的事例研究　→事例研究
データ　27, 29
　データそれ自身に語らせる　36, 101, 261

データと分析の分離　261
　　データ偏重型　32, 36, 59, 101, 103
　　データを獲得・収集するための技法　30
テーマ　110, 111
問い
　　問いと答えについて自問自答する　136, 139
　　問いと答えの往復運動　67, 104, 108
　　問いに対応する「仮の答え」　120
　　問いに対する答え　25
　　問いに対する答えを導き出すための推論技法　30
　　問いのかたち　98
　　問いの主体　104
　　「問い」の多様性　110
　　問いの優劣をめぐる不毛な議論　100
　　問いのレベル　101
　　著者（調査者）のための問い　104
　　適切な問い（筋の良い問い）　88
　　読者のための問い　104, 106
　　本筋の問い　129
　　「身の丈（たけ）にあった」問い　87, 95
東京電力本店　89
統計的研究　54, 238
統計的サンプリング　198, →サンプリング
統計的事例研究　→事例研究
統計的調査　10, 117, 180, 233, 243, 256
　　事例研究としての統計的調査　243
　　WHYを問う統計的調査　239, 242
統計リテラシー　260
ドキュメンタリー　32, 77, 79
独立変数（independent variable）　133, 172, 250
年の功　42, →経験知
土地勘　50, 52, 53, 96, 233, 238, 258, 262
トピック　110, 111
トヨタ自動車工業　107
トライアンギュレーション（方法論的複眼）　54, 257

な　行

「習うより慣れよ」　51

逃げ口上　116, 136
　　逃げ口上としての仮説　115, 121, 134, 149, 150
二次分析　58
日常語による汚染　164
ニュース　25, 29, 34, 86, 120, 158, 263
ノーベル賞　57, 78, 150, 262

は　行

パーソナル・インフルエンス　247
博士論文　iv, 116
外れ値・特異値　257
バズワード　169, 170
バックステージ（物）　76, 78
パネル調査　244, 246, 247
パラダイム　160, 161
反面教師　19
ヒアリング　iii, 14
　　ここは、一つヒアリングでも…　15
東日本大震災　89
ビック・ピクチャー（大局観）　130, 131, 180
標準誤差（standard error）　274
標本　199, 200, 245, 271
　　標本誤差（sampling error）　218, 219, 272, 273
　　標本集団　200, 202, 204, 249, 254
　　標本の代表性　233, 236, 254, 275
　　標本抽出（法）　199, 200, 246, 252
　　確率標本（probability sample）　215, 217, 230
　　非確率標本　246
　　有効標本　242
　　→確率的標本抽出法
標本調査（sample survey）　199, 224, 226, 232, 234, 238, 271
　　標本調査のメリット　201
　　妥協の産物としての標本調査　224, 227, 232
　　記述中心の／説明中心型の標本調査　249, 250
ファスト新書　177
フィールドノーツ　81

フィールドワーク　9, 33, 53, 54, 71, 73, 74, 82, 121, 122, 130, 137, 156, 163, 245, 262, 269
フィクションとしての性格（社会調査の）　109, 110, →物語
福島第一原子力発電所事故　89
不正行為　184
舞台裏　77, 79, 141
不能票　224, 234
部品図　129, 130
プリテスト　71, 178, 179
ブレークスルー　48, 66, 69
文化の翻訳　53
分業と協働　55
分析と説明　100
分析単位　→事例
分析的帰納（analytic induction）　275
分離エラー（segregation error）　32, 35, 36, 140
べし・べからず集（Do's and Don'ts）　19
「ベタな記述」　164
ペット仮説　149
ペットコンセプト　166, 269
変数　168, 170
　　変数間の関係構造の代表性　247
　　変数（値）の分布状態の代表性　247, 249, 254, →従属変数, →独立変数
法則定立的（nomothetic）　245
方法　27, 30
方法論こだわり型　34, 35
方法論的純血主義　54, 55
方法論的複眼　→トライアンギュレーション
方法論偏重型　32, 37
ホーソン効果（実験）　81
母集団（population, universe）　199, 202, 203, 221, 233, 236, 271
　　母集団の代表性　233-238
　　母集団の定義　202, 204, 230
　　実体としての／理論上の目標母集団　240-242, 247-250, 257-258
　　調査母集団（survey population）＝統計調査上の母集団　233, 234, 235, 236, 252, 257
　　目標母集団（target population）＝本来の母集団　233, 234, 235, 236, 252, 253, 257
ボトムアップ的（「たたき上げ的」）　135, 253
ポリメラーゼ連鎖反応法（PCR法）　262
本公演（としての論文）　77, 79
ポンチ絵　143

ま 行

マトリクス　→一覧表
民族誌　122
無回答バイアス（non-response bias）　223
向き不向き（調査者の）　42
無効票　224, 234
無作為抽出法（ランダム，サンプリング）　213, 215, 221, 230
メイキング（物）　76, 78
名人芸　32, 56
　　恣意的な名人芸　49
命題　115, 116, 118
命題型仮説　119, 122, 123, 126, 130, 132, 136, 138
　　命題型仮説（実証仮説）の自己目的化　126
　　命題型仮説間の有機的な関連　138
　　命題型仮説の「検証」　126, 134
目標母集団　→母集団
物語（フィクション）　79
　　物語型仮説　119, 121, 138
　　物語としての歴史　266
　　論文という物語　→論文
問題意識　iii, 26, 88, 91, 110, 111, 264
　　問題意識の明確化　67, 263
　　複合的な問題関心　92
問題関心　47, 74, 91, 110, 111, 264
問題の定式化　26, 39, 67, 87, 111, 263
問題・方法・結果・考察　70, 75

や 行

有意抽出法　275
有効回答率　203, 223

ゆとり教育　　102, 148, 267
用語をめぐる混乱　　i, ii
予定調和　　69
予備調査　　ii, 67, 68
世論調査　　219, 240, 249

ら 行

ランキング　　10, 11
ランダム・サンプリング　　→無作為抽出法
リサーチ（research）　　24, 44
プロセスとしてのリサーチ　　74
リサーチ・クェスチョン　　26, 28, 67, 68,
　　74, 88, 110-112, 115, 126, 157, 158, 162,
　　172, 176, 183, 186, 209, 210, 229, 234, 244,
　　250, 253, 254, 256, 263
　　リサーチ・クェスチョンの絞り込み
　　　　209
　　リサーチ・クェスチョンの定式化　　263
　　具体的なリサーチ・クェスチョン　　85
リサーチ・デザイン　　268
　　リサーチ・デザインと「計画」　　154
　　リサーチ・デザインと創発性　　155
　　物語としてのリサーチ・デザイン　　187
リサーチ・トライアングル（和製英語）
　　3, 20, 27, 66, 147, 158, 260, 261, 262
　　リサーチ・トライアングルの進化　　68,
　　　　71
　　リサーチ・トライアングルの3つの条件
　　　　（理論・データ・方法）　　120
　　リサーチ・トライアングルのバランス
　　　　59
リサーチ・プロブレム　　88, 110-112, 172
リサーチャー・トライアングル（和製英語）
　　3, 43, 262
リサーチ・リテラシー　　v, 3, 14, 16, 17, 23,
　　260
『リテラリー・ダイジェスト』　　193-195,
　　199, 202, 212, 227, 228, 231, 248, 270, 272
量的調査　　iv
理論　　27, 28, 40, 63, 157, 158, 260
　　「理論1」　　159
　　「理論2」　　159

「理論のことば」と「現場のことば」の相
　　互翻訳　　53
「理論」は仮説　　160
2つの理論　　159
理論概念（theoretical concept）　　40, 162,
　　166
理論仮説　　121, 123, 125, 126, 129-132, 157,
　　265
理論仮説と「仮の答え」　　123
理論的サンプリング　　→サンプリング
理論的飽和　　255
ルポルタージュ　　32, 33
ローパー社　　196
論文という物語　　76

わ 行

ワーキングペーパー　　151, 184
わら人形（ストローマン）仮説　　148
割当法　　→クォータ・サンプリング
ワンショット（1回限り）・サーベイ　　70,
　　140, 156, 253
　　ワンショット型のデザイン　　138
　　ワンショットのプロセス　　140

A～Z

Family Feud　　192, 215, 270
How toの問い　　95, 103
Howタイプ　　105
Keynote（Apple）　　151
KJ法　　38, 39, 261
PowerPoint（Microsoft）　　151
RDD（Random Digit Dialing）　　225
So What?の問い　　90, 92, 94, 95, 263
what・why（小文字の）　　105
WHAT・WHY（大文字の）　　105
WHAT（記述の／事実関係の問い）　　94-
　　103, 115, 132-134, 173, 230, 240, 249, 250,
　　252
What's new?の問い　　263
WHY（なぜ／因果関係／説明の問い）
　　94-103, 107, 172, 230, 232, 233, 238, 242,
　　246, 249, 250, 252

書名・文献名索引

あ 行

あっ，発明しちゃった　261
一緒の方がいい（*Better Together*）　174, 180-182, 269
オックスフォード英語辞典　24, 44

か 行

学生満足度と大学教育の問題点　208
学力の社会学　249
官僚制のダイナミクス　137, 138
現代演劇のフィールドワーク　73
広辞苑　7, 24, 114, 268
ゴーマン・レポート　207, 271
孤独なボウリング　93-95, 101, 134, 157, 163, 167, 171-173, 178, 179, 182, 256
これでいいのか市民意識調査　11

さ 行

社会学事典　259, 265
社会学辞典　259
社会学小辞典　7, 24, 259, 265
社会調査入門　118
「社会調査」のウソ　11, 143, 267
社会調査の理論と技法　118
社会調査ハンドブック［新版］　259
ストリート・コーナー・ソサエティ　81
精選版日本語大辞典　7, 127
聖なる子どもの値付け法　162
創造の方法学　133
組織エスノグラフィー　81

た 行

ダークレディーと呼ばれて―二重らせんの発見とロザリンド・フランクリンの真実　78

大辞林　259
哲学辞典　265

な 行

二重らせん―ＤＮＡ構造の発見に関する私的回想　78
日本大百科全書10　265
能力構築競争　97

は 行

（ザ・）ピープルズ・チョイス　244, 245, 246, 247, 248, 249, 250, 251
フィールドワークの技法　73
ホーボー（渡り労働者）　33, 34, 260
ホワイト『ストリート・コーナー・ソサエティ』を読む　81

ま 行

明鏡国語辞典第2版　260

や 行

野外科学の方法　261

ら 行

ラルース社会学事典　259
ロザリンド・フランクリン―ぬすまれた栄光　78
論語（増補版）　189, 270

A〜Z

Approaches to Social Research　118
Elusive Phenomena　81
MBAが会社を滅ぼす　47
PCRの誕生――バイオテクノロジーのエスノグラフィー　262
Research Methods in Social Sciences　133

佐藤郁哉（さとう　いくや）
1955 年　宮城県に生まれる
1977 年　東京大学文学部心理学科卒業
1984 年　東北大学大学院博士課程中退（心理学専攻）
1986 年　シカゴ大学大学院修了（Ph.D.）（社会学専攻）
現　職　同志社大学商学部教授
職　歴　東北大学文学部助手，茨城大学人文学部助教授，一橋大学商学部助教授，同教授，同大学大学院商学研究科教授等を歴任．2000-01 年プリンストン大学社会学部客員研究員，2013 年オックスフォード大学日産現代日本研究所・セントアントニーズカレッジ客員研究員
専　攻　組織社会学，社会調査論

著訳書

『暴走族のエスノグラフィー――モードの叛乱と文化の呪縛』（新曜社）（1987 年度国際交通安全学会賞受賞）

Kamikaze Biker: Parody and Anomy in Affluent Japan（University of Chicago Press）（*Choice* 誌 1993 年優秀学術図書）

『方法としてのフィールドノート――現地取材から物語作成まで』（共訳，新曜社）

『現代演劇のフィールドワーク――芸術生産の文化社会学』（東京大学出版会）（AICT 演劇評論賞，第 43 回日経・経済図書文化賞受賞）

『制度と文化　組織を動かす見えない力』（共著，日本経済新聞社）

『数字で語る――社会統計学入門』（訳，新曜社）

『ワードマップ フィールドワーク 増訂版――書を持って街へ出よう』（新曜社）

『質的データ分析法――原理・方法・実践』（新曜社）

『組織エスノグラフィー』（共著，有斐閣）（2011 年度経営行動科学学会優秀研究賞受賞）

『本を生みだす力――学術出版の組織アイデンティティ』（共著，新曜社）

など．

社会調査の考え方　上

2015 年 5 月 25 日　初　版
2022 年 5 月 10 日　第 6 刷

［検印廃止］

著　者　佐藤郁哉
　　　　（さとういくや）

発行所　一般財団法人　東京大学出版会
代表者　吉見俊哉
153-0041　東京都目黒区駒場 4-5-29
http://www.utp.or.jp/
電話 03-6407-1069　Fax 03-6407-1991
振替 00160-6-59964

印刷所　株式会社平文社
製本所　誠製本株式会社

Ⓒ 2015 Ikuya Sato
ISBN 978-4-13-052026-3　Printed in Japan

JCOPY　〈出版者著作権管理機構　委託出版物〉
本書の無断複写は著作権法上での例外を除き禁じられています．複写される場合は，そのつど事前に，出版者著作権管理機構（電話 03-5244-5088，FAX 03-5244-5089, e-mail: info@jcopy.or.jp）の許諾を得てください．

原　純　輔　著	社　会　調　査　演　習　[第2版]	A5・2500円
海　野　道　郎		
久保川　達　也　著	統　　　計　　　学	A5・2800円
国　友　直　人		
東京大学教養学部 編	統　計　学　入　門　基礎統計学Ⅰ	A5・2800円
統　計　学　教　室		
東京大学教養学部 編	人文・社会科学の統計学　基礎統計学Ⅱ	A5・2900円
統　計　学　教　室		
国　友　直　人 編	統　計　と　日　本　社　会	A5・3800円
山　本　　　拓		
松　原　　　望　著	社会を読みとく数理トレーニング	A5・2800円
山　田　剛　史 編	メ　タ　分　析　入　門	A5・3200円
井　上　俊　哉		
伊　藤　修一郎　著	政　策　リ　サ　ー　チ　入　門	A5・2800円

ここに表示された価格は本体価格です．ご購入の
際には消費税が加算されますのでご了承下さい．